성화의 부진과
칭의의 고민

성화의 부진과 칭의의 고민

발행 2017년 2월 27일

지은이 원종천
발행인 윤상문
편집부장 권지현, 김현아
코디네이터 박현수
디자인실장 여수정
디자인 표소영, 박진경
발행처 킹덤북스
등록 제2009-29호(2009년 10월 19일)
주소 경기도 용인시 기흥구 동백동 622-2
문의 전화 031-275-0196 팩스 031-275-0296

ISBN 979-11-5886-092-9 (03230)

Copyright ⓒ 2017 원종천
이 책은 저작권법에 따라 보호받는 저작물이므로 무단전재와 복제를 금지하며,
이 책의 내용의 전부 또는 일부를 이용하려면 반드시 저작권자와 킹덤북스의
서면 동의를 받아야 합니다.

※ 잘못된 책은 구입하신 곳에서 교환하여 드립니다.
※ 책 가격은 표지 뒷면에 있습니다.

킹덤북스(Kingdom Books)는 문서사역을 통해 하나님의 나라를 확장하고,
한국 교회와 세계 교회를 섬기고자 설립된 출판사입니다.

성화의 부진과 칭의의 고민

원종천 지음

칭.의.와 성.화.관.계.에 대.한 역.사.신.학.적 조.명

킹덤북스
Kingdom Books

추천사

　최근 한국교회에서는 칭의와 성화를 어떻게 이해해야하는지 많은 논란이 일어나고 있다. 그만큼 중요한 주제이기 때문이다. 그런 복잡한 구원론의 문제점들에 대해서, 종교개혁자들의 유산을 이어받은 저자가 이 책에서 많은 해답을 제공하고 있어서, 필자는 기쁘게 추천한다. 이 책은 성도들이 신앙생활의 진보를 향해서 깨달아야 할 매우 중요한 역사적 교훈들과 교리적 지침을 제공하고 있다. 필자는 신학과 윤리, 믿음과 생활이 서로 분리할 수 없다고 확신하는데, 독자들은 이 책에서도 동일한 강조를 하고 있음을 발견하게 될 것이다. 성도가 하나님을 믿는다는 것과 그가 어떻게 행동하느냐와 긴밀하게 연계되어져 있기 때문이다. 성경적으로 칭의를 이해한다면, 최선을 다해서 믿음으로 살아가는 성화의 노력을 경주하지 않을 수 없다. 이 책을 통해서 한국교회의 윤리 회복이 이뤄질 수 있기를 간절히 소망한다.

　　　　　　　　　　　김재성 교수(국제신학대학원대학교, 부총장)

그동안 한국교회를 위하여 많은 신학적 기여를 해 오신 원종천 박사께서, 금번에 이 저서를 통하여 종교개혁 이후 또다시 크나큰 신학적 논쟁과 혼란에 처해 있는 '칭의와 성화의 올바른 관계'에 대한 균형 잡힌 이해를 잘 제시해 주고 있다. 특히 본서는 고대 교부들로부터 현대 '새관점 학파'에 이르기까지 기독교 신앙의 핵심이 되는 이러한 신학적 주제와 관련하여 전체적인 숲(논의 진행과정)과 중요한 나무들(핵심 신학자들의 구체적인 입장)을 동시에 잘 살펴볼 수 있게 함으로써 이해에 큰 도움을 주고 있으므로, 신학생들뿐만 아니라 이 문제에 관심을 가진 모든 성도님들의 일독을 권하며 추천한다.

김은수 교수(서울성경신학대학원대학교 조직신학)

원종천 교수는 그의 저서 『성화의 부진과 칭의의 고민』에서 성화와 칭의의 문제간의 관계를 역사신학적인 관점으로 재조명한다. 초대교회와 교부들, 그리고 종교개혁가들과 현대의 신약학자들의 다양한 견해를 전반적으로 분석한 후, 저자는 성화와 칭의는 두 개로 구분될 수 있는 성질의 것이 아님을 강조한다. 칭의와 성화는 동전의 양면처럼 분리될 수 없지만, 단지 독자들의 시대적인 상황에 따라 그 강조점이 달라진다고 주장한다. 특별히, 한국교회의 윤리적인 실패에 대해서 저자는 칭의에 대한 지나친 강조를 통하여 "전가된 의"에 집중한 나머지, 성화를 통해서 이루어야 할 "실제적 의"를 무시했기 때문이라고 일갈한다. 원 교수에 따르면 한국교회의 윤리적인 실패는 자신들의 죄성의 문제를 더 심각하게 보고 완전한 인격적인 변화를 요구하는 의의 개념의 재발견을 통해서만 치료될 수 있다고 말한다.

이승현 교수(호서대학교 신학전문대학원 신약학)

■

　　널리 존경받는 신학자인 저자가 칭의와 성화의 관계를 역사적으로 살펴보고 있는 본 저서는 먼저 목차부터 눈에 확 들어온다. 이신칭의가 남용되어 성화가 절실히 필요한 현대 한국교회가 역사로부터 잘 배울 수 있도록 초대교회부터 시작해서 어거스틴, 중세, 루터와 칼빈, 반율법주의와 존 웨슬리, 그리고 최근 뜨거운 논쟁인 바울의 새 관점까지를 일목요연하게 정리해 주고 있다. 독자들이 본서를 읽게 된다면 칭의와 성화에 대해 얽혀있던 생각들이 아주 명쾌하게 정리될 것으로 확신한다.

안인섭 교수(총신대학교 신학대학원 역사신학)

■

　　"본질로 돌아가라!"라는 음성이 들리는 시대에 우리는 살고 있습니다. 이스라엘 백성들이 방황할 때마다 저들에게 주어진 음성은 "하나님께로 돌아가라!"였습니다. 교회와 기독교가 안팎으로 욱여쌈을 당하는 이 시대에 원종천 교수님의 '성화'와 '칭의'에 대한 역사 신학적 옥고는 바로 신앙 본질과 하나님에 대한 물음에 응답하는 시대적 '외침'이라고 믿습니다.

유경동 교수(감리교신학대학교 기독교윤리학)

서 문

한국개신교회의 도덕성 문제는 참으로 심각해졌다. 1960-80년대의 폭발적 교회성장이 1990년대에 주춤하면서 그 성장이 멈추고 하락세로 돌아섰다. 양적 하락세와 더불어, 그동안 내재해 있었으나 성장의 허울로 가려져 있던 내부적 문제들이 교회에서 터져 나오기 시작했다. 대형교회 문제는 매스컴을 통해 대중에 전달되었고, 유명한 교회지도자들의 윤리적 문제는 그 면모가 밝혀지기 시작했다.

이에 반기독교 세력은 호재를 만났고 자기들의 목적을 위해 이런 내용들을 십분 활용했다. 개신교회에 대한 사회의 불신은 정리된 통계를 통해 보도되었고 공공화 되었다.[1] 이것을 보고 들은 교회 성도들

---

[1] 최근 기독교윤리실천운동(기윤실)이 조사한 바에 의하면 한국교회를 신뢰한다는 응답자는 18.4%에 불과한 반면 불신한다는 비중은 48.3%로 높았다. 또 '기독교(개신교)인들의 말과 행동에 믿음이 간다'는 쪽은 14%인 반면 '그렇지 않다'는 쪽이 3.5배에 달하는 50.8%나 됐다. 가톨릭교회와 불교사찰, 개신교회 셋의 신뢰도 조사에선 35.2%가 가톨릭교회를, 31.1%가 불교사찰을 신뢰한다고 답했고, 개신교회를 신뢰한다는 응답자는 18%로 크게 낮았다. 한겨레신문, 2008년 11월 19일, 22면. 그 후 개신교의 신뢰도는 향상되지 않고 있다. "개신교가 신뢰를 잃고 있다. 3일 기독교윤리실천운동(이하 기윤실)과 여론조사 기관인 글로벌리서치는 '2013년 한국교회의 사회적 신뢰도 여론조사' 결과를 발표했다. 종교별 신뢰도에서 한국교회 신뢰도는 19.4%에 불과했다. 10명 중 2명만이 신뢰를 보인 셈이다. 기윤실은 한국교회 신뢰도 조사를 2008년(18.4%), 2009년(19.1%), 2010년(17.6%)에 이어 3년 만에 진행했다. 4번에 걸친 조

은 당황했고 가톨릭교회는 반사이익을 보게 되었다. 교회를 어지럽히는 이단들의 활동은 더욱 심해졌으며, 이로 인해 일반성도들의 혼란은 증폭되었다.

수십 년 동안 교회성장에 몰두했던 한국개신교회는 이제야 스스로를 돌아보며 문제점을 발견하기 시작했다. 교회의 윤리적 하락은 부인할 수 없는 현실이었으며 그것은 성도들에게 실망과 두려움을 가져다주었다.

열매를 보면 그 나무를 알 수 있다. 행실로 나타나는 것이 신앙의 열매라면 이런 도덕적 저하와 윤리적 무감각으로 맺어지는 열매는 도대체 어떤 뿌리를 가지고 있는 것이며 그 나무의 정체는 무엇이란 말인가? 신앙의 진리와 신앙의 실천 사이에는 함수관계가 없는 것인가? 성경을 근거로 진리를 부르짖으며 종교개혁 이후 역사의 흐름에서 오직 성경, 오직 믿음을 외쳤던 개신교회의 후예들은 지금 어떻게 된 것인가? 개신교의 출발이었던 종교개혁의 핵심교리인 이신칭의에 윤리도덕으로 연결되는 성화로 이어지지 않는 문제가 있는 것은 아닌가? 선행이 아니고 믿음으로 의로워진다는 이신칭의 자체에 문제가 있는 것인가? 아니면 이신칭의에 대한 이해에 심각한 문제가 있는 것인가? 과거에는 어떠했는가? 과거 교회 선배들은 이런 문제를 어떻게 해결하려고 노력했는가? 그것을 통해 우리는 무엇을 배울 수 있는가? 교회의 역사와 신학에 관심이 있는 사람들이라면 이러한 질문들을 하지 않을 수 없다. 이신칭의는 개신교 종교개혁의 깃발이었다. 그러나 이신칭의를 내세우며 성화 강조에 반발하는 현대 성도들은 어떤 신앙적

사에서 개신교의 사회적 신뢰도가 20%도 못 미치는 현실은 오늘날 교회를 향한 또 다른 경고다." http://www.koreadaily.com/news/read.asp?art_id=2318714

사고 구조를 가지고 있으며 교회에서 무엇을 배운 것인가? 교회의 도덕적 부패에 실망한 의식 있는 성도들은 오늘도 이런 질문을 던지고 있다.

본서는 이러한 의혹과 관심을 가지고 교회 역사는 칭의와 성화의 관계를 어떻게 이해했는지 알아보았다. 현재 한국개신교회가 심각한 도덕적 문제를 안고 있는 상황에, 본서는 종교개혁 당시 이미 동일한 문제를 가지고 씨름하던 개신교회의 상황을 짚어보며 교회사적 연구를 통해 신학적 조명을 했다. 종교개혁 시대가 논의의 초점이 되었지만, 종교개혁 이전과 이후의 상황을 함께 탐구하며 교회 역사를 통해 나타난 문제점과 해결을 위한 신학적 노력들을 살펴보았다.

본서는 새로운 연구와 아울러 오랜 기간 동안 필자가 관심을 가지고 가르치고 연구해온 자료들과 논문들을 활용했다.[2] 한국교회를 위해 이 책의 중요성을 이해하고 출판을 결정해 주신 킹덤북스(Kingdom Books) 대표 윤상문 목사님께 심심한 감사의 말씀을 전한다.

2017년 1월
저자 원종천

---

[2] 본서를 위해 수정 보완 및 번역을 거쳐 부분적으로 사용한 저자 본인의 논문은 다음과 같다: 원종천, "성화 진작을 위한 칼빈의 신학적 진보"『성경과 신학』제51권 (2009), 원종천 "존 웨슬리의 '그리스도 의로움의 전가'교리에 대한 역사적 고찰"『ACTS 신학과 선교』13호 (2012), Jong-Chun Won, "Luther and Puritans against Antinomianism" *ACTS Theological Journal*, vol. 16 (2011).

contents

추천사   5
서문   9

서론   15

PART 01 고대 교회   25
변증적 상황 • 복음의 인지 • 신화 개념

PART 02 어거스틴   45
하나님의 은혜 • 믿음으로 의로워짐

PART 03 중세 교회   67
토마스 아퀴나스 • 유명론

PART 04 마틴 루터   91
전가된 의 • 실제적 의 • 후유증 및 대응

PART 05 　존 칼빈　　　　　　　　　　　157
　　　　　율법과 복음의 조화 • 그리스도와의 연합 • 언약 •
　　　　　하나님과 인간의 결속 • 하나님의 주권 •
　　　　　인간의 역할 • 언약의 경고

PART 06 　반율법주의 대응　　　　　　　229
　　　　　알미니안주의와 반율법주의 • 이중칭의 • 부분적 전가 •
　　　　　언약과 그리스도와의 연합

PART 07 　존 웨슬리　　　　　　　　　　269
　　　　　전가 거부 • 전가 수용 • 부분적 수용 • 이중칭의

PART 08 　바울에 대한 새관점　　　　　　301
　　　　　E. P. 샌더스 • 제임스 던 • N. T. 라이트 • 김세윤

결론　　　　　　　　　　　　　　　　　347
참고문헌　　　　　　　　　　　　　　356

서론

성화의 부진과 칭의의 고민

서 론

    역사는 반복된다. 그것은 역사 자체가 생명력이 있어서가 아니라, 시간을 초월하여 인간은 항상 같은 인간이기 때문이다. 사람은 어느 시대에 살든 하나님의 형상으로 만들어진 인간으로 동일한 습성을 가지고 있으며 같은 죄성을 가진 죄인이다. 현재 개신교회의 도덕성 문제를 생각할 때도 마찬가지 결론에 도달한다. 종교개혁 시대에도 지금과 동일한 문제가 있었으니 말이다. 그리고 그 문제는 이신칭의 가르침과 관련하여 나타났다.

    마틴 루터(Martin Luther, 1483-1546)는 종교개혁을 통해 중세 말 로마 가톨릭교회의 윤리적 타락과 교리적 부패를 개혁하고 성도들에게 올바른 진리를 제시하여 그들을 구원의 길로 인도하려고 했다. 그러나 중세 로마 가톨릭교회는 루터에게 철퇴를 가했다. 그를 이단으로 몰고 처형하려 했다. 가톨릭교회는 성직자들의 윤리적 타락은 인정했으나, 교리적 개혁에 관해서는 추호의 양보도 없었다. 그들은 16

세기 중엽 트렌트 종교회의를 통해 가톨릭교회의 전통적 교리를 재확인하고 루터의 이신칭의 가르침을 정죄했다.

루터에게 성화의 가르침이 없었던 것은 아니다. 예수 그리스도의 의가 전가되어 믿음으로 의로워진 그리스도인의 삶에는 선행이 나타나고 성화의 삶을 산다는 입장은 분명했다. 그러나 루터는 칭의에 선행의 역할이 결단코 존재할 수 없음을 강조했다. 선행을 믿음과 칭의의 열매로 보았던 것이다.[1] 그의 이신칭의 가르침은 로마 가톨릭교회의 중세 전통인 구원을 위한 선행의 공로적 역할을 원천 봉쇄하는 역할에 충실했다. 루터의 단호한 의도였다. 로마가톨릭에 대한 변증을 위해 인간이 의로워지는 것은 오직 믿음뿐으로, 선행의 역할은 전혀 없다는 것을 분명히 했다. 이것이 사도 바울의 가르침이었기 때문이다.

그러나 이것은 많은 사람들에게 선행에 대한 오해를 불러일으켰다. 로마 가톨릭교회는 이신칭의가 선행에 방해가 된다는 입장을 취하며 루터를 공격했다. 선행 부진에 대한 우려는 로마 가톨릭교회에 대항하는 일부 다른 개신교 부류에 의해서도 공유되었다. 심지어 루터교회 자체 내에서도 선행과 관련하여 논쟁이 나타났다.[2]

심각한 문제가 발생했다. 이신칭의 가르침을 받은 많은 개신교 교인들이 이신칭의에 대한 정확한 인식 부족과 죄성에서 우러나오는 나

---

1 Martin Luther, *Martin Luther: Selections from His Writings*, ed. John Dillenberger (Garden City, NY: Anchor Books, 1961), 86-96.
2 Peter A. Lillback, *The Binding of God: Calvin's Role in the Development of Covenant Theology* (Grand Rapids: Baker Book, 2001), 70-71.

태함으로 말미암아 루터의 가르침을 왜곡하기 시작했다. 구원이란 믿기만 하면 되는 것이지 선행은 구원과 아무런 상관이 없다는 식으로, 믿음을 행위와 분리된 개념으로 받아들이기 시작했다. 이신칭의가 법정적 개념이라는 개신교회의 가르침은 결국 '법정적 가설'이라는 신학적 비난을 받기도 했고, 구원에 어떻게 선행이 아무런 관계가 없을 수 있느냐는 의구심을 야기했으며, 도덕적 해이를 유발한다는 윤리적 비판을 초래했다.

루터도 이 문제를 인식했다. 루터 자신도 개신교도들의 윤리적 문제를 심각하게 생각했고 염려했으며 대응하려고 노력했다. 그러나 루터에게 이신칭의는 종교개혁의 중심이었고 개신교의 기둥이었다. 그에게 이신칭의에 대한 양보는 결코 있을 수 없는 일이었다. 물론 루터에게도 성화와 그리스도인의 거룩한 삶은 중요한 기독교 신앙의 한 부분이었다. 따라서 그는 그것을 가르쳤다. 그러나 당시 로마가톨릭과의 교리적 대치 상황에서 성화에 대한 강조가 칭의에 조금이라도 혼란을 일으킨다면 곤란한 것이었다. 이신칭의에 부정적 영향을 끼치게 할 수는 없었던 것이다. 루터는 이신칭의를 수호하면서 이 문제를 극복하려고 노력했으나 한계가 있었다.[3]

종교개혁자 마틴 루터의 이신칭의는 중세 말 로마교회의 비성경적 구원론을 개혁하여 성경적으로 되돌리려고 한 핵심 교리였다. 그 이후 대부분의 개신교회는 이신칭의를 신앙의 중심에 세워놓았다. 이것

---

3 Martin, Luther. *Luther's Works*. Ed. Jaroslav Pelikan and Helmut T. Lehmann. Vol. 27 (Philadelphia: Fortress Press; St. Louis: Concordia, 1955), 75.

이 사도 바울의 가르침이었으므로, 루터는 바울의 가르침에 따라 그릇된 길로 가고 있던 중세 말 가톨릭교회의 가르침을 개혁하려 했다.

그러나 이신칭의로 말미암은 선행의 경계는, 칭의와 성화의 불가분의 관계를 훼손한다는 우려의 발언과 더불어, 이신칭의에 선행이 어떤 의미로든 포함되어 있다고 보아야 한다는 입장을 불러일으켰다. 그것이 개신교 종교개혁의 양대 산맥 중 하나인 개혁주의 입장이었다. 루터주의가 이신칭의에 선행이 관여되지 않는다고 보았다면, 개혁주의는 선행이 이신칭의와 관련이 된다고 보았다. 의로워지는 것이 선행이 아닌, 믿음으로 되는 것은 명백하지만, 믿음과 선행의 불가분의 관계는 칭의에 선행이 동반된다는 입장을 가능하게 한다고 본 것이다.[4]

개혁주의의 출발은 취리히 종교개혁자 츠빙글리였다. 츠빙글리 노선은 추종자들과 함께 개혁교회를 형성했다. 루터교회와 개혁교회 사이에는 동일한 기본적 신학 노선에도 불구하고 미묘한 차이가 있었다. 그것은 칭의와 선행의 관계였다. 앞서 살펴본 바와 같이, 루터의 종교개혁과 루터교회는 선행 부분에 매우 민감한 반응을 보였고 의로워지는 것에 선행이 관여되지 않도록 철저한 노력을 기울였다.

그러나 개혁교회는 의로워짐에 있어서 선행이 부분적인 역할을 하는 것으로 주장했다. 물론 선행이 칭의에 공로 역할을 한다고 말하지는 않았다. 이신칭의 입장을 수용하기에 칭의는 믿음으로 이루어지는 것으로 생각했다. 그러나 믿음이란 "사랑으로써 역사하는 믿음"(갈

---

4 Lillback, 81-87.

5:6)이기에 선행은 믿음과 함께 가는 것으로 보았다. 믿음이 사랑을 통하여 자신을 표출한다는 의미로, 선행은 믿음의 당연한 표현이라는 것이다. 이러한 설명은 루터의 심기를 불편하게 했다. 당시 츠빙글리와 성찬론으로 논쟁을 빚고 있던 루터는, 이처럼 선행에 대해 자신과 다른 입장을 취하고 있는 츠빙글리 계열이 로마가톨릭의 위험성을 내포하고 있다고 보았다. 그러므로 츠빙글리에 대해 지극히 부정적인 입장을 취했다.[5]

  종교개혁 2세인 존 칼빈은 마틴 루터를 흠모했고 그의 신학을 계승했다. 그런데 칭의와 선행에 관한 부분에 있어서 칼빈은 루터보다는 츠빙글리 노선을 추종했다. 칼빈은 루터 다음 세대로, 이미 출범한 개신교회 성도들의 성화 부분이 취약하다는 것을 알고 있었다. 이신칭의가 신학적으로 개신교 중심에 이미 자리를 잡은 시점에 칼빈의 역할은 개신교의 성화 부분을 향상시키는 것이었다. 칼빈은 믿음으로 의로워진다는 개념에는 철저하게 동의했다. 선행으로 의로워지는 것은 아니기 때문이다. 그러나 그것이 선행 없는 믿음으로 의로워지는 것은 아니라고 보았다. 의로워지는 것은 믿음으로 되는 것이지만, 믿음은 선행을 동반하는 것이기에 의로워지는 것에는 선행이 결과로 나타난다는 것이다. 칼빈은 이 부분에 있어서 믿음이 의로워지는 일차적인 원인이라면, 선행은 의로워지는 이차적 원인이라고까지 주장했다.[6] 그리고 칼빈은 그것이 이신칭의와 상충되는 것이 아니라고 주장

---

5   피터 A. 릴백, 『칼빈의 언약사상』, 원종천 역 (서울: 기독교문서선교회, 2009), 118-128.

6   John Calvin, *Institutes of the Christian Religion*, ed. John T. McNeill, trans.

했다. 개혁주의 노선의 연장이었다.

종교개혁 당시 루터주의와 개혁주의는 함께 로마 가톨릭교회에 대항하여 싸웠다. 그럼에도 불구하고 루터교회와 개혁교회는 하나가 되지 못했다. 표면적으로 나타난 이유는 성찬론에 대한 루터와 츠빙글리 사이의 의견 차이와 불일치였다. 그러나 종교개혁의 기둥이었던 이신칭의에서 선행의 역할에 대한 신학적 해석이 내면적으로 또 하나의 원인을 제공했다. 그리스도인의 삶에 양쪽 다 선행의 중요성을 인식했다. 그러나 여기에 상황적 딜레마가 있었다. 이신칭의에 선행을 거부하는 것은 당시 로마 가톨릭교회와의 투쟁 가운데 불가피한 상황이었으나, 동시에 이것으로 말미암아 선행이 경시되고 성도들의 윤리 도덕적 수준이 향상되지 못하고 있는 문제도 좌시할 수 없는 상황이었다.

칭의 문제는 단순하지 않다. 하나님 앞에 의로워지는 것은 믿음에 의해서이다. 사도 바울은 말한다. "하나님의 은혜를 인하여 믿음으로 말미암아 구원을 얻었나니 이것이 너희에게서 난 것이 아니요 하나님의 선물이라. 행위에서 난 것이 아니니 이는 누구든지 자랑치 못하게 함이니라"(엡 2:8-9). 그러나 행함이 따르지 않는 믿음은 죽은 믿음이다. 구원에 이르는 믿음이 아니라는 말이다. 사도 야고보는 이렇게 말한다. "내 형제들아 만일 사람이 믿음이 있노라하고 행함이 없으면 무슨 유익이 있으리요. 그 믿음이 능히 자기를 구원하겠느냐… 이와 같

Ford Lewis Battles (Philadelphia: The Westminster Press, 1960), 3:3:5; 3:3:19; 3:14:21. 이후 *Institutes*로 표기함.

이 행함이 없는 믿음은 그 자체가 죽은 것이라. 어떤 사람은 말하기를 너는 믿음이 있고 나는 행함이 있으니 행함이 없는 네 믿음을 내게 보이라. 나는 행함으로 내 믿음을 네게 보이리라 하리라"(약 2:14-18).

율법준수를 통해 칭의에 선행을 도입시키려는 노력을 제거하려는 사도 바울도 믿음과 선행을 이렇게 정리한다. "율법 안에서 의롭다함을 얻으려 하는 너희는 그리스도에게서 끊어지고 은혜에서 떨어진 자로다. 우리가 성령으로 믿음을 좇아 의의 소망을 기다리노니 그리스도 예수 안에서는 할례나 무할례가 효력이 없되 사랑으로써 역사하는 믿음뿐이니라"(갈 5:4-6). 율법주의로 나가려는 자들에게 오직 하나님의 은혜와 인간의 믿음을 역설하는 바울은, 동시에 믿음의 성격이 무엇인지 분명히 하고 있다. 그것은 "사랑으로써 역사하는 믿음"이다. 사랑은 선행을 말하는 것으로, 의롭게 해주는 믿음은 그 안에 선행을 수행하게 하는 힘을 가지고 있기에 선행이 나타나게 되어 있다. 믿음의 특성은 사랑(선행)을 통해 반드시 믿음 그 자체를 표현한다는 것이다.

그렇다면 믿음과 선행은 하나로 동전의 양면을 말하는 것이다. 예수 그리스도를 믿어 의로워지고 구원받은 것은 분명히 믿음으로 되는 것이지만 믿음은 선행으로 표출되는 것이기에 믿음과 선행은 불가분의 관계이다. 그리스도인에게 믿음 없는 선행은 있을 수 없고 선행 없는 믿음도 있을 수 없다.

그러므로 칭의와 성화는 서로 떨어질 수 없는 하나의 개체이다. 하나를 말할 때 다른 하나를 말하지 않을 수 없고, 하나가 없다면 다른 하나도 있을 수 없는 것이다. 그러나 상황에 따라 칭의가 강조되기고 하고 성화가 강조되기도 한다. 또는 칭의의 관점으로 성화를 보기도

하고 성화의 관점으로 칭의를 보기도 한다.

고대 교회에는 칭의 문제가 중요한 이슈로 부각되지 않았고 칭의와 성화에 대해 세밀한 교리적 정리가 되어 있지 않았다. 의견은 분분했고 통일되지 않았으며 고대 종교회의들은 이 문제를 공식적으로 다루지 않았다. 그러나 이후 중세 교회는 성화를 통해 칭의가 이루어지는 것으로 보았고, 16세기 개신교 종교개혁은 칭의와 성화를 구별하면서도 동시에 둘 사이의 불가분의 관계를 확고히 하려 했다. 이것을 위해 종교개혁 초기에는 선행 쪽으로 심하게 편중되어 있는 중세 교회에 대한 변증으로 칭의가 강조되었다. 그러나 칭의 강조로 성화가 둔화되자 종교개혁 후반에는 칭의를 확고히 하면서도 동시에 성화가 강조되었다.

16세기 후반 예정론과 연결되어 칭의에 대한 지나친 강조와 남용 및 왜곡으로 반율법주의가 성행하게 되면서 성화 강조 방법을 찾기 시작했다. 17세기에는 선행 노력을 무의미하게 만들어버리는 반율법주의가 심각한 문제로 대두되면서 성화 강조를 위한 언약신학이 촉진되었으며, 동시에 믿음으로 의로워지는 초기칭의와 선행으로 판단 받는 최종칭의(최후심판)로 분리된 이중칭의 개념이 출현했다. 또한 17세기에는 하나님의 주권만을 강조하고 인간의 노력과 역할을 무기력하게 만든다고 여겨진 칼빈주의 예정론에 반대하여, 칭의를 위해 인간도 분명한 역할이 있다는 것을 보여주는 알미니안주의가 태동했고, 이것 또한 반율법주의에 대한 대응 역할을 하게 되었다.

18세기 존 웨슬리 및 19세기 성결운동으로 인해 알미니안주의가 힘을 얻고 개신교회는 개혁주의와 알미니안주의로 이루어진 양대 산맥을 형성하게 되었다. 20세기 후반 현대 복음주의 교회에서는 성화 부진이 문제로 되어 있어 칼빈주의가 알미니안주의에 도전을 받고 있다. 동시에 "바울에 대한 새 관점"은 바울의 칭의론에 재해석된 유대교 언약론 구도를 도입하여 또다시 이중칭의 유형의 구원론을 제시했다.

    교회 역사를 통해서 볼 때, 칭의와 성화는 시계추가 목표를 향해 움직이는 양극의 역할을 했다. 그러나 칭의와 성화는 하나 된 불가분의 관계로서 항상 함께 존재하고 항상 함께 강조되어야 한다. 중요한 것은 시대 상황에 따라 불가분의 관계에 있는 칭의와 성화를 적절하게 이해하고 지혜롭게 설명해야 한다는 것이다. 무엇보다도 우리에게는 칭의-성화가 하나가 된 정상적인 그리스도인의 삶을 살기 원하는 강력한 의지가 필요하다. 그러나 나태와 교만이라는 인간의 죄성은 항상 이것을 거부한다. 그러므로 칭의와 성화를 향해 시계의 추는 계속 움직인다. 인간의 힘으로는 안 된다. 성령님의 역사가 절실히 필요하고 간절한 기도가 요구되는 것이다.

고대 교회

변증적 상황 • 복음의 인지 • 신화 개념

제 1 부

고대 교회

　예수께서 부활 승천하시고 오순절 성령이 강림하여 신약교회가 시작된 이후로 복음은 유대, 사마리아, 그리고 땅 끝을 향해 전파되고 있었다. 사도시대 이후 교회는 박해를 받으며 교회 지도자들을 통해 교회 역사는 진행되었다. 고대 교회의 시작이었다. 고대 교회의 상황은 로마제국의 박해 외에도 자체적으로 쉽지 않았다. 복음이 이방으로 전파된다는 것은 많은 요소들이 복음에 작용되는 것을 의미했다. 당시 이방의 문화를 지배하고 있던 헬라문화와 이교도의 철학은 복음에 영향을 주었다. 복음이 전파되면서 이교도들의 이해를 위해 그들의 언어와 표현방식, 나아가 사고방식을 사용하지 않을 수 없는 상황이었기 때문이다. 신약의 기자들은 대부분 히브리 사람이었고, 신약에 표현되어 있는 복음의 내용은 그 저변에 히브리적 사고방식이 깔려 있었다. 복음의 내용은 신약과 구약의 연속성 하에서만 제대로 이해될 수 있는 것이었다.

복음의 전파 과정에 도전적인 상황이 벌어졌다. 복음전파 과정에서 복음의 저변에 깔려 있는 히브리식 사고방식이 당시 보편적인 문화권을 형성하고 있던 헬라주의 방법으로 전달되는 과정에서 사상적 오해와 충돌이 나타나기 시작했고, 그것이 쉽게 해결되지 않음으로써 많은 어려움을 초래하게 되었다. 삼위일체 교리와 기독론 교리가 바로 그것이었다. 이 교리적 부분에서 교회 내에 헬라 철학의 사고방식이 도입되었고, 그것이 영향을 미치며 논쟁으로 치닫게 되었다. 삼위일체 논쟁과 기독론 논쟁은 해결을 위해 많은 시간을 할애해야 했으며, 논쟁 과정에서 교회에 적지 않은 타격을 주었다. 이런 이유와 상황으로 말미암아 고대 교회에서 구원론에 대한 관심은 뒤로 밀리게 되었고, 칭의에 대한 신학적 쟁점이나 해결책은 공적 이슈로 조명 받지 못했다.[1]

변증적 상황

사실상 칭의 개념은 어거스틴 이전에는 중요한 논점이 아니었다. 구원론은 공적 신학 논쟁이나 토론의 대상이 아니었으며, 삼위일체론과 기독론 논쟁으로 말미암아 신학적 논점의 대상에서 제외되었다.[2]

---

1 Jaroslav Pelikan, *The Emergence of the Catholic Tradition (100-600)* (Chicago and London: The University of Chicago Press, 1971), 172-277.

2 Alister McGrath, *Iustitia Dei: A History of the Christian Doctrine of Justification*, third edition (Cambridge, New York: Cambridge University Press, 2005), 32-33.

놀랍게도 4세기 중반까지 사도 바울의 이신칭의 가르침은 교회 내에 지배적인 영향력을 끼치지 않았던 것으로 보인다.³ 어떻게 이렇게 되었는가? 교리적 발전은 한 시대의 신학적 논쟁과 동시다발적으로 나타나는 현상이다. 2세기 고대 교회 교부들의 활동 시기는 1세기 바울이 겪었던 유대 그리스도인들의 도전과는 다른 상황을 경험하고 있었다. 율법 지킴에 의한 칭의를 주장하는 상황이 아니었다.

헬라 철학의 이원론과 이교도 신비주의 영향으로 교회는 이단의 가르침에 곤혹을 치르고 있었다. 2-3세기 동안 교회가 겪었던 가장 큰 이단의 도전은 영지주의였다. 기독교회가 형성되었을 때, 기독교는 로마제국 하에서 경쟁하던 여러 종교 중 하나였다. 대부분의 종교는 사라지거나 별 영향을 미치지 못했지만, 기독교는 어려운 가운데서도 힘을 잃지 않고 살아남았다. 그런데 또 하나 살아남아 많은 영향을 끼치고 인기를 차지하던 종교가 있었으니, 그것이 영지주의(Gnosticism)였다. 영지주의의 시작은 명확하지 않으나, 헬라 철학의 플라톤주의, 동방의 조로아스터주의(Zoroastrianism), 유대교, 기독교 등이 혼합하여 발전했고, 기독교회가 태동하던 시기에 동시에 나타난 것으로 보인다. 요한복음과 고린도전후서 등에 영지주의 관련 내용이 나타나기 때문이다.

영지주의는 다양한 특징들을 가지고 있지만, 가장 기본적인 사상은 물질이 악하다는 것이다. 물질적 세상과 눈에 보이는 것들은 다 부패

---

3   Ivor J. Davidson, *A Public Faith: From Constantine to the Medieval World, AD 312-600* (Grand Rapids: Baker Books, 2005), 28-67; K. Stendahl, *Paul among Jews and Gentiles*, (Philadelphia: Fortress Press, 1976), 83.

하고 문제가 있으며, 물질의 영향을 받지 않은 영의 세계만 선하다는 것이다. 하나님이 선하시다면, 물질적 세상을 만드시거나 관여하실 수 없다고 생각했다. 하나님보다 낮은 신, 데미어지(Demiurge)가 존재한다고 믿었다. 데미어지는 물질적 세상을 만들고 그것의 신이 되었으며, 그 신은 구약의 하나님으로 정의와 폭력의 하나님이 되었고, 더 높은 참된 하나님은 신약의 하나님으로 사랑과 자비의 하나님이라는 것이다. 물질이 악이기 때문에 육신도 악한 것이므로 어떤 영지주의자들은 금욕주의 삶을 살았고, 다른 영지주의자들은 육신을 벗어날 수 없기에 포기하고 부도덕한 삶을 살기도 했다.

많은 영지주의자들은 그리스도가 실제로는 성육신 하시지 않았다고 믿었다. 그리스도가 나타났을 때, 그는 인간처럼 보였을 뿐이라고 가르쳤으며, 이것을 그리스도 가현설(docetism)이라고 한다. 구원은 영혼이 육신을 떠남으로 이루어지는 것으로 믿었고, 부활을 부정했다. 또한 구원은 예수를 통해 주신 비밀스러운 가르침에 대한 지식을 통해 얻을 수 있다고 생각했다.[4] 또한 영지주의의 가르침 중 중요한 내용은 숙명론이었고, 그것은 인간으로 하여금 죄와 악에 대한 책임을 배제해 주는 역할을 했다. 고대 교회는 하나님의 은혜에 대한 가르침을 충분히 이해하여 가르쳤음에도 불구하고 일부 교부들은 원죄의 영향을 최소화하고 타락한 인간의 자유를 강조했다. 그것은 영지주의에 대한 변증이었다.[5] 이것은 칭의 개념에 대해 표현상으로 바울의 사상

---

4 Jonathan Hill, *The History of Christian Thought* (Downers Grove, Ill: InterVarsity Press, 2003), 24-25.

5 Ivor J. Davidson, *The Birth of the Church: From Jesus to Constantine, AD*

과는 다른 양상을 띠게 만들었다. 숙명론에 대한 변증으로 자유의지의 역할에 대한 강조와 스스로의 결단을 중시하는 내용이 많이 나타났다.

터툴리안(Tertullian, 160-225)은 이렇게 말했다. "하나님의 은혜의 능력은 자연세계보다 더 강하며 우리 안에 있는 능력에 영향력을 행사한다. 특히 자결능력으로 묘사되는 우리의 자유의지에 역사를 한다."[6] 이리네이우스(Irenaeus, 130?-202)는 하나님이 주신 것을 가지고 최선을 다하라는 방향으로 권면했다. "당신의 것을 그분에게 드린다면-즉, 그분에게 믿음을 드리고 순종을 한다면-당신은 하나님의 귀한 대가를 받을 것이다."[7] 데오필루스(Theophilus of Antioch, c.163-182)는 공로사상 방향으로 나아가기도 했다. "하나님은 인간을 자유롭게 하시고 그에게 능력을 주셨다. … 인간이 불순종하면 죽을 것이고, 하나님의 뜻을 순종하면 영생을 얻을 것이다."[8] 저스틴 마터(Justin Martyr, 100-165)는 구약을 가지고 인간의 자유의지와 스스로의 결단을 촉구했다. "우리는 구약에서 배웠다. … 개인적 행동의 공

30-312 (Grand Rapids: Baker Books, 2004), 163-170; T. F. Torrance, *The Doctrine of Grace in the Apostolic Fathers* (Edinburgh: Oliver & Boyd, 1948); H. Jonas, *The Gnostic Religion: The Message of the Alien God and the Beginning of Christianity* (Boston: Beacon Press, 1958), 46-7.

6 Tertullian, *Treatise on the Soul*, 21, in Ante-Nicene Fathers, ed. Alexander Roberts, James Donaldson, Philip Schaff, and Henry Wace, 10 vols, (Peabody, Mass: Hendrickson, 1994), 3:202.

7 Irenaeus, *Against Heresies*, 4.39.2., in Ante-Nicene Fathers, 1:523.

8 Theophilus, *To Autolycus*, 2.27, in Ante-Nicene Fathers, 2:105.

로에 따라 벌, 꾸중, 그리고 보상을 받는다는 것이다. … 인간이 자유의지로 악을 피하거나 선을 행할 수 있는 능력을 가지고 있지 않다면, 그것이 무엇이라도 그들은 자신의 행동에 책임을 질 수 없다. … 인간이 스스로 선을 선택할 수 없다면, 보상이나 칭송의 가치가 없다."9 터툴리안은 인간의 선행이 하나님을 빚진 자로 만든다고까지 말했다. "하나님은 선행을 받으신다. 그렇게 하신다면, 그들을 보상하실 것이다. … 그러므로 선행은 하나님을 빚진 자로 만든다. 악행도 그런 것처럼 말이다. 심판자는 모든 근원을 보상하시는 분이다."10

어거스틴(Augustine, 354-430) 전까지 구원론은 고대 교회에 공적 교리 대상이 되지 않았다. 서기 325년에 열린 니케야 종교회의로부터 시작하여 고대 교회 교리 논쟁은 예수 그리스도와 하나님과의 관계, 그리고 그리스도의 신성과 인성의 관계 정립이 초점을 이루고 있었다. 2, 3세기에 영지주의와 마르시온 등 이단의 도전으로 말미암아 이 문제들이 논점이 되어 축적되어 왔던 것이 교회 내에 큰 물의를 일으키며 종교회의에 화두를 던진 것이다.11 이단들과의 투쟁에서 구원

---

9 Justin Martyr, *First Apology*, 43, in *Ante-Nicene Fathers*, 1:177.
10 Tertullian, *On Repentance*, 2, in *Ante-Nicene Fathers*, 3:658.
11 마르시온은 구약 히브리인들의 창조자 하나님과 신약 예수의 구원자 하나님을 가르고, 구약의 하나님은 신약의 하나님보다 열등하다고 믿었다. 창조자 하나님은 예수에게 속아서 그의 율법에 의해 정죄된 모든 자들의 영을 예수의 생명과 교환하기로 했는데, 예수는 죽음에서 부활하셨다고 했다. 그러나 창조자 하나님(구약의 하나님)은 예수를 자기가 보낸 것으로 사도들을 오도하여, 예수의 복음을 사랑의 하나님(신약의 하나님)이 아니고 낮은 하나님(구약의 하나님)의 원칙들로 혼동시켰다는 것이다. 그래서 참 복음은 모든 기독교 문서 중 일부 문서에서만 찾을 수 있다고 주장했다. 마르시온은 그 일부 문서가 바울의 문서들이라고 주장했다. 특히 바울 문서들 가운데서도 유대적인 요소들

에 대한 언급이 있었고 복음만이 구원을 가져다준다는 말은 있었지만, 그것이 쟁점이 아니었기에 구원과 복음에 대한 정확한 개념 정리와 공적 교리의 제정은 시도되지 않았다. 영지주의와 마르시온에 대한 변증의 내용은 삼위일체론과 기독론이었다.[12]

교회는 2, 3세기에 걸쳐 그리스도인의 삶에 관심을 가지고 가르쳤다. 당시 기독교 신앙의 생존과 전파를 위해 가장 중요한 것은 삶의 모습이라고 생각했기 때문이다. 이를 위해 중요한 것은 그리스도의 삶의 모습과 그분의 가르침이었다. 그리스도의 삶의 모범과 그분의 가르침에 대한 순종은 그리스도인들의 삶의 모습을 갖추기 위해 가장 절실한 것이었고, 그것이 구원과 관련된 것으로 비쳐졌다. 구원은 그리스도인의 삶과 윤리와 깊은 관계를 맺고 있는 것으로 비쳐졌다. 많은 2세기 교부들은 구원과 그리스도의 죽음의 관계에 대한 깊이 있는 신학적 의미를 생각하지 못했고 기술하지 않았다. 칭의에 대한 명확한 성경적 이해를 위한 노력과 신학적 해설 작업이 보편적으로 자리 잡지 못했던 것이다.

나아가 2세기 헬라 변증가들의 사상은 신학의 방향성을 잃었다. 헬

은 제거해야 한다고 가르쳤다. 마르시온주의도 영지주의와 유사하게 당시 대세를 이루고 있던 헬라 철학의 이원론 사상을 가지고 있었으며 많은 호응을 불러 일으켰고 영향력을 행사했다. Ivor J. Davidson, *The Birth of the Church*, 170-172.

12 Adolf von Harnack, *Marcion, Das Evangelium vom Fremden Gott: Eine Monographie zur Geschichte der Grundlegung der Katholischen Kirche*, vol. 2 (Berlin, 1960), 153. Cf. Jaroslav Pelikan, *The Emergence of the Catholic Tradition (100-600)* (Chicago, London: University of Chicago Press, 1971), 141

라 철학의 영향으로 말미암아 그들은 헬라 철학이 추구하는 사상과 질문에 대한 답을 하기에 급급하여 그리스도를 헬라 철학이 요구하는 답으로 제시했을 뿐, 칭의와 구원을 위한 성경적 대답을 주지 못했다. 그들에게 구원과 칭의에 대한 성경적 분석과 신학적 의미 찾기는 당시의 다른 관심 상황으로 말미암아 동떨어진 일이었다.[13]

복음의 인지

2, 3세기 고대 교회가 복음에 대해 무지했던 것은 아니다. 그리스도의 십자가 사역이 고대 교부들의 생각과 가르침 속에 분명히 있었고, 교회는 구원에 대해 인간의 선행과 윤리적 노력 일변도로 치닫게 하지는 않았다. 일부 교부들은 사도 바울의 이신칭의 개념을 가르쳤다. 클레멘트(Clement of Rome, d.99)는 믿음으로 의로워진다는 바울의 가르침을 분명하게 표현했다. "우리는 그리스도 안에서 하나님의 뜻을 통해 부르심을 받았다. 우리 자신을 통해서나 또는 우리의 지혜나 이해 또는 경건이나 심령에서 우러나오는 선행을 통해 의로워진 것이 아니다. 우리는 믿음으로 의로워진 것이다. 전능하신 하나님은 태초부터 존재했던 모든 자들을 믿음을 통해 의롭게 하신 것이다."[14] 저

---

13 헬라 변증가들의 역사적 상황과 활동을 위해서는 다음을 보시오. Ivor J. Davidson, *The Birth of the Church*, 212-224; Robert Louis Wilken, *The Spirit of Early Christian Thought* (New Haven and London: Yale University Press, 2003), 3-7.

14 Clement of Rome, *Letter to the Romans to the Corinthians*, 32.4, in *Ante-Nicene Fathers*, 1:13.

스틴 마터도 아브라함을 칭의의 가장 위대한 본보기로 언급했다. "아브라함은 하나님에 의해 의롭다고 선언되었다. 그것은 할례 때문이 아니고 믿음 때문이었다."[15] '다이오그네투스에게 보낸 서신(Letter to Diognetus)'을 보면 칭의 개념이 죄 사함과 그리스도 의로움의 선물 개념으로 나타났다. "그리스도의 의로움 말고 무엇이 우리의 죄를 덮을 수 있었겠는가? 누구로 말미암아 그것이 우리에게 가능했겠는가? 범법자이고 불경건한 우리가 의로워지는 것이 하나님의 아들 외에는 누구로 가능했겠는가? 아, 달콤한 교환이여, 아, 하나님의 놀라운 사역이여, 아, 기대하지 못했던 축복이여. 많은 자들의 죄가 의로우신 한 사람 안에 감추어졌고, 한 사람의 의로움이 많은 죄인을 의롭게 했다."[16]

이리네이우스와 클레멘트(Clement of Alexandria, 150-215) 같은 대표적인 교회 지도자들이 그리스도의 삶의 모범과 그리스도의 가르침에 대한 순종을 중시했던 것은 사실이다. 그러나 그들의 가르침이 구원을 윤리적 순종만으로 만들었던 것은 아니다. 그들은 인간의 윤리적 순종의 한계와 부족함을 인지함으로써 그 불순종 해결을 위한 그리스도의 십자가 사역의 중요성을 가르쳤다.[17]

고대 교회에서 구원에 대한 공적인 교리 논쟁과 정립은 없었지만, 교회는 구원론의 교리적 통합의 필요성은 느끼고 있었다. 그 필요성

---

15 Justin Martyr, *Dialogue with Trypho, a Jew*, 92, in *Ante-Nicene Fathers*, 1:245.
16 *Letter to Diognetus*, 9.3-5, in *Ante-Nicene Fathers*, 1:28.
17 Iren. *Haer.* 5.16.3 (Harvey 2:368). Clem. *Prot.*10.110.2 (*GCS* 12:78). Clem. *Prot.* 11.114.4 (*GCS* 12:80). Clem. *Prot.* 11.114.1. (*GCS* 12:80). Cf. Pelikan, 146.

은 예수 그리스도의 사역에 대한 관심과 논의를 생성했다. 그리스도의 고난과 죽음이 구원에 중요한 역할을 한다는 것은 이미 알고 있었으나 그것을 신학적으로 어떻게 정리하는가 하는 것은 또 다른 문제였다. 여기에 '속죄(satisfaction)'라는 중요한 개념이 도입되었다. 이것은 한 사람이 다른 사람의 잘못을 위해 대신 갚아주는 대속 개념으로 터툴리안에 의해 소개되었다. 그리고 하나님은 대속을 받아들이는 것으로 판단했고, 인간은 하나님을 만족시켜드리기 위해 고해를 하는 것으로 생각했다.[18] 그리고 터툴리안은 그리스도의 죽음이 죄인의 죽음을 대속하는 것으로 생각했다.[19]

추후 힐라리(Hilary, 300-368)는 그리스도의 죽음을 죄인을 위해 대신 희생하시고, 그것으로 하나님을 만족시켜드리는 개념으로 종합 정리했다. 그리스도의 희생 개념과 속죄 개념을 연결시킨 것이다.[20] 그리고 여기에 대속물(ransom) 개념이 추가되었다. 예수 그리스도가 하나님께서 우리의 구원을 위해 주신 대속물이라는 것이었다. 그런데 지불 대상이 확실치 않았다. 누구에게 그리스도 대속물을 지불했는가 하는 문제는 명확하게 정리되지 못했고, 오리겐(Origen, 184/5-253/4)은 하나님께서 마귀에게 대속물을 지불한 것으로 가르쳤다. 죽

---

18 Tert. *Paenit*. 7.14. (*CCSL* 1:334). Tert. *Paenit*.8.9. (*CCSL* 1:336). Cf. Pelikan, 147.

19 Tert. *Pudic*. 22.4. (*CCSL* 2:1328-29). Cf. Pelikan 148. Tertullian의 속죄 개념은 구약 율법주의와 로마 윤리주의 및 법률주의의 혼합이라는 비판을 받았다. 고해를 통해 자신이 지은 죄의 빚을 하나님께 갚아 그를 만족시켜드리는 행위구원의 성격을 띠고 있기 때문이라는 것이다. A. Nygren, *Agape and Eros* (Philadelphia: Fortress Press, 1953), 343-8.

20 Hil. *Ps*. 53.12-13 (*CSEL* 22:144-45). Cf. Pelikan 147.

음의 권세를 가지고 있는 마귀에게 하나님께서 아들을 대가로 지불하여 인간을 마귀로부터 구출한다는 내용이다.[21]

2, 3세기 고대 교회는 구원론과 관련하여 그리스도의 죽음은 그리스도의 부활과 더불어 승리 개념으로 발전되었다. 오리겐은 그리스도의 죽음이 마귀의 통치를 무너뜨리는 시작으로 보았다.[22] 이리네이우스는 창세기 3:15("내가 너로 여자와 원수가 되게 하고 네 후손도 여자의 후손과 원수가 되게 하리니 여자의 후손은 네 머리를 상하게 할 것이요. 너는 그의 발꿈치를 상하게 할 것이니라")과 마태복음 12:29("사람이 먼저 강한 자를 결박하지 않고서야 어떻게 그 강한 자의 집에 들어가 그 세간을 강탈하겠느냐 결박한 후에야 그 집을 강탈하리라")을 연결하여 오리겐의 개념을 더 발전시켰다. 여자의 후손은 그리스도를 말하는 것이고 그의 죽음은 마귀를 무너뜨리는 것이며, 그 후 마귀의 손아귀에서 사람들을 구출할 수 있다는 것이었다. 결국 여자 후손의 약속은 발꿈치와 머리를 서로 상하게 하려는 마귀와 그리스도의 싸움을 말하는 것으로, 그리스도가 죽음으로 마귀가 일시적으로 승리하는 것 같으나 궁극적으로는 그리스도가 영원한 승리를 얻는다는 것이다. 이런 승리 사역을 위해 그리스도는 성육신 하시어 죽으심으로 원수 마귀와 죽음을 무찌르고 정복당한 사람들을 해방시켜 그들에게 승리를 가져다준다는 것이다.[23]

---

21 Robert Franks, *A History of the Doctrine of the Work of Christ in Its Ecclesiastical Development*, vol. 1 (New York, 1918), 54. Cf. Pelikan, 147-8.

22 Or. *Cels*.7.16-17 (*GCS* 3:168-69). Cf. Pelikan, 149.

23 Iren. *Haer*.5.21.1-2, 3 (Harvey 2:380-381, 384). Cf. Pelikan, 149-150.

그리스도의 죽음을 통한 승리는 그리스도의 고난으로 가능했다. 그리스도께서 연약한 인간의 모습을 취하고 오시어 죽음에까지 이르는 그의 완벽한 순종을 통해 인간의 불순종을 폐지했고 마귀의 세력을 무너뜨리고 하나님 백성을 해방시킨 것으로 보았다.[24] 그리고 그리스도께서는 부활하시어 당신의 승리를 만방에 드러내시고 선포하신 것이다.

2, 3세기의 구원론이 종교회의를 통해 공식 교리화 되거나 전반적인 공감대가 형성되는 일은 없었다. 공식 교리가 형성될 만한 논쟁과 투쟁의 이유가 구원론보다는 당시 이단에 대한 변증의 필요성으로 말미암아 다른 데 있었기 때문이다. 이러한 상황 가운데 구원론 개념은 주요 신학자들과 교회 지도자들에 의해 나름대로 다양하고 산만하게 표출되었으며, 이 가운데는 그리스도의 삶과 가르침을 따라 사는 윤리적 행위가 구원의 조건으로 보이는 내용이 분명히 존재하고 있었다. 영지주의의 숙명론에 대한 변증으로 말미암아 자유의지와 인간 스스로의 노력과 책임을 강조하며, 윤리적이고 도덕적인 삶을 추구하도록 권면했기 때문이다.

그러나 믿음을 강조하는 이신칭의와 유사한 가르침도 없지 않았다. 로마서를 중시하여 인간의 타락과 한계를 지적하고, 하나님의 은혜와 인간의 믿음을 중시하며, 바울의 가르침을 따르는 입장도 있었다. 이에 따라 인간의 죄로 말미암아 생긴 문제를 해결하기 위해 그리스도의 고난과 죽음으로 대속물을 지불하여 값을 치르고 하나님의 백성을

---

24 Iren. *Haer*.3.18.6 (Harvey 2:100). Cf. Pelikan, 149-150.

구출한 것이 구원이라는 내용도 있었다. 아울러 구원이란 그리스도의 죽음과 부활로 원수 마귀와 죽음을 무찌르고 승리하시어 우리를 죽음으로부터 해방시킨 것이라는 내용도 나타났다. 그러나 칭의와 성화의 구별이나 상호관계에 대한 구체적인 설명은 나타나지 않았고, 더욱이 이신칭의와 관련된 전가(imputation)에 대한 언급도 없었다.

신화 개념

고대 교회 동방 교부들의 구원론에 신화(deification) 개념이 나타났다. 이것은 전통적으로 개신교에 의해 많은 비판을 받았다.[25] 그러나 신화 개념은 인간이 하나님이 된다는 개념은 아니었고, 하나님과 인간 사이의 구별을 흐리게 하려는 의도도 아니었다. 그들은 그리스도만이 성부 하나님과 동일본질이라는 것을 알고 있었으므로, 신화로 말미암아 인간이 그런 위치에 도달한다고 생각하지는 않았다.

그들은 신화 개념이 요한복음의 말씀이 육신이 되신 기독론에 근거한다고 생각했다. 영원하신 말씀이 육신이 되어 우리 가운데 거하시어 우리의 삶을 사시고 우리의 유혹을 당하시고 우리를 위해 죽으시고 우리를 위해 부활 승천하셨다는 개념을 분명히 하고 있었다. 예수

---

25 Ben Drewery, "Deification" in *Christian Spirituality: Essays in Honour of Gordon Rupp*, ed. Peter Brooks (Birmingham, England: SCM, 1975). Cf. Peter Toon, *Justification and Sanctification* (Westchester, Ill: Crossway Books, 1983), 46.

그리스도는 두 번째 아담으로 오셔서 인간을 대표하시고, 육신을 취하고 오셔서 성령으로 말미암아 자신과 하나 된 인간을 위하여 이 모든 것을 하셨다는 것이다. 그러므로 구원은 그리스도에 의해 우리에게 주어졌고, 성령이 우리 안에 거하실 때 성취된다는 개념이다.

인간은 하나님의 모양과 형상으로 만들어졌고 죄로 말미암아 그 형상은 파괴되었다. 그러나 은혜는 진정한 하나님의 형상인 그리스도의 모습을 따라 인간을 새롭게 하고 변화시킨다는 것이다. 성령께서 역사하시어 우리를 하나님의 자녀로 삼으시고 우리에게 양자의 영을 부어주시어 우리가 하나님의 자녀인 것을 확증하셨다는 것이다(롬 8:14-16). 그러므로 그리스도인은 하나님의 성품에 참여하는 자가 되었다는 것이다(벧후 1:4).[26]

이런 의미에서 알렉산드리아의 클레멘트(Clement of Alexandria, 150-215)는 말씀이 인간이 된 것은 인간이 어떻게 하나님이 되는지 알도록 하기 위함이라고 했다.[27] 오리겐은 인간의 구원을 신성과 연관시켜서 언급했다. 인간은 하나님 말씀으로 양육되어 신성이 될 것이라고 했다.[28] 구원을 신성의 은사를 받는 것으로 이해했고, 인간이 그리스도와 연합하여 그리스도의 인성을 통해 그의 신성과 연합함으로

---

26 V. Lossky, *In the Image and Likeness of God* (Crestwood, N. Y.: St. Vladimir's, 1974); John Meyendorff, *Christ in Eastern Christian Thought*, Chap. 6 (Crestwood, N.Y.: St. Vladimir's, 1975).

27 Clem. *Prot*.1.8.4. (*GCS* 12:9), Cf. Pelikan, 155.

28 Or.*Orat*.27.13 (*GCS* 3:371-72), Cf. Pelikan, 155.

하나님과 연합하는 것으로 전개했다.[29] 이런 모호한 진술로 말미암아 신화 개념은 개신교의 비판을 받아왔던 것이다.

그러나 신화 개념은 동방교회에서 지속적으로 활용 발전되면서 더 상세하고 구체적으로 표현되기 시작했고, 동방교회의 대표적 인물인 알렉산드리아의 아타나시우스(Athanasius of Alexandria, 296-373)에 의해 가장 먼저 종합 정리되었다. 아타나시우스의 신화 개념은 예수 그리스도의 성육신과 관련하여 표현되었다. 예수 그리스도께서 인간이 되신 것은 인간이 하나님이 되도록 하기 위한 것이라고 말했다.[30]

인간이 하나님이 된다는 표현은 개신교 입장에서는 받아들이기 곤란한 것이었다. 고대 교회의 이러한 표현들로 말미암아 종교개혁자들은 구원론과 관련하여 중세뿐만 아니라 고대 교회에 대해서도 의혹을 가지게 되었다. 인간이 하나님이 된다는 것이 고대 동방교회의 신비주의 경향으로 말미암아 인간의 존재론적 변화를 의미하는 것으로 받아들였기 때문이다. 종교개혁자들이나 개신교도들은 구원이 하나님과 인간 사이의 본질적인 차이를 제거하는 것으로 볼 수 없었고, 신화 개념은 심각한 오류를 가지고 있는 것으로 생각했다. 인간은 어떤 부분도 하나님의 본질로 변화할 수 없다는 것이 종교개혁자들의 생각이었다. 종교개혁자들과 개신교도들의 신화에 대한 이런 생각에는 오해가 있었다.

---

29 Or.Cels.3.28. (GCS 2:226), Cf. Pelikan.
30 Athanasius, On the Incarnation, 54; J. P. Migne et al., eds., Patrologia Graeca (Paris, 1857-66), 25:192. Cf. Robert Letham, Union with Christ in Scripture, History, and Theology (Philipsburg, NJ: P & R Publishing, 2011), 91.

아타나시우스의 신화 개념은 인간의 존재론적 변화를 말하는 것이 아니고, 인간이 그리스도 안에 있는 신성과 연합한다는 의미였다. 이 것은 여전히 구원이 신성과의 결합을 말하는 것으로, 사실상 이것과 동일한 의미를 가지고 있는 것이 아닌가? 아타나시우스에게 있어서 신성과의 연합이 곧 인성이 신성으로의 본질적 변화를 의미하지는 않았다. 그는 그리스도의 신성과의 연합에도 인성 자체에는 변화가 없다고 주장했기 때문이다. 그는 이 주장의 근거를 예수 그리스도의 신성과 인성의 연합에서 찾았다. 그리스도께서 성육신 하셨을 때, 신성을 그대로 유지하셨고 하나님의 신분이 변화되지 않았다. 이와 마찬가지로 인간이 신화하여 하나님이 될 때에도 인간의 신분은 그대로 유지된다고 주장했다.[31]

그러나 의혹은 여전히 남는다. 이 표현만으로는 문제가 완전히 해소되지 않는 것으로 보인다. 그리스도가 성육신을 통해 인성의 본질을 가졌다면, 인간도 신화되어 신성의 본질을 가졌다는 말이 되기 때문이다.

아타나시우스는 그리스도와의 연합과 참여 개념을 중심축으로 신화 개념을 정리했다. 구원을 신화 관점으로 해석하여, 인간이 그리스도와 연합하여 그분 안에 참여함으로 하나님의 성품을 얻는 것으로 이해했다.[32] 여기에는 성령의 역사가 중요한 역할을 하고, 참여가 중요한 개념으로 등장했다. 성령께서 역사하심으로 그리스도와의 연합을

---

31 Athanasius, *Against the Arians*, 3:23, 33-34; J. P. Migne et al., eds., *Patrologia Graeca* (Paris, 1857-66), 26:369, 373, 393-97. Cf. Letham, 92.

32 Athanasius, *Letters to Serapion on the Holy Spirit*, 1:23-24; J. P. Migne et al., eds., *Patrologia Graeca* (Paris, 1857-66), 26:584-89. Cf. Letham 93.

통하여 그리스도에게 참여하여 그분처럼 거룩하게 된다는 것이었다. 그리스도의 성육신은 그를 믿는 자를 하나님의 자녀가 되게 하시고 신화하신다는 말이었다.[33] 결국, 신화는 구원론적 개념으로 성령이 역사하심으로 그리스도와 하나가 되어 하나님의 자녀가 되고 하나님의 거룩한 성품을 갖게 된다는 것으로, 종교개혁의 가르침과 근본적으로 다르지 않음을 시사했다. 그는 이렇게 말했다.

> 그것은 인간을 향한 하나님의 사랑이다. 은혜로 그는 창조된 자들의 아버지가 되었다. 이것은 사도가 말하듯이 창조된 자가 당신의 아들의 영을 받아 그의 심령에 "아바, 아버지"라 부를 때 나타난다. 그들은 성령을 받아 그로부터 하나님의 자녀가 되는 권세를 받은 자들이다. 창조된 자들로, 그들은 본질적으로 참 아들이신 그로부터 성령을 받지 못하면 자녀가 될 수 없었을 것이다.[34]

알렉산드리아의 시릴(Cyril of Alexandria, 376-444)도 구원을 참여 개념으로 보았다. 특히, 그는 베드로후서 1:4을 사용하여 구원을 신의 성품에 참여하는 것으로 설명했다. 구원받은 자는 하나님의 성품에 참여하는 자가 된다는 것으로, 이것은 그리스도인의 정체성을 말하는 내용이다. 그리스도인이란 하나님의 택함을 받고 부름 받아 "정욕 때문에 세상에서 썩어질 것을 피하여 신성한 성품에 참여하는 자"

---

33 J. N. D. Kelly, *Early Christian Doctrine* (New York: Harper & Row, 1978), (London: Black, 1968), 378에서 재인용.
34 Ibid., 379에서 재인용.

가 된다는 것으로, 결국 신성한 성품에 참여하는 것은 그리스도인이 갖추어야 하는 덕목을 갖추는 것을 말한다는 것이다. "믿음에 덕을, 덕에 지식을, 지식에 절제를, 절제에 인내를, 인내에 경건을, 경건에 형제 우애를, 형제 우애에 사랑을 더하라"(벧후 1:5-6)는 구절에 나타나는 덕목은 결국 하나님의 성품에 참여하는 것이 무엇을 의미하는지 잘 보여준다고 설명했다.35 이것은 성화의 내용으로 개신교의 구원론과 근본적으로 다를 것이 없다. 구원이란 용어의 의미를 칭의에 국한시키지 않고 성화를 포함하여 사용할 수 있기 때문이다.36

고대 교회의 신화 개념은 구원받은 자가 하나님과 동일한 본질을 가지게 된다는 것을 의미하지 않았다. 니케아 신조에 의하면 성부 하나님과 동일본질 하신 분은 그리스도이시기 때문이다. 그리스도께서는 인성을 취하시고 두 번째 아담으로 오셔서 구원사역을 치르셨다. 그리스도를 믿어 성령의 역사로 자신과 연합한 자들을 구원하기 위함

---

35 Norman Russell, *The Doctrine of Deification in the Greek Patristic Tradition*, (Oxford: Oxford University Press, 2004), 192-194; Cyril of Alexandria, *In Ioannes Evangelium*, lib. 11; J. P. Migne et al., *Patrologia Gracea* (Paris, 1857-66), 74:541d. Cf. Letham, 94.

36 이것과 관련하여 Norman Russell은 다음과 같이 말했다. "adoption, renewal, salvation, sanctification, grace, transcendence, illumination and vivification are all presented as equivalent to deification. . . . deification is certainly liberation from death and corruption, but it is also adoption as sons, the renewal of our nature by participation in the divine nature, a sharing in the bond of love of the Father and the Son, and finally entry into the kingdom of heaven in the likeness of Christ." Norman Russell, *The Doctrine of Deification in the Greek Patristic Tradition* (Oxford: Oxford University Press, 2004), 176-178. Cf. Letham, 94.

이었다. 말씀이 육신이 되어 그를 믿는 자들을 위해 구원사역을 치르셨고, 성령께서 내주하시는 자들에게 그리스도의 사역이 적용된 것이다.[37]

 그렇다면 신화 개념은 종교개혁의 칭의론과 동일한 것인가? 그렇지는 않다. 고대 구원론의 신화 개념에는 칭의와 성화의 구별이 없다. 신화는 구원을 말하는 것으로 하나님의 성품에 참여하는 것을 기본 내용으로 하고 있고, 그리스도와의 연합을 통해 이루어지는 것으로 말했다. 신화의 구원론은 종교개혁의 가르침인 이신칭의와 전가 개념은 찾아볼 수 없으며, 그리스도와의 연합을 통한 인간 변화의 관점으로 설명했다. 구원론의 이해 방법이 전체적이고 융합적인 특색을 보이는 반면, 분할적이거나 분석적인 것은 아니었다.

---

[37] Ben Drewery는 개신교가, 고대 교회가 가르친 신화 개념이 인간의 본질이 신적 본질로 바뀌어 신적 위치로 신분이 변화되는 것으로 오해했다고 주장했다. Ben Drewery, "Deification," in *Christian Spirituality: Essays in Honor of Gordon Rupp*, ed. Peter Brooks (Birmingham, England: SCM, 1975).

PART
02

어거스틴

하나님의 은혜 • 믿음으로 의로워짐

제 2 부

어거스틴

구원론이 공적으로 정리되지 않은 고대 교회 상황에서 어거스틴 (Augustine, 354-430)은 인간의 타락과 부패를 주장함으로 구원론 가르침에 관여하게 되었다. 펠라기우스와의 인간론 논쟁에서 어거스틴은 인간의 죄성과 타락 및 하나님 은혜의 절대적 필요성을 강조하게 된다. 펠라기우스는 인간의 타락과 부패를 인정하지 않았고 자력 구원의 길을 가르쳤기 때문이다. 그러나 어거스틴은 하나님의 은혜를 통해 타락한 인간의 치유로 말미암아 인간의 의지가 자유로워져서 선을 행할 수 있고 구원에 이른다고 가르쳤다. 어거스틴은 이것을 믿음으로 구원받는다는 것으로 이해했다. 인간은 믿음으로 하나님의 은혜가 주입되어 타락한 의지가 치유되고 의가 이루어지는 것으로 보았다.

인간론의 설정으로 고대 교회보다는 진일보한 어거스틴의 구원론은 펠라기우스와의 논쟁을 통해 인간의 타락 및 하나님의 은혜를 강조함으로써 믿음으로 의로워진다는 구원론을 보여주었으나, 칭의와 성화의 구별이 없고, 전가 개념 또한 존재하지 않으며, 인간은 오랜 과정을 통해 의로워지는 것으로 보았다.

하나님의 은혜

구원론과 관련하여 어거스틴의 기본 입장은 펠라기우스(Pelagius)와의 논쟁 이전에 이미 예정론으로 노선이 잡혀져 있었다.[1] 그것은 구원에 있어서 하나님의 주권을 그 무엇보다도 강조하는 것이었다. 인간 쪽의 행위인 믿음도 스스로의 것이 아니고 하나님의 은혜가 먼저 주어졌기에 나타나는 반응으로 하나님의 선물이라고 생각했다.[2] 어거스틴은 인간에게 자유의지가 남아 있음을 시사했으나, 죄의 영향을 받았기에 스스로 구원을 향해 나아갈 수 없게 되었다고 강조했다. 그러므로 인간이 의로워지기 위해서는 하나님의 은혜로 그 자유의지가 자유로워져야 한다고 말했다.[3] 즉, 구원에 관한한 인간의 자유의지는 사실상 자유롭지 못함을 함축하는 것이다. 어거스틴과 펠라기우스와의 논쟁은 인간의 자유의지에 관한 것으로 시작되었고, 자유의지를 지나치게 강조한 펠라기우스에 대한 반발이었다.

펠라기우스는 하나님의 은혜를 전적으로 부인하지는 않았지만, 개

---

1   Ad Simplificianum I, ii, 6. Cf. McGrath, 40.
2   Ad Simplificianum I, ii, 12. Cf. McGrath, 40.
3   Ad Simplificianum I, ii, 21. Cf. McGrath, 40.

신교가 이해하는 구원을 위한 하나님 은혜의 절대적 필요성과 같은 내용은 분명히 거부했다. 그는 은혜란 구원을 위해 근원적이고 전적인 역할을 하는 것이 아니고, 인간에게 단지 외적 도움을 주는 것으로 정의했다. 은혜가 선을 행할 수 있는 능력에 도움을 주는 것이라고 생각했던 것이다.

동시에 펠라기우스는 하나님의 은혜가 인간으로 하여금 죄를 짓지 않을 수 있는 능력을 포함한 자유의지를 준다고 주장했다.[4] 이렇게 인간에게 선과 악을 선택할 수 있는 자유의지가 있어야만 선을 행할 때 보상을 받을 수 있는 근거가 마련된다는 것이 펠라기우스의 생각이었다.[5] 나아가 하나님의 은혜는 인간의 양심에 옳고 그름을 알려주셔서 인간으로 하여금 악을 피하고 선을 행할 수 있도록 도움을 주신다는 것이다.[6] 하나님은 인간의 자연 능력에 모세 율법과 예수 그리스도의 가르침을 통해 당신의 뜻을 계시하시어 은혜를 추가하셨다고 펠라기

---

4 Augustine, *On the Proceedings of Pelagius*, 22.10, in *Nicene and Post-Nicene Father*, eds. Alexander Roberts, James Donaldson, Philip Schaff, and Henry Wace, 1st ser., 14 vols. (Peabody, Mass: Hendrickson, 1994), 5:193.

5 "For there would be no virtue for those who always remain good if they had not been able to choose evil. God wished to present to the rational creature the gift of voluntary goodness and the power of free will. So he planted in human beings the possibility of turning itself toward either side." Pelagius, *Letter to Demetrias*, in *A Cloud of Witnesses: Readings in the History of Western Christianity*, ed. Joel F. Harrington (Boston and New York: Houghton Miflin, 2001), 100.

6 Augustine, *On the Grace of Christ*, 1.45, in *Nicene and Post-Nicene Father*, 5:233.

우스는 가르쳤다.7 이런 의미에서 하나님의 은혜는 외적이라는 말이다.

사람이 이렇게 외적 도움만 있으면 된다는 것은, 인간에게 근본적으로 죄를 짓는 내적 성향이 없다고 펠라기우스는 생각했기 때문이다. 그는 인간이 태어날 때 아담으로부터 물려받은 타락의 영향을 받지 않았다고 가르쳤다.8 사람이 죄의 성향을 가지고 있는 것처럼 보이는 것은 본성 탓이 아니고 습관적인 죄의 결과라고 그는 말했다.9 인간은 아담의 죄로 인한 죄책을 가질 수 없다고 그는 생각했다. 다른 사람이 범한 죄에 대해 윤리적 책임을 진다는 것은 있을 수 없는 일이라고 판단했던 것이다. 아담의 죄가 매우 나쁜 본보기를 보여준 것은 사실이지만, 그것이 인간으로 하여금 죄의 성향을 가지게 한다는 것은 받아들이지 않았다.

따라서 펠라기우스는 하나님의 은혜의 도움으로 인간은 죄 없이 살 수 있다고 가르쳤다.10 그는 인간이 죄 없이 완벽한 삶을 살 수 없는 존재라면, 레위기 19:2, 마태복음 5:48 등 성경에 나타난 거룩을 촉구하

---

7   Augustine, *On the Grace of Christ*, 1.45., in *Nicene and Post-Nicene Father*, 5:232-33.

8   "Everything good and everything evil, on account of which we are either praiseworthy or blameworthy, is not born with us, but done by us. For we are born nor fuly developed, but with a capacity for either conduct. We are born without virtue or vice. Before we act according to our own will, the only thing in man is that which God has formed." Augustine, *On the Grace of Christ, and On Original Sin*, 2.14, in *Nicene and Post-Nicene Father*, 5:241.

9   Pelagius, *Letter to Demetrias*, in Harrington, *Cloud of Witnesses*, 100.

10 Augustine, *On the Proceedings of Pelagius*, 20, in *Nicene and Post-Nicene Father*, 5:191.

는 하나님의 명령이 아무런 의미가 없다고 주장했다. 그러므로 이렇게 생각하지 않는다면, 그것이야 말로 하나님을 망령되게 만드는 것이라고 말했다.[11]

어거스틴이 대항한 펠라기우스의 입장은 이와 같이 인간론에 관련된 것이었다. 펠라기우스와의 어거스틴 논점은 인간의 죄와 타락의 문제였던 것이다. 어거스틴은 인간에 대한 펠라기우스의 가르침을 받아들일 수 없었다. 어거스틴에 의하면, 아담이 창조될 때 대단한 능력과 사유의지를 가지고 만들어졌으나, 완진하지는 않았다고 한다. 이 아담은 죄를 짓지 않을 능력은 가지고 있었지만, 아직 죄를 지을 수밖에 없는 상태였다는 것이다.[12]

하나님은 아담에게 좋은 의지를 주셨고 그가 선하게 살 수 있도록 돕는 견인의 선물을 주셨다.[13] 이런 특권을 부여받은 상태에서 아담과 하와는 타락했다. 에덴동산에서 하나님의 말씀에 불순종하며 열매를 따 먹은 그들의 죄는 자만에서 비롯되었다. "왜냐하면 자만이 죄의 시

---

11 "No one knows better the measure of our strength than he [God] who gave us our strength; and no one has a better understanding of what is within our power than he [God] who endowed us with the very resources of our power. He has not willed to command anything impossible, for he is righteous; and he will not condemn people for what they could not help, for he is holy." Pelagius, *Letter to Demetrias*, in Harrington, *Cloud of Witnesses*, 101.

12 Augustine, *On Rebuke and Grace*, 33, in *Nicene and Post-Nicene Father*, 5:485.

13 Augustine, *The City of God*, 14.11, in *Nicene and Post-Nicene Father*, 2:271. Augustine, *On Rebuke and Grace*, 34, in *Nicene and Post-Nicene Father*, 5:485.

작이기 때문이다. … 자만이란 무엇인가? 올바르지 않게 자신을 높이는 것 아닌가? 영혼이 달라붙어야 할 하나님을 버리고 스스로가 궁극적 목적이 되어버릴 때, 그것은 부당하게 자신을 높이는 것이다. 이것은 자신 스스로의 만족이 될 때 발생하는 것이다."[14] 아담의 죄로 인간은 자유의지를 상실했다. 죄의 노예가 된 인간은 죄를 짓는데 자유로워졌다. 이제 그는 죄로부터 자유로워져서 의의 노예가 될 때까지 선을 행할 수 있는 자유를 잃은 것이다.[15] 이제 인간은 타락으로 말미암아 죄를 지을 수 없는 상태가 아니라, 죄를 짓지 않을 수 없는 상태가 된 것이다. 그렇다고 어거스틴은 인간이 자유의지를 전혀 가지고 있지 않다고 생각하지는 않았다. 안 믿는 자들이 자신들의 자유의지를 사용할 때는 항상 신이 아니라, 악을 행하는 일에 사용한다는 것이다. 이것은 펠라기우스와 정반대되는 입장이었다.

어거스틴은 자유의지와 하나님의 은혜가 같이 갈 수 있다고 생각했다. 즉, 하나님의 은혜가 반드시 자유의지를 배제한다고 보지 않음으로써, 인간의 의로워짐에 하나님의 은혜와 인간의 자유의지의 공존이 가능하다고 어거스틴은 판단한 것이다. 이 부분은 논리적으로 쉽게 해결되지는 않는다. 그러나 구원받지 못한 것에 인간의 책임을 묻자면 인간의 자유의지는 반드시 필요한 것으로 어거스틴은 생각했다.[16] 부분적인 해결을 위해 어거스틴은 자유의지와 자유 개념을 구별

---

14 Augustine, *City of God*, 14.12, in *Nicene and Post-Nicene Fathers*, 2:273.

15 Augustine, *Enchiridion on Faith, Hope, and Love*, 30, in *Nicene and Post-Nicene Fathers*, 3:247.

16 Augustine, *De Spiritu et Littera* v, 7, CSEL 60.159.12-13. G. R. Evans, *Augustine on Evil* (Cambridge: Cambridge University Press, 1982), 112-49. Cf. McGrath, 41.

했다. 다시 말해, 자유의지가 자유를 가지고 있는 것은 아니라는 것이다.[17] 즉, 자유의지가 있기는 하지만 죄성으로 말미암아 그 자유의지는 완전히 자유롭게 역량을 발휘할 수가 없다는 것이다.[18] 이것은 자유롭지 않은 자유의지라는 말이 될 수밖에 없다.

그렇다면, 자유로운 역량을 발휘할 수 없는 자유의지란 도대체 무엇인가? 어거스틴은 이처럼 병든 자유의지에 대한 설명으로, 선을 택하고 행할 수 있는 능력을 가지지 못한 자유의지로 규정했다. 그러나 이와 같이 자유가 없고, 적절한 역량을 발휘할 수 없는 자유의지이기는 하지만, 그럼에도 불구하고 인간에게 자유의지가 없는 것은 아니라고 어거스틴은 주장했다. 그러면 어떤 자유의지인가? 어거스틴은 이것을 죄의 영향으로 말미암아 악의 포로가 된 자유의지라고 설명했다.

그러나 무엇보다 중요한 것은 이러한 문제가 있는 자유의지에 하나님의 은혜가 역할을 한다는 것이다. 하나님의 은혜가 악의 포로가 된 자유의지를 치유한다는 것이다. 이것이 인간이 의로워지는 과정에서 필수적으로 나타나야 하는 과정이다. 하나님의 은혜가 죄의 영향으로 악의 포로가 된 자유의지를 해방시키는 것이다. 하나님의 은혜는 자유롭지 않은 자유의지를 자유로운 자유의지로 치유한다는 것이다.[19]

---

17 Augustine, *De Natura et Gratia* lxvi, 77. Cf. McGrath, 41.
18 'The free will taken captive does not avail, except for sin; for righteousness it does not avail, unless it is set free and aided by divine action.' Augustine, *Contra Duas Epistolas Pelagianorum* III, viii, 24, CSEL 60.516.24-6. Cf. McGrath, 41.
19 Augustine, *De Natura et Gratia* iii, 3. Cf. McGrath, 42.

악의 포로가 되어 의에 대한 아무런 열망도 없고 뜻도 없는 인간의 자유의지가 어떻게 의를 가져다주는 믿음을 가질 수 있는가? 스스로의 힘으로는 불가능하다. 그 믿음은 자유의지 스스로의 능력으로 만들어 낸 것이 아니라, 하나님께서 그런 자유의지를 가지고 있는 인간의 영혼에 역사하시어 믿음을 갖도록 하신다는 것이다. 믿음은 하나님의 선물이다. 그런데 하나님께서 역사하시는 이 과정에 인간의 역할이 있다. 하나님은 창조하실 때는 인간과 상관없이 하셨지만, 의롭게 하실 때는 인간과 상관없이 하지는 않으신다는 것이다.[20] 여기서 인간의 역할은 무엇인가? 하나님께서 역사하시고 믿음을 선물로 주시지만, 그것을 받고 지키는 것은 인간의 역할이라는 것이다. 하나님은 인간을 의롭게 하시기 위해 은혜를 주시고 영혼에 역사하시어 인간이 의로워지는(칭의) 과정을 시작하신다. 어거스틴은 의로워진다는 의미에 대해 칭의와 성화를 구별하여 칭의만을 말하지 않고, 칭의와 성화가 융합된 하나의 개체로 통합적으로 이해했다.

종합해 보면, 어거스틴이 이해한 의로워지는 과정은 이렇다. 하나님의 역사로 인간은 자유의지가 치유되어 선을 향한 열망이 생기고 악의 포로에서 해방된 선한 자유의지가 협동하여 의로움을 완성하는 것이다. 악의 포로가 되어 악한 욕망에 사로잡혀 있던 인간의 의지가 치유되어 선하게 되고, 선하게 된 자유의지가 그 능력을 발휘하여 선한 행동이 나타난다는 것이다. 인간의 타락을 가르치면서도 구원에서

---

20 어거스틴은 이렇게 말했다. "당신과 상관없이 당신을 창조하신 분은 당신과 상관없이 당신을 의롭게 하지는 않을 것이다." Augustine, *Sermo*, 169. Cf. McGrath, 42.

하나님의 은혜와 인간의 역할을 병행시키는 어거스틴에게 칭의와 성화의 명확한 구별은 없었다.

어거스틴이 말하는 칭의 과정을 좀 더 구체적으로 살펴보면, 하나님은 인간을 의롭게 하기 위해 선재은총(prevenient grace)을 주시어 타락한 인간의 의지를 변화시키고 의로워지는 방향으로 갈 수 있도록 준비시킨다. 선재은총이 내려지는 방법은 세례이다. 세례 받은 자가 다 의로워지는 것은 아니지만, 세례 없이 구원은 없다. 즉, 세례를 통해 하나님의 은혜가 전달된다. 그것은 성령의 역사를 의미한다. 의로워지는 과정에서 성령의 역사로 부패한 인간의 의지가 새로워지는 것을 거듭남이라고 말할 수 있겠다.[21] 어거스틴의 칭의 개념은 종교개혁처럼 순간적 사건이 아니고 칭의와 성화가 하나로 통합되어 있는 것이기에, 그것은 과정이었다. 그렇다면 어거스틴은 칭의 과정에서 하나님의 사랑이 성령의 역사를 통해 인간의 심령에 부어져서, 인간의 타락한 의지가 치유되고 새로워짐으로써 하나님과 이웃을 사랑하게 된다고 생각한 것이다. 이것은 성령은 사랑이라는 어거스틴의 가르침과 조화를 이룬다.[22]

인간의 타락과 부패를 강조하고 하나님의 은혜인 성령의 역사로 거듭남을 가르친 어거스틴의 인간론은 종교개혁 신학의 기초를 놓았다. 반면, 하나님 은혜의 필수적 전달 방법으로 세례를 중시하고, 의로워지는 것을 칭의와 성화의 통합적 개념으로 본 것은 중세신학의 기초

---

21 *Epistola* 98, 2. Cf. McGrath, 45.
22 *De Trinitate* xv, xvii, 31. Cf. McGrath, 45.

를 놓았다.

믿음으로 의로워짐

어거스틴은 믿음을 사랑과 구별하여 지적인 성격을 가지고 있는 것으로 보았고 사랑 없이는 하나님 앞에 가치가 없는 것으로 보았다.[23] 그렇다면 믿음은 어떻게 된 것인가? 어거스틴에게 믿음으로 의로워진다는 개념은 없는 것인가? 하나님 은혜의 절대적 필요성은 어거스틴을 믿음으로 의로워진다는 개념으로 인도했다. 어거스틴은 펠라기우스가 주장하는 하나님 은혜의 단순 외적 도움 개념은 받아들일 수 없었다. 어거스틴은 은혜가 외적 도움에 국한될 수 없고 오히려 인간의 영혼에 역사하시는 하나님의 내적 사역이라고 주장했다. 그는 타락하기 전 아담도 선을 지속하기 위한 의지를 유지하도록 하기 위해 이 은혜가 필요했다고 말했다.[24]

이제 인간은 타락했으니 하나님의 은혜가 절대적으로 필요하게 되었다. 인간은 죄로 말미암아 이 세상에서 온갖 고통과 슬픔을 겪으며 살 수밖에 없게 되었다. 이것으로부터의 유일한 해방은 구주 되시는 예수 그리스도의 은혜뿐이라는 것이다. 이런 어거스틴의 하나님 은혜 개념은 믿음으로 의로워진다는 개념과 연결되었다.

---

23 *De Trinitate* xv, xvii, 31, xviii, 32. Cf. McGrath, 45.
24 Augustine, *Enchiridion on Faith, Hope, and Love*, 107 in *Nicene and Post-Nicene Fathers*, 3:272.

> 은혜란 무엇인가? 대가없이 주어진 것이다. 어떤 것이 대가 없이 주어졌다는 것이 무슨 말인가? 지불된 것이 아니고 주어진 것이라는 말이다. 일을 한 보상에 대한 임금은 지불되는 것이다. 그러나 은혜는 지불되는 것이 아니다. 지불된 것이라면 당신은 진정으로 선한 것이다. 그러나 당신이 진정으로 악하다면, 그러나 경건하지 않은 자를 의롭게 하시는 그를 믿는다면 (불경한 자를 의롭게 한다는 것이 무엇인가? 불경한 자가 의롭게 만들어졌다는 것이다.) 율법으로 의롭게 된 것인지 은혜로 의롭게 된 것인지 생각해 보라. 당신은 믿음으로 그 은혜를 얻었은즉, 믿음으로 의로워진 것이다. "왜냐하면 의인은 믿음으로 살기 때문이다."[25]

믿음으로 의로워졌다는 것에서 믿음의 역할은 무엇인가? 그것은 은혜를 받아들이는 역할을 한 것이다. 믿음을 통해서 하나님의 은혜가 주입되었다는 말이 되는 것이다. 즉, 어거스틴이 믿음으로 의로워졌다고 말하는 것은, 인간의 순수한 율법의 행위로 의로워지는 것이 아니라, 은혜로 의롭게 되었음을 말하려는 것이다. 그것은 믿음을 통해 하나님의 은혜가 주입되어 하나님의 역사로 의로워졌다는 것을 의미한다. 그렇다고 이것이 종교개혁의 이신칭의처럼 믿음만으로 칭의가 이루어짐을 말하는 것은 아니다. 이 말의 의미는 믿음을 통해 은혜가 들어왔고, 은혜의 역사로 타락한 의지가 치유되어 의를 행하게 되

---

[25] Augustine, *Tractates on the Gospel of John*, John 1:15-18, Tractate 3.9, in *Nicene and Post-Nicene Fathers*, 7:21. 어거스틴은 로마서 4:5과 하박국 2:4을 참고로 언급한다.

었으며, 그러므로 의로워진다는 것을 이르는 것이다.

> 그리스도 안에 들어와 그분 몸의 지체로 만들어진 모든 자는 하나님께서 내적으로 힘을 주셔서 의를 행한다. … 율법의 의는 이런 식으로 제안된다. 즉, 누구든지 그것을 행하는 자는 그것 안에서 살 것이다. 그것의 목적은 사람이 자신의 연약함을 발견할 때 그가 자신의 힘이 아니고, 율법의 문자도 아니고, 오직 믿음으로 의롭게 하시는 자를 만족시키며 그 안에서 사는 것이다. 그것을 하는 사람의 행위는 의로워진 자가 아니고는 되지 않는다. 그러나 그의 칭의는 믿음으로 받아진 것이다. … 따라서 율법이 헛되지 않고 믿음으로 세워지도록, 믿음은 율법이 성취되는 은혜를 얻기 때문에, 자유의지는 은혜를 통해 헛되게 되지 않고 세워진다. 은혜가 의를 자유롭게 사랑하는 의지를 치유하기 때문이다.[26]

어거스틴은 은혜를 근거로 한 하나님의 의 개념을 통해 하나님의 사랑을 보여준다. 하나님의 의는 하나님 자신이 가지고 계신 스스로의 의만을 말하는 것이 아니고, 인간과의 관계에서 보여주시는 하나님의 의를 말하는 것이다. 그것은 하나님께서 죄인 된 인간을 의롭게 하시는 그 의를 의미한다.[27] 하나님께서 예수 그리스도를 통하여 당신의 의를 인간에게 부여하시어 인간을 의롭게 하신다는 것이다. 인간

---

26 Augustine, *On the Spirit and the Letter*, 50-52, in *Nicene and Post-Nicene Fathers*, 5:105-6.

27 Studer, 'Jesucristo, Nuestra Justicia', 266-70. McGrath, 44.

이 의롭게 되는 것은 인간 스스로에게서 나오는 의 때문이 아니라, 오직 하나님께서 당신의 의를 예수 그리스도를 통해 인간에게 부여해 주심으로 말미암아 인간이 의롭게 된다는 것이다.[28] 하나님께서는 근본적으로 왜 이렇게 하시는가? 어떻게 의로우신 하나님께서 불경한 죄인들을 의롭게 하시는가? 그것은 다름 아닌 인간을 향한 하나님의 사랑 때문이다.

사랑에서 우러나오는 하나님의 은혜를 인간은 믿음으로 받는 것이고, 믿음 자체도 하나님의 선물이다. 그러므로 어거스틴은 구원에서 인간의 공로는 완전히 배제했다.[29] 어거스틴은 죄의 노예가 된 인간은 스스로 의로움을 얻을 수가 없다고 주장했다.[30] 이것을 말할 때 어거스틴은 자유의지를 부인하지 않았다. 대신 그는 안 믿는 자들은 자신들의 자유의지를 항상 죄를 짓는 데 사용한다고 했다. 그들은 죄의 노예가 되어 있기 때문이다.[31] 그러나 믿음으로 의로워진 자는 의롭게 살 수 있도록 자유로워졌고 율법을 수행할 수 있게 되었다. 믿음은 율법이 성취되는 은혜를 얻었기 때문이다. 그러므로 은혜는 인간의 의지

---

28 *De Spiritu et Littera* xi, 18. Cf. McGrath, 44.

29 "For you did not obtain favor by yourself, so that anything should be owed to you. Therefore, in giving the reward of immortality, God crowns his own gifts, not your merit." Augustine, *Tractates on the Gospel of John*, John 1:15-18, Tractates 3.10, in *Nicene and Post-Nicene Fathers*, 7:22.

30 Augustine, *Enchiridion on Faith, Hope, and Love*, 30, in *Nicene and Post-Nicene Fathers*, 3:247.

31 Augustine, *A Treatise against Two Letters of the Pelagians*, 3.24.8, in *Nicene and Post-Nicene Fathers*, 5:414.

를 치유하여 의를 자유롭게 행할 수 있게 된 것이다.[32]

어거스틴은 갈라디아서 5:6에 나타난 바울의 개념인 '사랑을 통해 역사하는 믿음'이 칭의의 결과라고 강조했다.[33] 은혜로 자유로워졌고, 사랑으로 움직여져서, 믿는 자들은 하나님의 은혜를 통해 공로를 세운다. 궁극적으로 하나님은 이 공로에 대해 보상할 것이다. 그러나 하나님은 그 공로 안에서 당신 자신의 사역을 보는 것이다. 어거스틴은 영생이 선행에 대한 보상이라고 말한다. 그러나 동시에 그는 인간의 선행은 그 자체가 하나님의 선물이라고 말한다. 선행이 영생을 보상으로 받을 때, 그것은 은혜가 되는 것이다.[34]

어거스틴이 말하는 의로워진다는 개념은 과연 무엇인가? 종교개혁자들이 가르치고 개신교의 전통으로 자리 잡은 것처럼, 그리스도의 공로로 말미암아 그를 믿음으로 죄인을 의롭다고 여겨주시는 개념인가? 어거스틴에게 전가 개념이 있는가? 그렇지 않다. 어거스틴은 칭의를 전가 개념으로 보지 않았다. 어거스틴에게 의로워진다는

---

32 "[He]…by faith satisfy the Justifier, attain, do, and live in it. For the work in which he who does it will live, is not done except by the one who is justified. His justification, however, is received by faith… Accordingly, as the law is not made void, but is established by faith, since faith obtains grace by which the law is fulfilled; so free will is not made void through grace, but is established, since grace heals the will by which righteousness is freely loved." Augustine, *On the Spirit and the Letter*, 50-52, in *Nicene and Post-Nicene Fathers*, 5:105-6.

33 Augustine, *Tractates on the Gospel of John*, John 7:14-18, Tractates 29.6, in *Nicene and Post-Nicene Fathers*, 7:185.

34 Augustine, *Enchiridion on Faith, Hope, and Love*, 107, in *Nicene and Post-Nicene Fathers*, 3:272.

개념은 하나님께서 죄인을 실제로 의인으로 만드는 개념이었다.[35] 그는 '의로워지다'를 뜻하는 라틴어 justificare를 '의롭게 만들다(make righteous)'의 의미로 이해했다. 그러나 '의로워지다'라는 의미를 가지고 있는 히브리어 hasdiq는 원래 '의롭다고 판명되다', '무죄로 판결나다' 또는 '의롭다고 선언되다'라는 의미를 가지고 있었고, 70인역은 hasdiq를 비슷한 의미를 가지고 있는 헬라어 dikaioun으로 번역했다. 그런데 헬라어 dikaioun을 라틴어 justificare로 번역하는 것에 문제가 발생했나.[36] 어거스틴은 justificare를 '의롭게 만든다'라는 의미로 해석했던 것이다.[37]

어거스틴은 '의롭게 된다'는 것을 뜻하는 칭의 개념이 '의롭다고 여긴다', '의롭다고 간주한다', '의롭다고 판단한다', 또는 '의롭다고 선언한다' 등의 전가 개념이라고는 생각하지 않았다. 어거스틴의 칭의 개념은 하나님의 은혜를 통한 성령의 역사로 말미암아 영적, 윤리적 변화를 포함한 것이었다. 사실상 그 단어가 의롭다고 판단하고, 의롭다고 여긴다는 의미를 가지고 있음을 인식해도, 어거스틴은 얼마든지 실제적으로 그런 변화가 있기에 하나님께서 의롭다고 판단하고, 의롭다고 여겨주시는 것으로 생각할 수 있었을 것이다. 경건치 못한 자가 의롭게 만들어지는 것이 의로워지는 것으로, 칭의에는 당연히 실제적 변화가 포함된 것으로 어거스틴은 보았던 것이다.

---

35 Augustine, *On the Spirit and the Letter*, 18, in *Nicene and Post-Nicene Fathers*, 5:90.
36 McGrath, 18.
37 *De Spiritua et Littera* xxvi, 45. Cf. McGrath, 47.

의롭게 만들어진다는 것은 무엇을 의미하며 어느 수준까지의 실질적 의로움을 말하는 것인가? 어거스틴은 의롭게 만들어지는 것을 과정으로 보았다. 믿음으로 의로워진다고 말하지만 종교개혁의 가르침인 순간적인 칭의를 의미하지는 않았고, 칭의와 성화의 구분도 명확하지 않았다. 어거스틴은 믿음으로 의로워진다는 개념을 가지고 있으면서도 동시에 의로워진 자가 바로 완전히 거룩해지지 않는다는 것을 알고 있었다. 그러므로 인간은 영적 성장을 위해 하나님께 간구해야 한다고 가르쳤다. 그것은 결국 하나님께서 하시는 일이라고 생각했기 때문이다. 하나님이 인간을 의롭게 만드시는 행위는 당신께서 인간에게 역사하시는 것으로 인간과의 협동을 의미했다.[38]

과연 어느 시점이 의로워진 것인지는 명확하지 않으나, 어거스틴은 인간이 의로워진 후에는 공로를 세울 수 있다고 생각했다. 하지만 그 공로는 순수한 인간의 행위로 말미암은 공로는 아니며, 하나님의 은혜로 말미암은 것이라고 했다. 공로라고 말하면서도 그것을 인간의 행위가 아닌, 하나님의 행위로 보는 것이다. 어거스틴은 하나님의 주권을 말하지만 구원의 과정에 하나님과 인간 양쪽을 다 포함시키려는 의도가 있었다. 어거스틴은 의로워지기 전의 공로는 완전히 배제했고, 오직 의로워진 후에만 공로 개념을 수용했다.

그러나 그는 인간의 공로를 인정하면서도 동시에 그것은 하나님의 행위이고, 하나님의 은혜의 결과라고 했다. 공로를 말하면서도 그

---

38 *De Gratia et Libero Arbitrio* xvii, 33; *Ad Simplicianum*, I, ii, 10 CChr. 44.35.298-301. Cf. McGrath, 43.

것이 순수하게 인간의 것은 아니라고 주장했다. 공로이지만 하나님의 선물이고, 영생은 공로에 대한 대가이지만 공로 자체가 하나님이 은혜로 주신 것이라고 했다. 어거스틴이 말하는 공로는 엄밀한 의미로 순수한 공로는 아니었던 것이다. 순수한 공로는 하나님을 빚진 자로 만들고 하나님께 보상의 의무를 안겨 드리는 것인데, 어거스틴은 이것을 용납할 수가 없었다. 공로로 말미암은 영생의 대가는 하나님께서 자신 스스로에게 부과한 것이지, 외부에서 한 것은 아니라는 것이다. 하나님의 주권과 은혜를 분명히 하면서도 인간의 책임과 역할을 놓치지 않으려는 어거스틴의 노력이 나타나는 대목이다.

어거스틴이 가진 의로워짐의 개념은 변화를 포함한 전체적인 개념이었다. 처음에 하나님의 은혜로 말미암아 믿음으로 의롭게 되는 사건과 그 후 하나님의 은혜로 사람과 협동하시어 의롭게 변화되는 과정을 모두 포함하고 있다. 어거스틴은 의로워짐의 이 두 양상을 분리하지 않았다. 즉, 종교개혁 이후 구별 정리된 칭의와 성화 개념을 구별하지 않고 전체를 통틀어 의로워지는 것(justification)이라고 명명했다.

그러므로 어거스틴이 말하는 의로워짐의 개념은 성령의 역사로 죄가 뽑히고 하나님의 사랑이 인간의 심령에 심겨져 새로운 피조물이 되는 것이다. 의로워짐으로 인간이 하나님의 형상으로 갱신되는 것이다. 이것은 하나님의 협동적 은혜가 하나님의 은혜로 자유로워진 자유의지와 함께 역사하여 이루어진 것이다. 죄가 한 번에 다 제거되는 것은 아니기에 하나님의 은혜는 지속적으로 함께 역사하시는 것이

다.³⁹

어거스틴에 의하면 칭의를 위해 하나님의 은혜가 필요하고 또한 믿음으로 그 은혜를 받는 것이다. 그런데 믿음은 인간 스스로 만들어 내는 것이 아니다. 타락한 인간은 그렇게 할 수 없다. 누가 하나님의 은혜를 받을 것인가? 그것은 하나님께서 예정하신 자이다. 즉, 어거스틴은 답을 인간에게서 찾지 않고 하나님에게서 찾았던 것이다.

어거스틴은 이중예정을 가르쳤다. 즉, 하나님께서 어떤 자들은 영생으로 미리 정하셨고 어떤 자들은 영벌로 유기하셨다는 것이다. 이것은 인간의 원죄 및 하나님의 은혜와 함께 가는 교리였다.⁴⁰ 어거스틴의 예정론은 인간의 타락과 하나님의 은혜의 맥락에서 이해될 수 있는 것이었다. 어거스틴은 인간을 구원하시는 세 가지의 하나님 은혜를 소개했다. 그것은 선재은혜(prevenient grace), 칭의은혜(justifying grace), 보존은혜(preserving grace)로, 선재은혜는 하나님께서 영생을 주시기로 미리 정하신 자들에게 주시는 것으로 타락한 의지가 변화하도록 하고,⁴¹ 칭의은혜는 칭의가 이루어지게 하며, 보존은혜는 탈락하지 않고 궁극적으로 구원에 이르도록 인도하는 은혜라고 한다.⁴²

어거스틴에게 의로워지는 전체 과정에서 하나님께서 인간에게 주

---

39 *Enchiridion*, I, 44. Cf. McGrath, 47.

40 Augustine, *On the Soul and Its Origin*, 16, in *Nicene and Post-Nicene Fathers*, 5:361.

41 Augustine, *Enchiridion on Faith, Hope, and Love*, 32, in *Nicene and Post-Nicene Fathers*, 3:248.

42 Augustine, *Treatise against Two Letters of the Pelagians*, 2.21, in *Nicene and Post-Nicene Fathers*, 5:401.

시는 의는 종교개혁에서 가르친 전가(imputed)된 의가 아니고 본유적(inherent)인 의이다. 즉, 의가 실제로 있지 않은데 의롭다고 여겨지는 의가 아니라, 실제로 존재하고 있는 의를 말한다. 하나님에게서 나오기는 했지만 지금은 인간 안에 존재하고 있는 의는 인간의 것이며 인간 존재의 한 부분인 것이다. 이 부분을 놓고 인간이 의롭다고 하는 것이다. 이것은 동방 교부들이 말한 신화와 같은 개념이며 어거스틴 자신도 후기에 신화를 언급한다.[43]

어거스틴은 의로워짐의 한 부분인 내적 변화를 성령의 역사로 말하고, 그것이 바로 하나님의 본질에 참여하는 것으로 설명한다. 신화의 개념으로 설명하고 있는 것이다. 즉, 의로워짐의 과정에 하나님께서는 인간에게 하나님의 성품을 받고 그것에 참여할 수 있는 능력을 주셨다는 것이다.[44] 성삼위 하나님에 참여함으로 의로워진 죄인은 신화될 수 있음을 말하고 있다. 어거스틴에게 의로워짐이란 하나님 앞에서 인간의 의의 시작과 그 이후의 완전을 다 포함한 것으로, 첫 사건과 그 후 전체 과정을 모두 말하는 것이다. 종교개혁의 용어를 빌리자면 어거스틴의 의로워짐 개념은 칭의와 성화를 모두 다 포함한 것이다.

펠라기우스주의와의 투쟁과 하나님의 은혜와 인간의 칭의를 설명하기 위한 어거스틴의 노력은 5세기 전반에 카르타고 회의(Council of Carthage, 418)와 에베소 회의(Council of Ephesus, 431) 등의 종교회의를 거쳐 결실을 맺었다. 펠라기우스주의는 정죄를 받았고 칭의

---

[43] J. A. A. Stoop, *Die Deificatio Hominis in die Sermones en Epistulae van Augustins* (Leiden: Luctor et Emergo, 1952). Cf. McGrath, 48.

[44] *De Trinitate* XIV, xii, 15. Cf. McGrath, 48.

의 모든 과정에는 하나님의 은혜가 절대적으로 필요하다는 것이 인식되었다. 어거스틴의 가르침에 대한 교회의 이러한 긍정적인 입장에도 불구하고 여러 교회 지도자들은 어거스틴이 가르친 은혜와 예정의 긴밀한 관계에 대해 어려움을 겪었다. 그것은 구원과 관련하여 인간의 자유의지와 인간의 역할이 완전히 소멸되는 것으로 보였기 때문이다. 그들은 어거스틴의 가르침을 인정하면서도 일부 지나치다고 생각되는 부분은 거부했다.

이러한 상황 가운데서 요한 카씬(John Cassian), 레린스의 빈센트(Vincent of Lerins), 파우스투스 레기움(Faustus Rhegium) 등으로 대표되는 반-펠라기우스주의(Semi-Pelagianism) 또는 반-어거스틴주의(Semi-Augustinianism)라는 입장이 탄생하게 되었다. 이들의 영향으로 473년 아를레스 회의(Synod of Arles)가 열렸으며, 인간 구원에 하나님의 은혜와 인간의 자유의지에 입각한 선행의 협동적 노력을 공식화했다. 이것으로 교회는 반-펠라기우스주의 입장의 노선을 걷기 시작했다.

이후 529년에 이르러 교회는 오렌지 회의(Synod of Orange)를 통해 인간의 자유의지가 은혜를 요구할 수 있고, 죄 사함을 소망할 수 있으며, 믿음을 원할 수 있다고 주장하는 반-펠라기우스주의의 흐름을 종식시키려 했다. 오렌지 회의는 비록 어거스틴의 이중예정에서 유기 부분은 거부했으나, 반-펠라기우스주의가 가르치는 구원을 위한 인간의 자력적 역할의 가능성은 확실히 배제했다. 오렌지 회의는, 아담 이후 원죄로 말미암은 인간의 자유의지는 타락하여 하나님을 사랑하거나 믿거나 하나님을 위해 선을 행할 수도 없게 되었으므로, 하나님의 자비의 은혜인 선재은혜가 절대적으로 필요하다고 선언했다.[45] 결국, 어거스틴의 은혜와 칭의에 대한 가르침은 이중예정의 유기 부분을 제외하고 교회의 기준이 되었다.

---

45 Ivor J. Davidson, *A Public Faith: From Constantine to Medieval World, 312-600* (Grand Rapids: Baker Books, 2005), 187-188.

중세 교회

토마스 아퀴나스 • 유명론

제 3 부

중세 교회

　7세기 중세 시대에 들어와서 어거스틴의 가르침은 상당한 영향을 끼치고 있었다. 어거스틴의 기본 가르침인 은혜와 믿음의 강조는 중세 초기 여러 어거스틴주의자들의 튼튼한 기초가 되었다. 믿음으로 그리스도의 의가 전가되는 이신칭의의 가르침은 아니었지만, 그들은 믿음과 칭의 관계를 더욱 명백히 묘사하여 종교개혁의 이신칭의와 유사한 표현을 사용했으며, 믿음과 선행의 관계도 바울과 야고보를 적절하게 활용하는 등, 어거스틴으로부터 진일보하는 모습을 보이기도 했다.

　베너러블 베데(Venerable Bede, 672/3-735)는 은혜가 출발점이고 종착역이며 인간 존재의 왕관이 되어야 한다고 말했다. 은혜는 죄인에게 단순한 도움 정도가 아니라, 선재적 영감이고 선행의 창시자이며 공로가 된다는 것이다.[1] 일데폰수스(Ildefonsus)는 하나님의 은혜 말고는 인간의 자유의지가 어떤 선도 행할 수 없다고 했으며, 선재은 혜는 인간의 의지가 선에 대한 욕망을 갖게 하고 하나님을 찾게 하기 때문에 절대적으로 필요하다고 주장했다.[2]

중세 초기 어거스틴주의자들은, 은혜는 오직 믿음으로 받는 것이라고 강조했다. 톨레도의 줄리안(Julian of Toledo, 642-690)은 믿음만으로 충분하다고 말했다. 일데폰수스는 구원의 시작은 믿음으로부터 온다고 하며 그리스도를 믿는 것이 칭의라고 말했다.[3] 줄리안은 "우리가 의로워지는 믿음의 의"를 말했고, "이 믿음은 우리가 볼 수 없는 그분을 믿는 것이고, 믿음으로 깨끗해져서 마침내 우리가 지금 믿는 그를 볼 것"이라고 말했다.[4] 그러나 선행은 칭의에 어떤 역할도 없다고 일데폰수스는 말하며 "하나님은 부정한 자를 깨끗케 하시고 죄를 제거하시며, 죄인을 선행과 상관없이 의롭게 하신다"고 선언했다.[5]

동시에 일데폰수스는 칭의의 열매가 선행이라고 주장했다. 선행이 나타나지 않는 믿음은 아름답지 않을뿐더러 사실상 죽은 것이라고 말

---

1 Venerable Bede, *Allegorical Exposition of the Song of Songs*, 1, in Jaroslav Pelikan, *The Christian Tradition: A History of the Development of Doctrine*, vol. 3, *The Growth of Medieval Theology (600-1300)* (Chicago: University of Chicago Press, 1980), 25.
2 Ildefonsus, *On the Knowledge of Baptism*, 100, in Pelikan, 3:26-27.
3 Ildefonsus, *Journey through the Desert*, 89, in Pelikan, 3:27.
4 Julian of Toledo, *The Sixth Age*, 2.14, in Pelikan, 3:27.
5 Ildefonsus, *The Virginity of Mary*, in Pelikan, 3:27.

했다.[6] 이것은 바울의 믿음 강조와 야고보의 선행 강조 사이에 모순이 존재하지 않음을 인식하는 것이다. 만일 누가 그리스도를 믿는다면 그는 믿음만으로 구원받을 수 있다. 그러나 야고보가 말하는 대로, 그것으로 선행을 하지 않는 평계를 댈 수는 없다는 것이다.[7] 세빌레의 이시도레(Isidore of Seville, 560-636)도 선행이 없는 믿음을 경고했다.[8]

어거스틴주의의 가르침은 성경적 가르침을 반영하고 있었지만, 동시에 칭의를 상태나 신분으로 보지 않고 지속적인 과정으로 보았기에, 당시의 일빈적인 영성이 들어올 수 있는 문을 열어 놓았다. 보니파세(Boniface, 675-754)는 "우리가 충분히 의로울 수 없기에 지속적으로 하나님께 간구하여 우리의 공로를 증가시켜야 한다"고 강조했다.[9]

9세기부터 11세기까지의 중세 중엽의 암흑시대는 교리 발전에도 암흑기를 가져왔다. 중세 초기에 있던 어거스틴주의와 성경적 관심은 사라지기 시작했고, 암흑기 이후에는 헬라 철학의 영향으로 스콜라주의의 형성과 발전이 진행되었다. 스콜라주의는 구원론과 칭의론에 합리적인 사고를 요구했고, 12, 13세기에 걸쳐 중세 교회에 체계적인 구원론이 마련되었다. 이런 변천의 과정에도 중세의 칭의론은 고대의 칭의론을 이어받은 부분이 있었다.

중세 칭의(justification, 의로워짐) 개념은 고대 칭의 개념의 연장으로서 그리스도인의 삶의 시작 부분만을 말하는 것이 아니고, 구원의

---

6   Ildefonsus, *Journey through the Desert*, 83, in Pelikan, 3:27.

7   Julian of Toledo, *Antithesis*, 2.77, in Pelikan, 3:27-28.

8   Isidore of Seville, Sentences, 2.2.8, in Pelikan, 3:28.

9   Boniface, Sermon, 4.4, in Pelikan, 3:28.

전 과정을 다 포함했다. 시작과 지속과 궁극적 완결까지를 다 포함하여 의로워짐을 말했고, 신분만이 아니라 본성의 근본적인 변화를 통하여 그리스도인이 하나님 앞에서 의롭게 만들어지는 것이었다. 중세의 의로워짐의 개념은 의롭다는 하나님의 판결과 선언 및 내적 갱신으로 나타나는 추후의 과정을 포괄적으로 말했다. 즉, 개신교에서 말하는 칭의와 성화의 개념을 모두 다 포함한 것이 중세의 칭의 개념이었다. 바로 이 부분이 중세와 종교개혁의 칭의론을 가르는 가장 기본적인 차이점이었다.[10]

중세 칭의론은 12세기부터 구체적으로 체계화되기 시작했다. 그 기본적인 틀은 역시 칭의를 과정으로 생각하는 것이었다. 나아가 그 과정을 성례제도와 연결시켰다. 칭의의 과성은 대체적으로 세 가지 단계로 이루어졌다. '첫 은혜의 주입', '심령의 참회', 그리고 '죄 사함'이었다.[11] 칭의 과정을 묘사하는 이 세 단계는, '심령의 참회'가 둘로 세분화되어, '은혜로 말미암은 하나님을 향한 자유의지의 움직임'과 '죄로부터 멀어지는 자유의지의 움직임'이었다. 결국, 칭의 과정은 '은혜의 주입', '하나님을 향한 자유의지의 움직임', '죄에 대해 멀어지는 자유의지의 움직임', '죄 사함'의 네 가지 단계로 정리되어 12세기 신학체계를 형성하며 보편화되었다.[12]

그리고 이것은 초기 도미니칸 학파와 프랜시스칸 학파에 의해 수용

---

10 McGrath, 59-60.
11 Cod. Paris Nat. lat.15269 fol.44, cited in Landgraf, *Dogmengeschichte der Fruhscholastik*, 3.291 n. 11. Cf. McGrath, 62.
12 *Summa Aurea* lib. III tr. ii q. 1; fol. 121v. Cf. McGrath, 63.

되었다.[13] 이 사상은, 모든 것은 앞의 것의 움직임에 영향을 받아 움직인다는 아리스토텔레스 철학의 물리적 움직임 이론에 근거했다. 칭의도 움직임의 흐름 가운데 앞의 것의 영향을 받아 뒤의 것이 움직인다는 개념이었다.

중세는 고대 교회와 어거스틴의 전통을 이어 칭의를 '의롭게 만드는 것'으로 이해했다. 하나님은 인간을 의롭게 만드시기 위해 은혜와 더불어 은혜를 받는 수단을 주셨고, 인간은 그 수단을 통해 자신의 칭의를 위해 공헌을 하는 것으로 이해했다. 세례로부터 시작하여 일생 동안의 성례는 하나님께서 은혜를 주입하기 위해 사용하시는 도구라고 믿었다. 또 그것은 일생 동안 칭의 과정의 진행을 위해 돕는 역할을 한다고 생각했다. 그 중 성도들에게 가장 중요하게 여겨지고 자주 사용된 성례는 고해성사였다. 세례 후 범하는 자범죄의 사함과 회복을 위해 치러야 하는 고해성사는 참회, 고백, 면제, 보속이라는 네 가지 절차를 밟는 것이었다. 죄에 대해 '참회'하는 마음을 가지고 사제에게 나와 진정으로 죄를 '고백'하면, 사제는 '면제'를 해주어 죄책과 영원한 형벌을 면하게 한다. 그러나 그것으로 끝나는 것이 아니고, 현세에서 치러야 할 형벌은 남게 되어 그 형벌을 치러야 한다는 '보속'이라는 비성경적인 내용이 포함되어 있다. 보속은 형벌의 개념으로 사제는 헌금, 기도, 성지순례, 또는 여러 종류의 선행 등을 처방했다.[14] 보속은 사후와 관련이 되어 있었다. 현세에서 보속을 통해 완전히 치러지

13　McGrath, 63. 각주 37을 보시오.
14　루돌프 W. 하인즈, 『개혁과 투쟁』, 원종천 역 (서울: 그리심, 2010), 40-41.

지 않은 형벌은 사후 연옥이란 곳에서 남은 형벌을 다 치러야한다고 믿었고, 오랜 기간 연옥에서의 형벌을 마친 후 천국에 가는 것으로 가르쳤다. 연옥의 형벌은 대부분의 사람들에게 해당되는 것이라고 믿었다. 그래서 수많은 사람들은 살아 있는 동안 면죄부를 사서 연옥 형벌의 기간을 최대한 감축시키려고 했다. 중세 로마 가톨릭교회는 이것을 이용하여 면죄부를 매매했고, 이러한 행위는 베드로 성당의 건축비용으로 충당하려는 비리로 발전했으며, 종교개혁을 일으키는 발단이 되었다.

마틴 루터의 종교개혁 교리의 핵심인 이신칭의는 중세 구원론에 대한 반발이었다. 중세 스콜라주의는 구원론을 위한 두 가지 대표적 교리를 가지고 있었다. 하나는 중세 중엽의 토마스 아퀴나스의 입장이고, 또 하나는 중세 말의 유명론의 입장이었다. 루터는 중세 말 그가 수학한 에르푸르트(Erfurt) 대학 시절에 유명론의 가르침 하에 있었고, 그의 구원론 개념은 유명론 체계에 속해 있었다. 이 유명론은 토마스 아퀴나스 입장의 구원론에서 발전한 것으로서 루터의 이신칭의는 사실상 유명론에 입각한 칭의론에 대한 반박이었고, 그것으로부터의 탈출이었다. 그러면 구체적으로 어떤 배경 하에서 루터가 이신칭의를 주장하게 되었는지를 알아보기 위해 먼저 아퀴나스의 입장을 살펴본 후, 유명론에 대해 설명하고자 한다.

토마스 아퀴나스

13세기 토마스 아퀴나스(Thomas Aquinas, 1225-1274)는 12세기

에 처음 체계화된 중세 칭의론의 연장선상에서 아리스토텔레스의 물리적 움직임 이론을 명확하게 적용하여 의로워짐의 네 단계 개념을 전수했다. 맥그래스(McGrath)에 의하면 그것은 다음과 같다. 1. 은혜의 주입; 2. 믿음을 통해 하나님을 향한 자유의지의 움직임; 3. 죄에 대해 반항하는 자유의지의 움직임; 4. 죄 사함.[15] 이 개념은 아리스토텔레스가 말하는 물리학에 근거했다. 내용은 다음과 같다. 움직이는 자(동자)의 움직임이 먼저 있어야 하고, 그것에 의해 물질에 움직이려는 성향이 생겨서 움직임이 나타나며, 물질의 목표가 달성되면 움직임은 최종적으로 중단된다는 것이다. 즉, 은혜의 주입이 먼저이고 그 결과로 죄 사함이 나타난다는 것이다. 은혜의 주입이 죄 사함의 효력적 원인이 되는 것이다.

결국, 죄 사함이 종착지가 되며 칭의(justification, 의로워지는 것)는 죄 사함을 얻는 것으로 정리될 수 있는 것이다.[16] 죄 사함은 믿음만으로 되는 것이 아니고, 믿음의 결과로 나타나는 인간 의지의 변화와 죄에 대한 반항이라는 성화 이후에 나타나는 결론이다. 칭의는 은혜의 주입과 믿음을 통한 심령과 삶의 변화에 대한 결과가 되는 것이다. 물론 이 네 단계는 하나로 연결되어 분리될 수 없는 과정이기 때문에 죄 사함은 앞에 있는 단계들을 포함하고 있다. 즉, 은혜의 주입, 하나님을 향함, 죄로부터 멀어짐의 단계가 함께 있는 것이다.

이 네 단계는 중세의 칭의 개념에 대한 정의를 내려주었다. 그것은

---

15 Ialiae q. 113 a. 8. Cf. McGrath, 64.
16 Ialiae q. 113 a. 6 ad I um. Cf. McGrath, 64.

사람의 마음이 하나님에 의해 움직여져 죄의 상태로부터 의의 상태로 가는 움직임이었다.[17] 이것은 은혜의 주입, 자유의지의 움직임, 죄 사함이라는 세 단계로 정리될 수 있게 했다. 그런데 자유의지의 움직임이 둘로 갈라져, 믿음(하나님을 향한 움직임)과 참회(죄로부터 멀어짐)로 되었다. 아퀴나스는 아리스토텔레스의 물리학을 칭의의 움직임에 적용했다. 그 결과 하나님을 향한 자유의지 움직임이 죄에 대항하는 자유의지 움직임보다 앞선다는 개념에 도달했다. 전자가 후자의 원인이라고 생각했던 것이다.[18]

아퀴나스의 네 단계는 성령의 역사, 믿음, 회개, 죄 사함으로 말할 수 있는데, 이것은 종교개혁의 가르침과 어떻게 다른가? 성령의 역사, 믿음, 회개의 순서는 칼빈의 것과 동일해 보인다. 은혜의 주입으로 표현되는 성령의 역사로 말미암아 믿음이 생기고 믿음을 근거로 변화가 나타나는 회개가 있다. 칼빈도 이와 유사한 구원의 순서를 말하고 있다.[19] 그런데 아퀴나스는 이 세 과정 이후에 최종적인 결론으로 죄 사함을 말한다. 즉, 죄 사함은 최종적인 결론으로 앞의 과정이 제대로 이루어졌을 때 최종적인 판결로서 나오는 것으로 되어 있다. 아퀴나스에게 죄 사함은 믿음과 실질적 변화를 근거로 이루어지는 판결이다. 즉, 믿음과 선행을 통해 칭의가 이루어지는 유형인 것이다.

그러나 이것은 종교개혁의 이신칭의와는 다른 틀을 가지고 있다.

---

17   Ialiae q. 113 a. 5. Cf. McGrath, 65.
18   Ialiae q. 113 a. 8 as 3um; 113 a. 8. Cf. McGrath, 65.
19   *Institutes*, 3:1-3.

물론 이런 중세의 칭의론 틀을 종교개혁이 수정한 것이라고 말해야 옳을 것이다. 이신칭의는 믿음으로 의로워진다는 개념으로, 칭의 자체는 믿음으로 되는 것이지 선행을 근거로 하지는 않는다는 것이 종교개혁의 가르침이다. 선행은 믿음으로 이루어진 칭의의 결과요 열매라는 것이다. 물론 칭의와 성화의 불가분의 관계 때문에 실질적 변화가 나타나는 것은 필수불가결한 사실이지만, 종교개혁 신학은 칭의와 성화를 개념적으로 구별했다. 종교개혁은 죄 사함을 칭의에 속하는 것으로 보았고, 그것은 믿음으로만 이루어지는 것이지, 실질적 변화인 성화 또는 선행 때문에 이루어지는 것은 아니라고 가르쳤다. 그러나 아퀴나스는 죄 사함을 믿음과 성화의 결과로 본 것이다.

아퀴나스에게 있어서 칭의란 무엇인가? 아퀴나스는 칭의를 죄 사함으로 보았다. 그것은 부패한 인간의 본질이 은혜의 상태로 변하는 것을 의미했으며, 인간이 의를 소유하게 된 상태를 말하는 것이었다. 그렇다면, 여기서 인간이 갖게 된 의란 무엇인가? 그것은 하나님께서 인간에게 주입하신 '정의의 초자연적 능력(supernatural habit of justice)'을 의미했다. 여기서 정의는 인간 사이의 윤리적 덕목을 말하는 것이 아니고, 하나님의 은혜를 통해 인간에게 부어주신 초자연적 능력으로, 인간은 그것을 근거로 의로워진다는 개념이다. 그런 의미에서 인간의 의는 하나님에게서 오는 것이고 하나님의 은혜를 통해 온다고 본 것이다.[20]

아퀴나스는 어떤 의미에서 칭의를 정의 개념으로 보았는가? 그것

---

20 Ialiae q. 113 aa. 1,2. Cf. McGrath, 65.

은 우주의 질서 개념으로, 맥그래스에 의하면, 어거스틴의 의 개념에서 발견된다. 즉, 인간의 칭의란 우주의 존재 계급세계에서 죄로 말미암아 원래의 자리를 잃은 인간이 원위치로 회복되는 것을 말하는 것이었다. 토마스 아퀴나스는 이런 어거스틴의 의 개념을 인간에게 적용했다. 타락하여 원위치를 잃은 영혼이 회복하여 인간의 모든 기능 가운데 영혼이 적절한 위치를 찾는 것으로 보았다.

어거스틴과 마찬가지로 아퀴나스도 칭의는 의롭게 만들어지는 것으로 보았다. 의롭게 되는 것은 인간의 마음이 고쳐져서 2차적 원인으로 역할을 하여 그 지배하에 있는 것을 하나님이 제시하는 본보기에 부합할 수 있도록 만드는 것이다. 그러기 위해서는 정의를 행할 수 있는 능력의 주입이라는 사건이 있어야 하는데, 이것은 인간이 가지고 있는 하위의 본성들이 상위의 본성에 순종하는 과정으로 이어지는 것이다. 은혜의 주입과 순종의 과정이라는 칭의에 대한 아퀴나스의 이중 개념은 어거스틴의 가르침을 따라가는 것이었다.[21]

아퀴나스에게 믿음은 무엇인가? 중세 스콜라주의 구원론을 주도했던 토마스 아퀴나스의 구원론은 교리적 진리에 대한 지적 동의로 믿음을 정의했다. 아퀴나스는 그것을 '형성되지 않은 믿음(unformed faith)'이라고 말한다. '형성되지 않은 믿음'은 야고보서에서 말하는 귀신도 알고 믿는 믿음으로, 하나님을 알고 떠는 믿음이라는 것이다. 이에 반해서 '형성된 믿음(formed faith)'이 있는데, 아퀴나스에 의하면, '형성된 믿음'은 사랑이 포함된 믿음으로 하나님께 충성의 마음을

---

21 McGrath, 66.

가지고 그분께 부착할 수 있게 한다.22

아퀴나스는 지적 동의 수준 정도로 여겨지는 '형성되지 않은 믿음'은 구원을 위해서는 충분치 않은 것으로 여겼다. 구원을 위해서는 '형성되지 않은 믿음'에 구원의 효력을 공급하는 사랑이 추가되어야 한다고 가르쳤다. '형성되지 않은 믿음'에 사랑이 추가되어 '사랑으로 형성된 믿음(faith formed by love)'이 된다는 것이다. '형성되지 않은 믿음'에 사랑이 추가되어 '형성된 믿음'이 되면 선한 의지가 완성되어, 결과적으로 '사랑으로 형성된 믿음'이 선행을 할 수 있도록 만든다고 아퀴나스는 주장했다.23

아퀴나스는 믿음과 사랑의 관계에서 사랑이 믿음의 '원형(form)'이

---

22 "For by faith we know that God is great and good, that the worst evil is to be separated from him, and that it is evil to wish to be equal with God. Unformed faith is the cause of servile fear. Formed faith is the cause of filial fear, since it is through charity that faith causes a man to adhere to God, and to be subject to him." Thomas Aquinas, *Summa Theologiae* II-II Q.7. Art.1, Fairweather, 290.

23 "믿음은 마음의 기질이다. 그것으로 영생이 우리 안에 시작되고 보이지 않는 것에 지적 동의를 야기한다." Thomas Aquinas, *Summa Theologiae* II-II Q. 4.1., *Nature and Grace: Selections from the Summa Theologiae of Thomas Aquinas*, trans. A. M. Fairweather (Philadelphia: Westminster Press, 1956), 265에서 재인용. "사랑은 믿음의 본질적 형식(form)이 아니고 믿음의 행위를 그것의 형식으로 가져오는 것이다." *Summa Theologiae* II-II Q.4. Art.4. "믿음은 오직 사랑을 통해 인간을 하나님께 부착시키고 하나님께 예속되게 한다." *Summa Theologiae* II-II Q.7. Art.1. Fairweather, 290. Cf. W. Robert Godfrey, "Faith Formed by Love or Faith Alone?: The Instrument of Justification," in R. Scott Clark, ed., *Covenant, Justification, and Pastoral Ministry* (Phillipsburg, NJ: P&R Publishing, 2007), 269.

라고 말한다.[24] 그 이유는 믿음이 사랑을 통해 역사하기 때문이라는 것이다. 이것이 중세에서 사랑이 믿음에 우선하는 이유이다. "모든 것이 그것의 원형에 의해 역사한다. 믿음은 사랑에 의해 역사한다. 그러므로 사랑은 믿음의 원형이다."[25] 믿음이 사랑을 통해 역사한다는 부분은 갈라디아서 5:6("사랑으로써 역사하는 믿음"; NIV-"faith expressing itself through love"; 헬라어 직역-"faith operating through love")을 언급하는 것이다. 이것은 믿음의 성격을 말하는 것으로, 믿음이란 사랑을 통해 작동한다는 것이다. 믿음이 사랑을 통해 그 자신을 표출한다는 의미라고 해석할 수 있다. 이것은 믿음과 사랑의 관계를 말해주며, 동시에 믿음의 본질과 특성을 설명해 준다. 믿음은 본질적으로 사랑의 행위를 하는 특성을 가지고 있음으로 그렇게 나타날 수밖에 없다는 의미이다. 사랑의 행위는 선행을 말하고, 믿음과 선행의 불가분의 긴밀한 관계를 이 구절은 말하고 있는 것이다.

그런데 아퀴나스는 이 구절을 근거로 사랑이 믿음의 '원형'이라고 말하고 있다. 이것은 헬라 철학을 성경 구절에 도입하여 해석한 것으로 사랑이 믿음의 근원이고 원천이라고 의미를 부여했다. 이것을 근

---

24 Form은 헬라 철학에서 알려진 사물의 원형 또는 본질을 말한다. 플라톤은 form을 이상의 세계에서 찾았고, 아리스토텔레스는 물질의 속에서 찾았다. 아퀴나스는 아리스토텔레스를 수용하는 입장이지만, 여기서는 믿음을 물질이라고 보기보다는 이 세상의 모든 현상 중 하나로 믿음 안에도 그것의 근원이 되는 원형 또는 본질이 있음을 시사한다.

25 "Everything works by means of its form. Now faith worketh by love. The love of charity is therefore the form of faith." Thomas Aquinas, *Summa Theologiae* II-II Q.4, Art.3., *Nature and Grace: Selections from the Summa Theologiae of Thomas Aquinas*, trans. A. M. Fairweather (Philadelphia: Westminster Press, 1956), 268.

거로 아퀴나스는 위에서 살펴본 바대로, 믿음을 '형성된 믿음'과 '형성되지 않은 믿음'으로 분리한 것이다. '형성되지 않은 믿음'은 야고보서 2:20('행함이 없는 믿음')이 말하는 죽은 믿음을 말한다고 주장한다.[26] 즉, '원형'이 없는 믿음, 또는 사랑이 없는 믿음은 죽은 믿음으로, 이것은 선행이 없는 믿음을 일컫는다는 것이다. 그렇다면 왜 믿음이 죽은 믿음이 되는가? 아퀴나스의 논리에 따르자면, 그것은 '원형'과 연결되지 않은 믿음이기 때문이다. 그것은 '형성되지 않은 믿음'이라는 것이다.

아퀴나스의 방식은 헬라 철학의 모델을 따르고 있기 때문에 결론에 도달하는 과정과 해설에 문제가 있다. 그러나 결과만으로 본다면 '형성된 믿음'/'형성되지 않은 믿음'의 구분은 갈라디아서 5:6이 말하는 '사랑으로써 역사하는 믿음'과 야고보서 2:20이 말하는 '행함 없는 믿음'을 연결한 것이다. 중세 스콜라주의는 아퀴나스의 이러한 입장을 근거로 1. 하나님의 은혜; 2. 은혜의 도움으로 최선을 다하는 윤리적 협동; 3. 대가로 영생의 보상이라는 3단계 구원론의 구도를 형성했다. 은혜는 하나님이 주시는 것으로 사제에 의해 교회의 성례를 통하여 전달된다고 가르쳤고, 은혜를 받아 향상된 능력을 갖게 된 인간은 이제 최선을 다하는 노력으로 윤리적 협동을 한다는 것이다. 그 윤리적 협동은 선행으로 구원을 위한 공로가 되며, 믿음과 더불어 구원을 가져다주는 필수불가결한 조건이 된다는 가르침이다.[27]

26　Thomas Aquinas, *Summa Theologiae* II-II, Q.4, Art.4, in Faithweather, 269.
27　Steven Ozment, *The Age of Reform 1250-550: An Intellectual and Religious History of Late Medieval and Reformation Europe* (New Haven and London:

인간이 의로워지는 것은 믿음만으로는 안 되고 사랑이 추가되어야 한다는 아퀴나스의 가르침은 결국 로마 가톨릭교회의 구원론을 형성했다. 즉, 인간이 하나님에게 의롭다고 판단되기 위해서는 그에게 실질적인 의로움이 있어야 하며, 그것은 '사랑으로 형성된 믿음'으로부터 나오는 선행이 포함되어야 한다는 결론이 나온 것이다. 믿음과 아울러 실질적 선행을 포함하고 있는 성화가 하나님께서 의롭다고 판결하시는 칭의의 근원이 되는 것이다. 즉, 중세 로마교회의 가르침에 의하면, 인간에게 주입된 하나님의 은혜를 힘입어 최선을 다해 선행을 하여 거룩한 삶을 삶으로써, 그것이 공로로 여겨짐으로 그 대가로 하나님 앞에 의롭다는 판단을 받는다는 것이다.

유명론

중세 로마 가톨릭교회의 사제로 있었을 당시, 루터는 후기 스콜라주의 유명론의 구원론 영향 하에 있었다. 유명론은 아퀴나스의 구원론보다 한 단계 더 나아가, 하나님의 은혜를 처음 얻기 위해서 인간은 자신 안에 있는 최선을 다해야 한다고 가르쳤다. 유명론 영향 하에 있

Yale University Press, 1980), 233. 종교개혁 당시 로마 가톨릭교회는 트렌트 종교회의(1545-48)를 통해 아퀴나스의 가르침을 근거로 칭의의 원인은 믿음만이 아니고 실제로 변화되어 나타나는 선행이 함께 포함되며, 그것은 구원을 위해 공로적 역할을 한다고 정의함으로써, 루터의 이신칭의 가르침을 정면으로 반박하고 정죄했다. Leiws W. Spitz, *The Renaissance and Reformation Movements*, vol 2 (St. Louis: Concordia Publishing Co., 1971), 488-489.

던 루터에게 이신칭의의 발견은 하나님의 공의에 입각한 '응징적 의'
로 이해하고 있었던 '하나님의 의(義, Iustitia Dei)' 개념과 심각한 투쟁
을 벌인 결과였다. 이 투쟁은 믿음의 수동적 성격과 그리스도의 사역
으로 말미암은 칭의 개념의 발견을 위한 준비 단계였다. 루터에게 있
어서 '하나님의 의'의 의미를 찾기 위한 투쟁은 고통의 과정이었다. 오
랜 기간 동안 루터는 마음에 평화와 확신을 찾을 수가 없었으나, 수도
원에서의 영적 시련과 성경 연구를 통하여 이신칭의 진리를 발견했
다.[28]

깊은 죄의식으로 말미암은 고뇌(Anfechtung)로 어려움을 겪고 있
는 루터에게 '하나님의 의'는 응분의 대가를 치루는 공정한 의로서 간
주되었다. 그러나 은혜를 얻기 위한 스스로의 최선은 루터에게 마음
의 평화를 가져다주지 못했다. 루터에게 하나님의 완전하신 공의는
하나님의 율법을 지키려는 자신의 노력의 한계와 깊은 죄성을 더욱
드러냈을 뿐이기 때문이다. 루터는 자신의 의에 대한 확신이 없었으
므로, 그의 고뇌는 극심한 상태에 이르렀다.[29]

루터에 대한 유명론의 영향은 옥캄 학파로부터 왔다. 둔스 스코
투스(Duns Scotus, 1266-1308)와 윌리암 옥캄(William of Occam,
1280-1349) 등이 주축이 된 프랜시스칸 (Franciscan) 수도회는 인간

---

28 Alister McGrath, *Luther's Theology of the Cross: Martin Luther's Theological Breakthrough* (Oxford: Blackwell, 1985), 96-97.

29 Julius Kostlin, *The Theology of Luther in its Historical Development and Inner Harmony*, trans. by Charles E. Hay (Philadelphia: Lutheran Publication Society, 1897), vol. 1, 72.

자신이 스스로의 윤리적 능력으로 최선을 다할 때, 그 공로(유사공로, congruent merit, meritum de congruo)의 대가로 하나님께서 은혜를 내려주시고, 그렇게 주입된 은혜의 힘을 입어 최선을 다할 때 다시 한 번 공로(당연공로, condign merit, meritum de condigno)의 대가로 영생을 얻는다고 가르쳤다.[30]

유명론의 가르침이 아퀴나스의 것과 다른 점은, 스스로의 노력을 통한 공로적 선행의 대가로 첫 은혜를 얻는다는 것이다. 그러나 그렇게 받은 첫 은혜를 근거로 인간이 최선의 노력을 하여 선행을 쌓고 거룩한 삶을 살아서 의로워짐으로 그 성화의 공로적 대가로 영생을 얻는다는 점은, 양쪽이 동일했다. 즉, 아퀴나스 전통이나 유명론 전통, 둘 다 하나님께서 의롭다고 판정하시는 칭의는 믿음과 아울러 거룩한 삶(성화)을 근거로 하는 것이다.

전통적인 아퀴나스의 입장을 가르치던 아우리올레(Peter Auriole, 1280-1322)에 대항하여 옥캄은 펠라기우스주의라고 오해받을 수 있는 가르침을 제시했다. 아우리올레의 가르침인, 구원이 초자연적 은혜(supernatural habit of grace)의 조건에 달려있다는 개념에 반대했던 것이다. 옥캄은 인간이 자기가 가지고 있는 자연적 윤리 능력을 가지고 최선을 다할 때, 하나님께서 그것을 받아주신다고 주장했다.[31] 즉, 자연적 윤리 능력을 가지고 최선을 다하는 자에게 하나님께서는

---

30 Heiko Oberman, "'Iustitia Christi' and 'Iustitia Dei': Luther and the Scholastic Doctrine of Justification," *Harvard Theological Review*, 59 (1966), 1-21.

31 Vignaux, Justification et Predestination, 120-124.; Leff, *William of Ockham*, 293-295. Cf. Steven Ozment, *The Age of Reform*, 40.

은혜의 주입을 보상으로 주신다는 것이다.

아퀴나스와 아우리올레는 하나님과 긍정적인 관계를 맺기 위해서는 이러한 은혜가 전제 조건이 되어야 한다고 가르쳤으나, 옥캄은 선재적 윤리 노력이 은혜를 보상으로 받게 만든다고 주장했던 것이다. 옥캄의 이러한 주장은 하나님께서 주입된 은혜에 의존하신다는 개념에서 탈피하여, 인간이 하나님을 자연 상태에서 할 수 있는 선행에 의존하는 존재로 만들었다. 인간 스스로의 윤리적 협조가 은혜 주입의 조건이 되었고, 은혜의 주입은 또한 추후의 윤리직 협동을 가져옴으로써 구원을 이루게 한다는 것이다.

옥캄이나 가브리엘 비엘(Gabriel Biel, 1420-1485)과 같은 유명론자들은 하나님의 은혜의 필요에 대해서는 전통적인 아퀴나스의 입장과 유사하지만, 그것과는 달리 인간의 역할과 공헌을 구원에 이르는 첫 출발로 만들었다. 이 입장은 펠라기안주의(Pelagianism)를 거부하면서도 인간의 책임을 보존하려 했던 것이다. 하나님은 은혜로만 인간을 구원할 수도 있지만, 인간의 공로가 보상을 받는 체계를 만드시기로 선택하셨다는 것이다. 구원을 인간 공로의 대가로 얻어내는 것은 아니지만, 하나님은 인간의 공로적 노력을 인식하시기로 스스로 정하셨다고 가르쳤다. 하나님은 인간의 공로를 구원을 위한 필수적 공헌 요소가 되도록 하셨다는 것이다. 비엘은 그의 입장을 이성적이고 설득력 있는 방법으로 설명했다. "하나님은 분명히 동시다발적으로 우리를 당신의 친구로 만들고 은혜의 선물 없이 우리의 선행을 공로로 받아들일 수 있었다. 그러나 은혜의 도움 없이 우리가 어떻게 하나님과 친분관계를 유지할 수 있었겠는가? 그래서 누구든지 하나님에게 돌아오고, 그리고 할 수 있는 것을 하는 자는 하나님으로부터 죄 사함을 받을 것이라는 규칙(언약)을 만드셨다. 하나님은 돕는 은혜를 그 사람에게 주입하시고 그를 친분관계로 돌이키신다."[32]

전통적인 입장에서 볼 때 이런 가르침은 펠라기안주의라고 여겨질 수 있다. 그러나 옥캄과 비엘은 자신의 가르침이 펠라기안주의와는 다르다고 주장했다. 펠라기우스는 인간의 자연적 윤리 능력으로 구원을 얻을 수 있다고 가르쳤으나, 그들은 그런 노력으로 구원에 필요한 첫 은혜를 얻을 수 있다고 말했던 것이다. 즉, 아퀴나스 전통에 입각한 1. 하나님 은혜의 주입; 2. 은혜에 힘을 얻어 윤리적 협동; 3. 영생의 대가로 진행되는 3단계 구도가, 유명론에 의해 1. 자연인의 상태에서 인간의 최선의 노력; 2. 대가로 하나님의 은혜 주입; 3. 은혜에 힘을 입어 윤리적 협동; 4. 영생의 대가라는 4단계로 변형된 것이다. 옥캄과 비엘의 가르침은 최소한 반-펠리기안주의(Semi-Pelagianism)라고 오벌만(Heiko Oberman)은 평가했다. 옥캄과 비엘은 윤리적 노력에 의한 보상으로 주어지는 은혜의 주입은 하나님께서 택하신 구원 방법의 한 부분이라는 것을 확신했다.[33]

중세 중엽에 중심을 이루던 아퀴나스의 구원론에 대항하는 중세 말의 입장에는 유명론만 있었던 것은 아니다. 중세 말은 오랫동안 묻혀 있던 어거스틴의 구원론이 부활되어 힘을 얻기 시작했다. 신어거스틴주의 현상이었다. 옥캄과 동시대를 살던 어거스틴 학파의 학자인 리

---

32 Gabriel Biel, "The Circumcision of the Lord" (1460) in Deniz R. Jenz, ed., *A Reformation Reader* (Minneapolis: Augsburg Fortress, 1999), 51.

33 Oberman, *The Harvest of Medieval Theology: Gabriel Biel and Late Medieval Nominalism* (Cambridge, Mass.: Harvard University Press, 1963), 209-211.

미니(Gregory of Rimini, d.1358)는 옥캄의 아우리올레에 대한 비판에 동조했다. 구원과 은혜의 역사의 관계는 하나님께서 자유로운 주권을 가지고 하는 것이지, 그 어떤 다른 것에 매여 있지 않다는 것이다.

그러나 동시에 리미니는 옥캄의 가르침과는 다르게, 자연인으로의 인간의 윤리적 선행이 하나님의 은혜와 상관없이 나옴으로 그것의 대가로 하나님의 은혜를 얻어낸다는 가르침은 잘못된 것이라고 주장했다. 리미니에게 있어서 이것은 펠라기안주의와 다름이 없었다. 이는 인간이 자신의 자연적 능력으로 영생을 얻어낼 수 있다는 가르침이 되기 때문이다.[34] 리미니는 확실한 어거스틴 학파였다. 즉, 인간 본성이 타락과 부패의 영향을 받아 하나님 은혜의 도움 없이는 윤리적 선행을 할 수 없다는 것이다. 심지어 죄를 짓기 전 아담도 선행을 위해서는 하나님의 특별한 은혜가 필요했다는 입장이다.[35]

리미니의 이런 입장은 4세기 펠라기우스와 투쟁하며 인간의 타락과 하나님의 절대은혜를 주장하던 어거스틴(Augustine)과 관련이 있다. 어거스틴은 타락한 인간이 오직 하나님의 은혜로 구원받았다고 가르쳤고, 어거스틴주의자들이라고 일컫는 한 무리의 중세 말 신학자들은 그의 견해를 굳건히 고수했다. 그들은 펠라기안주의자들을 적으로 생각했다. 펠라기안주의자들은 구원을 위한 인간 공헌에 지나친 강조를 했고, 하나님의 은혜에 대해서는 충분한 강조를 하지 않았다고 생각했기 때문이다. 이 입장을 취한 자들은 어거스틴주의 수도사인 리미니의

---

34 Vignaux, Justification et Predestination, 149-152. Cf. Ozement, 41.
35 Vignaux, 159. Cf. Ozment, 42.

그레고리(Gregory of Rimini)와 그의 동료이자 옥스퍼드 대학의 신학 교수이고 후에 캔터베리(Canterbury)의 대주교로 임명된 토마스 브랫워다인(Thomas Bradwardine, 1290-1349)이었다.

1344년 브랫워다인은 『펠라기안들에 반대하는 하나님의 입장』("The Cause of God against the Pelagians")이란 제목으로 반-펠라기안(semi-Pelagian) 견해를 비판하는 논문을 썼다. 그는 이 논문에 두 세기 후에 나타날 개신교 종교개혁자들의 가르침과 매우 흡사하게 들리는 칭의에 대한 진술을 포함시켰다. "그리스도의 자녀인 모든 자는 의로워졌고, 그리고 의롭다. 이것은 그들 자신 때문이 아니고 그리스도 때문이다. … 은혜는 주어진 것이지, 지불된 것이 아니다. 이런 이유로 그것을 은혜라 부른다. 거저 주었기 때문이다. 선행하는 공로를 가지고 은혜로 이미 받은 것을 살 수는 없다. 그러므로 죄인은 죄 사함을 받도록 첫 은혜를 얻은 것이다."[36]

브랫워다인과 어거스틴주의자들은 그들을 반대하는 자들보다 인간의 잠재력에 대해 더 비관적인 견해를 가지고 있었다. 그들은 하나님의 직접 도움 없이는 인간이 죄 안에서 전적으로 잃어버려졌고 하나님께 반응할 수도 없게 되었다고 했다. 죄인은 어떤 방식으로도 하나님의 은혜와 자비를 받을 가치가 없으므로, 그것은 분명히 공로 없는 선물이라는 것이다.

루터는 처음에 옥캄과 비엘의 유명론 입장을 받아들였으나, 회심

---

36 Thomas Bradwardine, *The Cause of God against Pelagians*, in Jenz, *Reformation Reader*, 41-42.

과 종교개혁이 진행되면서 결국 리미니의 입장 쪽으로 기울어지며 옥캄의 문제점을 파악하고 전체 중세 말 유명론의 '비아 모데르나'(via moderna) 가르침을 펠라기안주의에 물들은 잘못된 가르침으로 비판했다. 이 기조는 종교개혁 당시 루터와 에라스무스가 인간론 문제로 논쟁을 벌일 때 다시 나타났다.

에라스무스는 결국 옥캄, 비엘과 흡사한 입장을 취하며 구원을 위한 인간의 자유의지를 고수했고, 루터는 옥캄과 비엘을 반대하여 인간의 부패와 타락의 심각성을 강조하며 인간의 노예의지를 강조했다. 그리고 정통주의 시대에 칼빈주의와 알미니안주의는 유사한 구조로 논쟁이 진행되었다. 유명론 입장과 신어거스틴주의 입장에 이런 차이가 있음에도 불구하고 그들 사이에는 공통점이 있었다. 그것은 양쪽 다 칭의를 과정으로 본 것이고, 칭의의 과정에는 연옥까지 포함되었다. 그들은 성례와 연옥에 대해서도 동일한 의견을 가지고 있었다. 루터가 유명론보다는 신어거스틴주의 입장을 따랐지만, 칭의론의 모든 부분에서 입장을 같이 한 것은 아니었다. 루터에게 칭의는 순간이었고, 연옥은 설 자리가 없었다.

중세의 칭의 개념은 죄 사함과 새로운 삶, 이 둘 모두를 포함하고 있었다.[37] 간혹 칭의가 죄 사함으로 정의되는 것처럼 보이기도 하지만, 그것은 죄 사함을 칭의 과정의 최종 단계로 보는 것이었다. 칭의는 죄 사함에 선재하는 새로운 삶을 전제로 하고 있는 것이다.[38] 중세의 칭의

---

37 Thomas Aquinas, *Summa Theologiae*, Ialiae q. 56 a. 2 as 4um. Cf. McGrath, 70.
38 Thomas Aquinas, *Summa Theologiae*, Ialiae q. 113 a. 1. Cf. McGrath, 71.

개념은 성화와 구분된 종교개혁의 칭의 개념과는 확실히 달랐다. 중세의 칭의 개념은 칭의와 중생(성화)이 구별되지 않은 것이었다.

종교개혁이 소개한 법정적 전가 개념은 중세의 어떤 입장에 의해서도 칭의 개념으로 받아들여지지 않았다. 칭의에서 주입된 은혜의 존재 필요성은 너무도 당연한 것이었다. 칭의가 은혜를 통한 죄 사함과 변화를 포함하는 것이기에, 죄 사함과 변화는 분리될 수 없는 것이었다. 칭의 과정에서 변화(중생, 성화)는 제외될 수 없는 것이고 칭의와 실질적 변화가 유기적으로 연결되어 있다고 생각했다. 16세기에 나타난 칭의와 중생(성화)의 개념적 구별은 종교개혁자들로 하여금 그 이전 중세의 모든 신학적 입장과 결별하게 만드는 것이 되었다.[39]

마틴 루터가 종교개혁을 시작하며 이신칭의를 개혁의 교리적 깃발로 세웠을 때에, 중세 말 교회에는 이미 오랜 시간에 걸쳐서 구원론에 대한 가르침의 전통이 형성되어 있었다. 중세 시대에 형성된 구원론은 종교개혁의 가르침과는 달리 칭의와 성화가 구별되지 않았다. 개신교에서 말하는 이신칭의 개념과는 달리, 칭의는 오히려 믿음과 선행을 포함한 성도의 삶의 최종 결과로 여겨졌다. 그러므로 칭의는 오랜 과정을 거치며 주어지는 결과이지, 개신교의 가르침처럼 믿음으로 즉시 주어지는 그런 이신칭의 개념은 아니었다.

중세의 칭의론은 하나님의 은혜의 필요성과 성례의 중요성이 핵심 축을 이루고 있다. 하나님의 은혜가 먼저 주어져야 인간은 구원의 길로 들어설 수 있고, 하나님의 은혜는 성례라는 방법을 통해서 받는 것

---

39   McGrath, 71-72.

이었다.[40] 칭의를 과정으로 보는 중세 교회의 가르침에 의하면, 칭의는 일곱 성례 중 하나인 세례로부터 시작된다. 세례가 원죄를 사해주고 믿음을 창조하는 역할을 하는 것이었다. 세례를 통해 하나님의 은혜가 주입된다고 믿었기 때문이다. 세례 전에는 하나님의 부르심에 반응할 수 없으나, 세례 후에는 은혜의 주입으로 말미암아 하나님께 반응할 수 있고 구원을 위해 하나님과 협동할 수 있게 된다고 여겼던 것이다.

---

40 칭의에 대한 교회의 가르침은 하나님에게 중심 역할을 주었다. 주입된 은혜가 구원을 가능하게 만들었기 때문이다. 구원은 자유선택에 달렸고, 주입된 은혜의 필요성을 거부하는 펠라기안주의는 이미 중세 초에 정죄되었다. Stuart G. Hall, *Doctrine and Pratice in the Early Church* (London: SPCK, 1991), 205. 중세 말에는 인간이 구원받기 위해서는 하나님의 은혜가 필요하다는 데 전혀 의심이 없었다. 다만 그 과정에 인간의 역할이 논쟁거리가 되었다.

PART
04

마틴 루터

전가된 의 • 실제적 의 • 후유증 및 대응

제 4 부

마틴 루터

중세 전통에 있던 마틴 루터는 다른 종교개혁자들과는 달리 깊은 중세의 영성에 속해 있었다. 특히 수도사로서의 그의 체험은 중세 신앙의 문제를 절감하는 계기를 만들어 주었다. 에르푸르트 대학에서의 중세 말 신학 배경인 유명론의 학문적 배경과 아울러 중세 수도원 영성은 그가 영적 신학적 투쟁을 통해 극복해야 하는 장애물이었다. 성경 전공으로 박사학위를 취득한 후 비텐베르그(Wittenberg) 대학에서 강의를 시작한 루터에게 강의 준비를 위한 성경 본문 연구는 고대의 어거스틴과 중세의 버나드와 함께 극복을 위한 귀중한 자료가 되었다.

루터는 전가 개념에 입각한 이신칭의 사상을 발견함으로써 그것을 교회 개혁의 깃발로 삼았으며, 중세 로마 가톨릭교회의 교리적 핵심 문제에 도전장을 내놓았다. 이신칭의 교리는 루터에게 있어서 교회의 기둥이었고 종교개혁의 성공 여부를 판가름 내는 결정적 쟁점이었다.

따라서 이신칭의가 성화 부진을 야기한다는 거센 비판에 직면했을 때에도 이신칭의 강조는 결코 약화시킬 수 없는 성질의 것이었으나, 실제로 성화 부진의 문제가 나타났을 때 그는 심각한 고민에 빠지기도 했다. 그러나 루터는 이러한 상황적 이유로 말미암아 당시 성화에 대한 강조를 칭의 만큼은 할 수 없었다.

그럼에도 불구하고 루터의 가르침을 전체적으로 보았을 때 루터에게 성화는 중요한 성경적 가르침이었다. 많은 사람들의 비판과는 달리, 이신칭의에 모든 것을 걸었던 것으로 보였던 루터에게 성화의 가르침은 중요한 것이었다. 그래서 그는 성화를 소홀히 다루지 않았다. 단지 당시 로마 가톨릭교회에 대한 변증적 상황 때문에 칭의의 중요성이 두각을 나타내면서, 그 강조점이 한 쪽으로 기울어질 수밖에 없는 상황이 되었던 것이다.

전가된 의

마틴 루터는 비텐베르그 대학에 재직하면서 인간의 타락과 무능에 대한 확신으로 유명론 입장을 거부하고 어거스틴주의 입장으로 선회하고 있었다. 비텐베르그 대학의 교수로서 성경을 강해하던 루터는 바울의 가르침을 통해 구원론에 대한 이해가 점차 변화하던 과정에서 결정적인 변화를 체험하게 된다. 하나님의 의 개념에 대한 성경적 의미를 새롭게 깨닫게 된 것이다. 이것은 루터에게 대사건이었다. 이 새로운 깨달음은 루터의 근본적인 영적 문제를 해결하는 계기가 되었으며 하나님의 심판에 대한 불안과 공포를 완전히 떨칠 수 있게 만들었다.

　루터는 로마서 1:17을 통해 하나님의 의가 응징적 의가 아니라 구속적 의라는 것을 깨닫게 되었다. 루터는 이것으로 하나님의 의로 말미암은 공포와 악몽에서 해방되었고 확신과 기쁨을 얻을 수 있게 되었다. 하나님의 의가 죄인을 심판하시는 하나님의 공의가 아니라, 그리스도를 통해 죄인을 구원하시는 하나님의 의라는 것을 알았기 때문이었다.[1] 로마서 1:17에 기록된 복음에는 하나님의 의가 나타난다는 것과 의인은 믿음으로 말미암아 살리라는 것은, 하나님의 의가 믿음으로 의로워진다는 복음을 통해 나타난다는 것으로, 행위에 따라 죄인을 정죄하시는 하나님의 심판을 통해 드러나는 하나님의 공의로 해석할 수 없는 것이었다. 하나님께서는 인간이 선행과 공로를 쌓아 의로워지는 것이 아닌, 하나님의 은혜로 말미암아 그리스도를 믿음으로 의로워지는 복음을 통해 당신의 의를 드러내신다는 것이었다. 이전에는 심판과 하나님의 의가 연결되던 것이 로마서 1:17을 통해 이제는 복음(이신칭의)과 하나님의 의가 연결이 된 것이다.

　루터의 이신칭의 발견은 하나님의 의 개념을 복음적으로 만들었다. 하나님의 의 개념에서 나온 심판의 두려움으로 말미암은 루터의 오랜 영적 투쟁은 믿음이 무엇이고 복음이 무엇이며 어떻게 의로워지는지에 대한 심각한 고민을 하게 했고, 이러한 것들은 결국 루터를 회심체

1　Gorden Rupp, *The Righteousness of God: Luther Studies* (London: Hodder and Stoughton, 1953), 128; Martin Luther, *Luther's Works*, ed. Helmut T. Lehmann (Philadelphia: Muhlenberg Press, 1963), 34:337. 이후로는 *LW*로 기술함.

험으로 인도했던 것이다. 루터의 이러한 회심체험은 이신칭의의 깃발을 힘껏 올릴 수 있게 한 원동력이 되었다. 뿐만 아니라 중세 로마 가톨릭교회의 구원론 오류와 투쟁할 수 있는 근거를 마련해 주었다.[2]

실존적으로 어떻게 루터는 이런 결론에 도달하게 되었는가? 왜 루터는 그토록 오랜 영적 고뇌를 하게 되었는가? 이것은 교회 역사에 내려오던 의(義)의 실제 개념 때문이었다. 의라는 것은 의로움을 말한다. 인간이 의로우려면 그는 실제로 의로워야 하며, 하나님의 의로움은 하나님이 실제로 가지고 계시는 의로움이라고 생각했다. 이것이 교회 전통이었다. 고대에서 어거스틴을 거쳐 중세로 이어오는 교회 역사에서 의 개념은 실제로 존재하는 의였다. 믿음으로 의로워진다는 것도, 믿었기에 그 자체로 의로워지는 것이 아니라, 믿음으로 말미암아 하나님의 은혜가 주입되어 실제로 그가 의를 행하여 그 안에 의가 만들어지는 것이었다.

루터 및 종교개혁 신학이 가르친 '믿음으로 의로워진다는 것'은 죄 사함 및 그리스도의 의 전가 개념을 전제로 하고 있다. 믿는 자의 죄가 그리스도의 죄로 여겨지고, 그리스도의 의가 믿는 자의 의로 여겨져서 의롭다는 개념이다. 그러나 고대와 중세를 거쳐 전가 개념은 명확하게 나타나지 않았다. 루터 이전까지 교회는 의를 생각할 때, 단순히 의롭다고 간주해 주는 의가 아니었다. 행실은 무관하고 믿음으로만 의롭다고 인정해 주는 의는 생각할 수 없는 것이었다. 이신칭의를 말

---

2   Alister McGrath, *Luther's Theology of the Cross: Martin Luther's Theological Breakthrough* (Oxford: Blackwell, 1985), 96-97.

했던 어거스틴도 그것이 믿음으로 의롭다고 여겨주는 전가 개념보다는 믿음이 은혜의 치유를 통해 실제로 믿는 자 안에서 의로운 행실을 생산해 내는 것이기에 의로운 것이었다.

루터는 이런 배경 하에서, 회심체험 전까지는 당연히 의로워지기 위해서는 의를 생성해내야 하고, 이러한 것을 통해 의롭다고 인정받는 것으로 생각할 수밖에 없었다. 루터에게 의는 객관적이고 실제적 의였던 것이다. 그러므로 루터에게 '하나님의 의' 개념은 바로 이런 인간의 실제적 의를 요구하고 그렇지 않을 경우에는 심판을 통해 정당한 대가를 지불하도록 하는 개념으로 인식되었던 것이다. 결국, 하나님의 의는 인간에 대한 응분의 대가를 치르도록 하는 것일 수밖에 없었다. 이렇게 루터가 생각하던 의의 실제적 의미가 인간의 본유적 의를 추구하게 만들었고, 그것은 오히려 루터를 깊은 죄의식에 빠뜨렸다. 왜냐하면 스스로의 힘으로는 도저히 하나님이 요구하시는 그런 수준의 의를 만들어 낼 수가 없었으며, 당시 루터가 읽고 이해한 성경의 내용은 하나님이 요구하시는 계명을 지켜야 한다는 것이었으니, 그것은 결론적으로 불가능하다고 판단했기 때문이다.

이것은 루터에게 악몽이었다. 하나님의 계명을 지키기 위해 노력하면 할수록 지키지 못하는 자신을 발견하며 자신이 더욱 죄인이라는 사실을 깨닫게 되고, 이는 그의 심령의 평화를 잃게 만들었다. 자신의 실제적 의와 하나님이 요구하시는 의가 어디에서는 만나야 하는데, 둘 사이는 점점 더 멀어져만 가는 느낌이었다. 의로 연결되어야 하는 하나님과 자신의 관계가 맺어질 수 없다는 사실은 하나님과의 관계에 평화를 상실하게 했고, 이 상황에서 그는 더욱 불안 가운데 빠질 수밖

에 없었다. 따라서 루터의 고뇌는 심각한 수준에 도달하게 된다.³

그렇다면 루터는 왜 이토록 유별나게 생각했는가? 루터의 의 개념은 어떤 배경에서 나온 것인가? 루터의 의 개념은 유명론의 영향에서 우러나왔다. 루터의 신학적 배경은 당시 via moderna라 일컫는 유명론의 옥캄주의였다. 앞서 살펴본 바와 같이, via moderna는 둔스 스코투스와 옥캄 등의 중세 후기 프랜시스칸 학파에 의해 형성되었다. 루터는 via moderna의 영향 하에 있던 에르푸르트 대학시절부터 옥캄주의의 영향을 받았다. 옥캄주의 구원론은 자연인으로 윤리적 최선의 노력을 다하는 것이 매우 중요했다. 옥캄주의는 중세 중엽에서 내려오던 하나님의 은혜 관련 개념에 은혜를 받기 위한 준비 단계를 추가했다. 구원을 위해서는 하나님의 은혜를 받아야 하는데, 하나님께서는 당신의 은혜를 자연인으로 윤리적 최선을 다하는 자에게 주신다는 것이었다. 이렇게 하나님의 은혜가 주입되면 그 은혜의 도움을 입고 다시 최선의 노력을 기울여 하나님으로부터 공정한 공로적 대가로

---

3 "It was the thought of the divine righteousness which filled Luther with such violent qualms of conscience. In view of this he felt himself to be only a poor sinner, resting under condemnation. Whenever he read in the Scriptures anything concerning God's righteousness, he understood the words as indicating that attribute of God, by virtue of which He metes out to each of us, as demanded by His Law, a reward according to the merit of our works—and this meant for him only merited perdition. Hence he trembled with fear when called upon to pray in the words of Ps.31:1: 'Deliver me through they righteousness.'" Julius Kostlin, *The Theology of Luther in its Historical Development and Inner Harmony*, trans. by Charles E. Hay (Philadelphia: Lutheran Publication Society, 1897), vol. 1, 72.

영생을 얻는다는 것이었다.[4]

이 개념의 바탕에는 하나님께서 최선을 다하는 자들을 절대로 거부하시지 않는다는 전제가 있었다. 자연적 윤리 능력을 근거로 한 최선의 노력은 공로의 대가로 하나님의 은혜를 얻어내고, 그 후 주입된 은혜의 힘을 입어 최선을 다한 윤리적 노력의 공로적 대가는 영생이라는 두 단계의 공로와 보상이 자리를 잡고 있었다. 여기에는 하나님의 언약 개념이 존재하고 있었다. 공로를 세우는 인간의 윤리가 완전하지는 않지만, 그럼에도 그것을 받아주시는 하나님의 은혜로우신 언약이 작용한다는 것이다.[5]

유명론의 이 구도에는 하나님의 은혜와 언약도 있었고, 실제적 의 자체보다는 온전한 것으로 여겨주시는 하나님의 언약적 구도도 있었지만, 루터에게 이것은 여전히 문제로 남아있었다. 최선의 윤리적 노력의 시점에 대한 의문 때문이었다. 도대체 어디까지가 최선을 다하는 것인가? 이 시점의 불확실성은 자신의 최선의 노력이 하나님에 의해 받아들여진 것인가, 그렇지 않은 것인가에 대한 불확실성으로 이어졌다. 그는 최선의 노력을 하면서도 하나님 앞에서 어떤 확신도 가질 수가 없었다. 그것은 루터가 가지고 있던 하나님의 응징적 의 개념과 더불어 하나님의 심판이라는 불안과 공포가 지속되게 만들었다.

하나님의 언약적 구도에도 불구하고 구원을 가져다주는 데에는 여전히 실제적 의 개념이 존재하고 있었던 것이다. 자연인으로의 실제

---

4 Heiko Oberman, "'Justitia Christi' and 'Justitia Dei': Luther and the Scholastic Doctrine of Justification," *Harvard Theological Review*, 59 (1966), 1-21.

5 Ibid.

적 의, 그리고 은혜를 입은 상태에서의 실제적 의가 여전히 존재하고 있었기 때문이다. 우리의 의가 완전하지는 않지만 완전한 것으로 여겨주시어 받아주시는, 간주된 의 개념이 부분적으로 있었지만, 그럼에도 하나님의 요구와 조건에는 여전히 실제적 의가 존재하고 있었고 그 의를 스스로의 힘으로 만들어 내야만 했던 것이다.

이러한 상황에서 로마서 1:17을 통해 루터에게 하나님의 의에 대한 새로운 개념이 들어왔다. 실제적 의에 입각하여 심판하시는 공의 개념에 따른 하나님의 응징적 의 개념이 아닌, 인간에게 실제적 의가 없음에도 불구하고 그리스도의 실제적 의로 말미암은 하나님의 구속적 의 개념이 그것이었다. 실제적 의가 부재하기에 죄로 말미암아 죄인을 정죄하시는 하나님의 공의가 아니라, 그리스도의 실제적 의에서 나오는 공로로 말미암아 그를 믿는 죄인을 용서하시는 하나님의 의인 것이다.[6] 루터에 의하면, 우리의 의는 우리가 만들어 내는 것이 아니고 믿음으로 얻는 것이며, 그것은 능동적 의가 아니라 수동적 의가 된다. 능동적 의는 내가 실제로 만들어 내는 의이지만, 수동적 의는 내가 만들어 내는 의와는 상관없이 그리스도의 의로 말미암아 그를 믿음으로 우리를 의롭다고 여겨주시는 것이다. 즉, 하나님께서는 우리의 믿음으로 우리를 의롭게 해주시는 것이다. 이것이 루터가 말하는 복음의 내용이다. 루터는 다음과 같이 말했다.

---

6 Gorden Rupp, *The Righteousness of God: Luther Studies* (London: Hodder and Stoughton), 1953), 128.

마침내 하나님의 은혜로 나는 밤낮으로 묵상하면서 나는 다음 구절에 귀를 기울였다. "그 안에서 하나님의 의가 나타났으니 기록된바 오직 의인은 믿음으로 말미암아 살리라." 여기서 나는 의로운 자가 하나님의 선물인 믿음으로 사는 것이 하나님의 의라는 것을 이해하기 시작했다. 이것이 그 의미이다: 하나님의 의는 복음으로 나타났고, 그 의는 수동적 의로서 자비로운 하나님이 우리를 믿음으로 의롭게 해주시는 것이다. 기록된바 "의인은 믿음으로 말미암아 살리라." 여기서 나는 완전히 다시 태어나서 열린 문을 통하여 천국으로 들어가는 것을 체험했다.[7]

    루터는 이것을 통해 구원과 관련된 하나님 의의 성경적 의미가 심판을 의미하는 공의보다는 복음에 나타난 의, 즉 믿음을 통해 의롭게 하시는 의라는 확신을 가지게 되었다. 루터는 이제 분명해졌다. 인간의 구원 문제에서 하나님의 의는 실제적 의를 말하는 것이 아니라, 하나님께서 의로 여겨주시는 의라는 개념이었다. 루터는 다음과 같이 말했다. "성경에서 의라는 것은 하나님의 간주하심이지 그 자체의 본질을 말하는 것이 아니다."[8] 이것은 파격적인 내용이었다. 교회사적 관점에서 고대와 중세를 거쳐 의를 자체의 본질이 아닌 하나님의 간주하심으로 여기는 것은 생소한 것이었다.

    이신칭의에 가장 근접했던 어거스틴과 그 후 어거스틴을 추종하던

---

7   *LW*, 34:337.

8   Martin Luther, *Luther: Lectures on Romans*, The Library of Christian Classics, ed. Wilhelm Pauck, vol 15 (Philadelphia: The Westminster Press, 1961), 141.

안셈과 성 버나드의 경우에도 이신칭의의 내용이 있기는 하지만, 믿음은 의의 본질과 연결되어 있었다. 믿음을 통해 하나님의 은혜를 얻고 그것은 의를 향한 인간의 실질적 치유가 일어나서 변화가 있기 때문에 의로워지는 것이었다. 물론, 개신교에서도 믿음의 결과가 선행이고, 칭의의 열매가 성화라고 가르친다. 그런데 개신교에서는 믿음과 선행 사이에 선을 긋고 칭의와 성화를 명확하게 구별하기 때문에 의로워진다는 것을 믿음과만 연결하고, 칭의와만 관계를 맺게 하는 그림을 그리게 했다. 루터는 바로 이 부분에서 교회 역사의 전통에서 이탈한 것이다.

거듭 말하자면, 의와 관련하여 이신칭의는 과거에도 있었던 개념이다. 그러나 의와 관련하여 전가의 개념은 새로운 것이었다. 루터에게서 기인했지만, 이후 정통주의 개신교에서 체계적으로 정리된 개념인, 그리스도의 의 때문에 나의 본유적 의와는 상관없이 내가 의로워진다는 것은 루터 이전 교회사에서는 뚜렷하게 찾아볼 수 없는 것이었다. 이것은 믿음이 무엇을 하는 것인지 새롭게 인식시켰다. 믿음으로 의라는 덕목이 나에게 형성되어서 의로워지는 것이 아니라, 믿음으로 그리스도와 하나 된 관계를 통하여 그리스도의 의로움을 소유하게 되어 의로워진다는 것이었다.[9]

---

9   Green은 루터의 발견에 대하여 다음과 같이 말한다. "… faith has become soteriological as never before. Righteousness is no longer the dominance of virtue in the believer, but the apprehension of Christ and his righteousness through a new relationship of faith as trust." Lowell C. Green, "Faith, Righteousness, and Justification: New Light on Their Development under Luther and Melanchthon," *Sixteenth Century Journal*, 4, 1973, 76-77.

무엇이 루터로 하여금 의 개념을 과거의 교회 전통과 다르게 만들도록 했는가? 그것은 중세 공로사상이었다. 루터의 인간론은 구원에 있어서 인간의 공로를 추호도 허용할 수 없었다. 앞서 살펴본 바대로, 어거스틴은 인간의 부패와 타락을 말했지만, 하나님의 은혜와 선물이라는 조건을 전제로 하면서까지 공로 개념을 포함시켰다. 인간에게 책임과 의무를 부여하기 위해서 인간의 자유의지라는 표현을 허용했던 것처럼, 인간의 역할을 중시하기 위해 공로라는 표현을 완전히 거부할 수 없었기 때문이다.

그러나 어거스틴의 이러한 점은 중세로 오면서 달라지기 시작했다. 원래 어거스틴이 말하는 자유의지는 사실상 부패하여 타락한 인간의 의지였고, 인간의 공로는 사실상 하나님께서 은혜와 선물로 허락하신 것으로 순수한 의미의 공로는 아니었다. 그러나 중세 시대에 와서 자유의지와 공로의 이런 제한적 성격은 사라졌다. 자유의지는 타락과 상관없는 인간의 본유적 자유의지가 되었고, 공로는 인간 스스로의 실제적 공로 개념이 되었다. 인간론에서 반-펠라기안주의(Semi-Pelagianism) 입장을 취하는 성향으로 갔기 때문이다. 타락은 타락이지만 부분적 타락으로 이성과 같이 인간의 일부는 타락의 영향을 받지 않았다는 입장을 취했던 것이다.

중세 교회는 타락의 영향이 인간 전체에 심오하게 왔다는 개념을 받아들이지 않았다. 루터는 이런 중세의 인간론에 동의할 수 없었다. 그는 인간의 전적 타락을 강조하며 구원을 위해 인간의 자유의지가 어떤 공로적 행위도 할 수 없음을 주장했고, 의로워지는 과정에서 인간에게 추호의 공로도 존재하지 않는다는 단호한 입장을 취한 것이다. 결국, 루터가 복음을 통해, 그리고 자신의 회심체험을 통해 발견한 구속적 의 개념은 인간의 선행이 가져다주는 구원을 위한 공로적 성격과 구원을 위한 인간의 어떤 협동적 개념도 완전히 부인하는 결과를 가져다준 것이다.[10]

이것은 무엇을 시사하는가? 인간의 타락, 하나님의 은혜, 그리고 이신칭의를 함께 가르쳤던 어거스틴과 루터 사이에 근본적인 유사성이 있었음에도 불구하고 차이가 있었다. 어거스틴은 인간의 타락과 하나님의 은혜를 분명하게 가르치고 강조했음에도 불구하고 자유의지와 공로 개념을 사용했지만, 루터는 인간의 타락과 하나님의 은혜 개념 때문에 자유의지와 공로 개념을 완전히 거부했다. 이신칭의에 있어서 전자는 믿음을 통한 실제적 변화를 포함하는 의 개념을 가르쳤고, 후자는 믿음을 통한 전가된 의(간주된 의)를 의로 여기고 실제적 의(성화)는 포함시키지 않았다. 죄인을 구원하는 의는 인간의 의가 아니라, 예수 그리스도의 의라는 것을 분명히 했고, 죄인은 오직 믿음을 통해 그리스도의 의가 전가되어 의로워진다는 것이었다.[11]

이것은 칭의를 위해 죄인 된 인간이 공로로 내세울 수 있는 어떤 의로움도 허용되지 않는다는 의미가 담겨 있다. 믿음으로 우리의 죄와 그리스도의 의가 교환되고 전가되어 우리는 죄 사함을 받고 의인이

---

10 Luther says, "Works of the law are works in which the persons who do them trust as if they are justified by doing them, and thus are righteous on account of their works. They therefore do not do them in order to seek righteousness but in order to glory in having obtained it." Martin Luther, *Luther, Lectures on Romans*, 119.

11 Martin Luther, *Luther's Works*, ed. Jaroslav Pelikan, vol. 26 (St. Louis: Concordia Publishing House, 1963), 9.

된다는 것이다.¹² 우리의 의는 우리 자신의 의로운 행실이 아니고 믿음으로 우리 안에 와 살아계신 예수 그리스도의 의로움 때문이다. 그리스도의 의로움이 그리스도를 통해 내 안에 계시니 우리는 의로운 것이다. "믿음에 의하여 붙잡혀지고 마음속에 살고 계신 그리스도가 그리스도인의 참 의로움이다. 그것으로 말미암아 하나님은 우리를 의롭게 여기시고 우리에게 영생을 주시는 것이다."¹³ 그리스도를 믿어 그분과 하나 된 자의 모든 죄는 사함 받고 그리스도의 의는 그에게 전가되는 것이다.¹⁴

종교개혁 초기에 중세 구원론의 인간 공로사상을 철저하게 봉쇄하려는 루터의 의지는 매우 강했다. 루터는 우리를 의롭게 해주는 그리스도의 의를 "외적 의로움"이라고 표현하며, 근본적으로 우리의 칭의는 원래 죄인 된 인간에게서 나오는 의와는 전혀 상관이 없는 것으로 여겼다. 외부에서 우리에게로 들어오는 의라는 것이다. 칭의를 가져다주는 의로움의 외적 성격을 말한다. "하나님은 우리를 우리 자신의 의로움이 아닌 외적 의로움으로 구원하시기를 원하신다. 이 외적 의로움은 우리 자신에게서 나오는 것이 아니고 우리 밖에서 우리에게 오는 것이다. 이것은 지상에서 우러나오는 것이 아니고 천국에서 오

---

12 "He (Christ) made satisfaction, he is righteous, he is my defense, he died for me, he made his righteousness to be mine, and made my sin his own. And if he made my sin his own, then I have it no longer, and I am free." Luther, *Luther: Lectures on Romans*, 54.

13 *LW*, 26:130.

14 *LW*, 27:221.

는 것이다."[15]

루터의 관점으로 보았을 때, 내적 의로움을 말하는 순간 그것은 곧 공로 개념으로 연결될 수밖에 없었다. 여기서 루터는 어거스틴과 다른 길로 가기 시작했다. 어거스틴은 인간의 공로와 실제적 의를 칭의에 포함시켰다. 어거스틴은 하나님의 은혜와 인간의 믿음을 통한 의로움을 분명히 말했음에도 불구하고, 공로와 의 개념에는 인간적인 요소를 완전히 배제하지 않았다. 하나님의 은혜를 받을 대상과 의로워지는 주체의 역할이 있어야만 한다고 생각했기 때문이다. 그러나 이것이 중세로 넘어가면서 인간 타락 개념의 약화를 통해 인간 공로 개념과 인간의 본유적 의 개념이 맞물리면서 바울의 칭의 개념에서 이탈하기 시작했다.

루터는 이 상황에서 중세 칭의론에 나타난 인간의 공로 문제를 근원적으로 해결하기 원했다. 인간의 타락을 전적타락으로 복귀시키고, 인간의 공로와 본유적 의 등의 개념으로 어거스틴이 남겨놓은 인간의 공로적 여지를 완전하게 차단하려 했던 것이다. 결국, 루터는 우리가 의로워지는 것은 본유적인 의와는 상관없이 그리스도의 의가 우리에게 전가됨으로 의로워진다는 결론을 내렸다. 이렇게 의로워진 인간은 하나님에 의해 의롭다고 법정적 판결을 받는 것으로 생각했다.

중세의 공로사상을 확실하게 차단하기 위해서 루터는 칭의를 인간의 윤리적 변화와는 별개 개념으로 취급해야 한다고 보았고 그것이 성경적이라고 생각했다. 이것을 위해 헬라어 신약성경에 대한 올바른

---

15   Luther, *Luther: Lectures on Romans*, 4.

지식과 개념 이해가 루터의 칭의 이해에 결정적인 도움을 주었다. 루터가 칭의의 법정적 개념을 발견한 것은 헬라어 dikaioun의 올바른 이해가 중요한 역할을 했다. dikaioun은 원래 헬라어로 "의로 여긴다"라는 의미를 가지고 있다. 그러나 어거스틴에 이어 중세 신학자들도 dikaioun을 "의를 만든다"를 의미하는 라틴어 justificare로 번역했다. 잘못된 번역이었다. 중세 라틴교회는 헬라어를 이해하지 못했고, 루터는 헬라어 신약성경을 통해 dikaioun의 원래 의미를 발견했던 것이다.[16]

중세에도 하나님의 은혜 개념은 분명히 존재했다. 인간의 노력과 공로만으로 의로워지는 것이 아닌, 하나님의 은혜가 선재적 역할을 해야만 구원이 가능하다고 생각했다. 그러나 중세 교회는 인간의 공로적 노력을 하나님의 은혜와 공존하게 했다. 토마스 아퀴나스 유형의 전통적 스콜라주의는 하나님의 은혜를 입어 인간의 윤리적 협동을 통해 공로적 대가로 영생을 얻는 것이고, 후기 스콜라주의인 유명론은 한 걸음 더 나아가 자연인으로 최선을 다한 윤리적 노력의 공로적 대가로 하나님의 은혜를 받고 그 은혜를 힘입어 윤리적 협동을 하여 그 대가로 영생을 얻는다고 가르쳤다.

루터는 이 양쪽의 입장을 다 거부했다. 처음에 하나님의 은혜를 얻기 위해 자연인으로 윤리적 최선을 다하는 과정 및 영생을 얻기 위해 하나님의 은혜를 받아 윤리적 협동을 하는 부분 모두가 인간의 공로

---

16 A. B. Crabtree, "Luther's Discovery of Justification by Faith," *Review and Expositor*, 55 (1958), 418-419.

를 기본 개념으로 하고 있기 때문이다. 루터는 이것을 용납할 수 없었다. 구원의 과정에서 어느 부분도 인간의 역할이 공로가 될 수는 없었다. 루터에게 구원을 위한 인간의 역할은 완전히 수동적인 것이었다. 구원에서 인간의 공로적 역할을 배제하기 위해 수동적이란 개념을 사용한 것이다. 이런 관점에서 루터는 의로워진 자의 의를 "수동적 의"라고 불렀다.[17]

이런 방법을 통해 루터는 아퀴나스와 유명론에 나타난 윤리적 협동 개념과 공로 개념을 확실하게 제거하는 작업을 시도했다. 루터는 인간이 의로워지는 데 율법적 선행은 설 자리가 없고 공로적 의미는 추호도 존재하지 않는다고 주장했던 것이다.[18] 이것은 루터로 하여금 율법과 복음의 구별을 지나칠 정도로 강조하게 만들었다. 율법은 선행과 인간의 공로로 이어지고, 복음이 믿음과 그리스도의 의와 그분의 공로로 이어진다고 생각했기 때문이다. 칭의는 율법의 순종을 통한 선행이 아니고 그리스도를 믿는 믿음을 통한 그리스도의 의로 이루어진다는 것이었다.[19]

믿음으로 의로워진다는 개념은 루터 이전에도 교회사에서 언급되었고 가르쳐졌다. 그러나 그 내용은 달랐다. 바울의 이신칭의가 신약성경에 기록되어 있지만, 루터 이전에 교회에서는 전가 개념으로 이

17　Luther, *Luther: Lectures on Roman*, 77.

18　루터는 다음과 같이 말했다. "율법의 행위는 그것을 행하는 사람이 그 행위로 의로워지는 것처럼 신뢰하는 행위다. 그러므로 그들은 행위로 의로워진다고 생각한다. 따라서 그들은 의를 찾기 위하여 하는 것이 아니고, 그것을 얻은 것을 자랑하기 위해 하는 것이다." Martin Luther, *Luther, Lectures on Romans*, 119.

19　*LW*, 26:9.

해하지는 않았다. 믿음으로 의로워진다고 해도 칭의는 실제로 의로워지는 부분이 항상 포함되었다. 루터는 이 부분에서 달랐다. 이신칭의를 전가 개념으로 이해했던 것이다. 루터는 인간 공로사상을 완전히 배제하고 순수하게 하나님의 은혜와 예수 그리스도의 공로만을 칭의 개념에 포함시키기 원했다. 그것이 바울을 통해 신약성경에 분명하게 기록된 진리라고 믿었다. 예수 그리스도를 믿음으로 우리의 죄가 그리스도에게 전가되어 죄 사함을 받고, 그리스도의 의가 우리에게 전가되어 우리의 의로 간주된다는 것이다.[20]

루터의 칭의 개념은 중세에 대한 변증의 관점으로만 해석되지 않는다. 긍정적으로 루터는 칭의 개념을 위해 그리스도와의 연합 개념을 사용했다. 그의 저서 『그리스도인의 자유』에서 루터는 그리스도와 믿는 자의 관계를 성경에 나타난 남편과 아내의 결혼관계로 묘사한다. 남편과 아내가 결혼으로 한 몸이 된 관계를 통해 그리스도와 믿는 자 사이의 신비적 연합관계가 형성되었음을 말하는 것이다. 신랑 되시는 그리스도와 신부되는 믿는 자 사이의 연합관계는 우리의 죄와 그리스도의 의의 교환이 이루어진다는 것이다.[21] 신부된 우리는

---

20 "그리스도는 만족시켰다. 그는 의롭다. 그는 나의 수호자이시다. 그는 나를 위해 죽으셨다. 그는 자신의 의가 내 것이 되도록 하셨다. 그리고 나의 죄를 당신의 것으로 만드셨다. 그분이 내 죄를 당신 자신의 것으로 만드셨다면, 나는 더 이상 그 죄를 가지고 있지 않다. 나는 자유롭다." Luther, *Luther: Lectures on Romans*, 54. "믿음에 의하여 붙잡혀지고 마음속에 살고 계신 그리스도가 그리스도인의 참 의로움이다. 그것으로 말미암아 하나님은 우리를 의롭게 여기시고 우리에게 영생을 주시는 것이다." *LW*, 26:130. Cf. *LW*, 27:221.

21 Martin Luther, *Freedom of a Christian*, in *Martin Luther's Basic Theological Writings* (ed. Timothy F. Lull; Minneapolis: Fortress Press, 1989), 603.

죄인이지만 그리스도와 하나 되었기 때문에 우리의 죄는 그리스도에게로 넘어가 정죄에서 벗어났고, 그리스도의 의는 신부의 것으로 여겨져서 의로워진 것이다. 연합으로 말미암은 쌍방 간의 교환을 통해 신랑은 신부의 허물을 대신하고 신부는 신랑의 혜택을 누린다. 루터는 이렇게 말한다.

> 이 왕의 결혼이 무엇을 의미하는지 누가 완전히 이해할 수 있는가? 누가 이 은혜의 영광의 풍성함을 이해할 수 있는가? 이 부유하고 하나님이신 신랑 그리스도께서 이 가난하고 악한 창기와 결혼하시고 모든 죄악으로부터 구원하시며 당신의 모든 선하심으로 치장하신다. 신부의 죄는 이제 그녀를 파괴할 수 없다. 그것이 그리스도에게 넘겨졌고 그에 의해 삼켜졌기 때문이다. 그리고 그녀는 남편인 그리스도 안에서 그 의로움을 가지고 있다. 그것에 대해 그녀는 자신의 것으로 자랑할 수 있고 죽음과 지옥 앞에서 그녀의 죄와 함께 자신을 가지고 보여주며 말할 수 있다. '내가 죄를 졌다면, 내가 믿는 그리스도는 죄를 짓지 않았고, 그의 모든 것은 내 것이고 내 모든 것은 그의 것이다.' 아가서에서 신부가 말하듯이, '내가 사랑하는 자는 나의 것이고 나는 그의 것이다.'[22]

그리스도와 믿는 자 사이의 관계는 믿음으로 연합을 이루며 구원의 신비를 말해준다. 루터는 그리스도와의 결혼관계로 묘사된 신비적 연

---

22 Ibid., 604.

합을 칭의의 핵심으로 이해한다. 그리스도를 믿음으로 둘이 한 몸이 되어 긴밀한 관계가 형성되고, 그 관계를 통해 신랑은 신부의 더러움을 제거하시고 의로움으로 옷 입힌다. "만일 그가 그녀에게 자신의 몸과 자신 자체를 주신다면… 그는 그녀에게 자신의 모든 것을 어떻게 주시지 않겠는가? 그리고 만일 그가 신부의 몸을 취한다면, 어떻게 그가 그녀의 모든 것을 위하지 않을 것인가?"[23]

루터는 우리가 그리스도와 연합하여 하나 되는 방법은 믿음이라고 설명한다.[24] 믿음이란 우리를 구원하시기 위해 자신을 희생하신 그리스도를 믿는 것이고, 이렇게 하신 하나님의 사랑과 우리를 향한 약속을 믿는 것이다. 이제 우리는 우리 자신을 바라보지 않고 사랑의 선물을 주신 하나님을 바라본다. "하나님께서는… 우리가 하나님을 신실하게 여기고 우리 마음에서 우러나오는 믿음으로 하나님에게 마땅히 받으실 큰 영광과 존귀를 올려드릴 때, 하나님은 우리의 믿음 때문에 우리를 신실하고 의롭게 여겨주시는 명예를 우리에게 안겨 주신다."[25] 그리스도를 믿는다는 것은 나의 칭의를 위해 더 이상 나를 바라보는 것이 아니고 예수 그리스도를 바라보는 것이며 그분을 통해 내려주시는 하나님의 은혜를 받아들이는 것이다. 믿음만으로 자유로워질 수 있다고 루터가 말할 때, 그것은 칭의의 자유를 말하는 것으로 그리스

---

23 Ibid., 603.

24 "오직 믿음을 통하여 우리는 실제로 그리스도와 한 몸이 된다"(엡 5:26-27, 31-32). "믿음의 결혼반지"를 통해 그리스도는 믿는 자와 결혼하시며 "신실하게, 변치 않는 사랑으로, 그리고 자비, 의로움, 그리고 공의로" 결혼하신다. Ibid., 603-604.

25 Ibid., 603.

도를 통해 하나님과의 관계가 회복되는 것이며 죄책으로부터의 자유를 얻는 것을 의미한다. 믿음은 그리스도를 바라보며 그분을 통해 드러나는 하나님의 선하심과 사랑의 약속을 신뢰하는 것이다.[26]

믿음을 말할 때 루터는 선행과의 대조를 피할 수 없었다. 로마 가톨릭교회의 칭의를 위한 선행의 공로를 의식하지 않을 수 없었기 때문이다. 루터는 하나님 말씀과 믿음의 역동적인 관계 가운데 칭의를 말하며 그리스도인의 자유를 설명한다. 그 과정에서 루터는 로마 가톨릭교회가 말하고 있는 선행의 공로적 가치를 피하려 한다. 칭의에서는 말씀이 믿음을 통해 역사함으로 하나님의 능력이 나타난다는 것이다.

"하나님 말씀에 의하면, 어떤 선행도 [칭의를 위해] 인정될 수 없고 영혼을 살릴 수도 없다. 믿음만이, 그리고 하나님 말씀만이 영혼 안에서 다스리기 때문이다. 불과 철의 연합 때문에 달구어진 철이 불과 같이 빛을 내는 것처럼, 말씀도 영혼에 그 특성을 부여한다."[27]

루터의 공로에 대한 경계는 믿음에 대해서도 민감하게 작용했다. 믿음을 강조하다보면 믿음 자체에 가치를 두게 될 것이고, 그것은 공로로 변질될 수 있기 때문이다. 믿음도 인간의 행위로 생각되고 인간의 이기적 성향으로 말미암아 그것이 공로로 쉽게 취급될 수 있는 것이다. 루터는 로마서 4:3("아브라함은 하나님을 믿었고, 그리고 그것은 그에게 의로움으로 여겨졌다")을 가지고 하나님께서 아브라함의 민

---

26 Ibid., 599-603, 613-615.
27 Ibid., 601.

음 때문에 그를 의롭게 여겨주셨다고 말한다.[28] 여기서 믿음을 선행이라고 말하지 않는다고 하더라도 믿음 자체가 인간의 내면적 의라고 볼 수도 있다. 그리고 그 대가로 하나님께서 아브라함을 의롭다고 여기셨다는 해석이 나올 수 있다.[29] 그러나 루터는 그의 첫 로마서 강의(1515-1516)에서 외래적 의의 개념을 발견했다. 우리의 의는 내면에서 나오는 것이 아니고 밖에서부터 들어오는 것인데, 이것이 곧 그리스도의 의라는 것이다.

루터의 외래적 의 개념이 굳어진 것은 죄 개념에 대한 그의 확고한 신념 때문이었다. 루터는 중세 교리에서 벗어나는 과정에서 특히, 그의 죄론이 매우 중요한 역할을 했다. 루터는 원죄에 대한 이해에서 중세 스콜라주의를 이탈하고 있었다. 원죄를 단순히 원래 의로움의 결여보다는 훨씬 더 심각하게 보았다. 원죄란 의의 부재만이 아니라, 선의 능력의 부재이며 나아가 악을 향한 강력한 성향의 도사림이라는 것이었다.[30] 인간의 죄성에 대한 루터의 생각은 매우 심각했다. 중세

---

28 Ibid., 603.

29 사실상 루터는 1513년에서 1515년 사이에 이루어진 그의 첫 시편 강의에서 인간의 의로움을 내적 의로움의 관점으로 이해했다. 믿음을 겸손과 같은 인간의 도덕적 특성으로 이해했던 것이다. 그것은 그리스도의 고난을 통해 우리의 죄악을 알고 죄에 대한 하나님의 심판을 수용하며 하나님의 심판에 동의하는 내용을 포함하고 있었다. 하나님 앞에 죄인임을 거부하거나 죄를 고백하지 않거나 자신을 의롭다고 하는 자는 하나님께 드려야 할 의로움과 하나님의 명예를 거부하는 것으로 생각했다. LW, 10:236. 믿음으로 하나님을 고백하고 하나님을 명예롭게 하며 그에게 영광을 돌리는 것이라고 말했다. 믿음은 내적 겸손의 특성을 가진 것으로 결국 하나님에게 명예를 드리고 하나님을 존귀하게 한다는 내용이었다. LW, 11:317, 217.

30 LW, 25:299. 루터는 중세 스콜라주의가 가르친, 은혜를 통해 인간의 자연적이고 죄적인 상태가 향상된다는 forma의 견해를 거부했다. 이것은 인간의 영혼이 사랑의 부어

교회의 인론에 입각한 피조물로서의 연약함, 선의 부재, 인간적 오류 정도의 개념이 아니고, 원죄는 인간으로 하여금 악을 행하고 죄를 범하게 하는 뿌리이고 근원이며, 인간 내면 중심부에 자리 잡고 있어서 모든 면에 영향을 미친다고 주장했다.

루터는 원죄의 근본적 요소를 욕망(concupiscience)과 탐심(covetousness)으로 보았다. 그것은 인간 자신을 하나님 앞에서 스스로 의롭게 세우려는 것이었다. 그러므로 인간은 항상 자신을 향해 굽어져 있다고 말했다. 모든 것을 자기를 향하게 하고 모든 것을 자기를 위하여 하게 하려는 철저한 이기주의가 인간의 근원에 깔리게 되었다는 것이다.[31] 인간의 이기주의는 좋은 것도 자신만을 위해 추구하고 자신의 목적만을 위해 사용하며 결국, 모든 것에서 자신만을 추구하는 파렴치한 존재로 만들었다는 것이다.[32]

중세 전통을 깨는 죄에 대한 루터의 과격한 입장은 인간의 내적 의로움에 대한 추호의 여지도 용납할 수 없었다. 인간은 스스로의 의로움으로 자신의 죄 문제를 해결할 수 없다는 생각이었다. 자연인은 하나님 앞에서 자신의 의로움이라고 말할 수 있는 것이 없기 때문이다. 이것은 루터로 하여금 외적 의로움으로 눈을 돌리게 했다. 그것은 예수 그리스도의 의로움이었다. 하나님께서 무능한 인간의 죄 문제를 해결하기 위해 대속의 사역을 통해 그리스도의 의를 주신 것이다. 인

짐으로 그 전과 그 후를 근본적으로 같은 것으로 간주하기 때문이다. 루터는 영혼이 완전히 죽은 후에 변화하여 사랑 안에서 행위로 부어지는 것을 말한다 *LW*, 25:325.

31 *LW*, 25:291.
32 *LW*, 25:345.

간을 대신하여 이루신 그리스도의 대속 사역이 하나님의 은혜를 가능하게 하고 죄 문제를 해결하며 인간을 자유롭게 해 줄 수 있는 것이었다.[33] 그리스도의 외적 의로움은 루터로 하여금 "여겨주심"이란 개념을 가능하게 했다. 그리스도의 의로 그를 믿는 자를 하나님께서 의롭다고 여겨주시는 개념이다. 어떻게 불의한 자를 의롭다고 하시는가? 그것은 외부에서 들어온 그리스도의 의로 말미암아 하나님께서 그를 의롭다고 여겨주신다는 것이었다.[34]

그러나 여겨주신다는 개념은 새로운 것은 아니었다. 그것은 루터가 속해 있던 중세 말 옥캄주의 전통에 있었던 것으로, 루터는 이것을 칭의 개념으로 전환하여 사용했다. 즉, "의롭게 하다"를 의미하는 칭의 개념을 "의롭게 만든다"는 것이 아니고 "의롭다고 선언한다"는 것으로 이해했다. 나아가 "의롭다고 여겨주다" 또는 "의롭다고 간주하다"라는 개념으로 받아들였다. 루터에게는 분명한 변화가 나타난 것이다. 전가(imputation) 개념이었다. 루터는 로마서 강의에서 "의롭게 하다(to justify)", "여겨주심(reckoning)", "의롭다고 선언하다(to declare righteous)" 등을 동의어로 사용하며 이신칭의 내용을 전가 개념으로 정리했다.[35]

---

33 *LW*, 25:31-32.

34 *LW*, 25:205.

35 *LW*, 25:184-185.

실제적 의

루터의 이신칭의 사상은 바울의 가르침을 근거로 하고 있다. 그는 그것이 신약성경의 가르침이라고 믿었던 것이다. 루터는 당시 중세 로마 가톨릭교회 전통의 구원론 오류에서 교회를 구원하고자 외친 것이다. 구원론에서 인간의 공로사상을 제거하고 하나님의 주권과 은혜를 드러내는 복음의 순수성을 만천하에 공포하기 위함이었다. 이신칭의 강조는 공로를 조장하는 인간의 선행이 아니라, 하나님의 은혜를 드러내는 믿음에 초점을 두고 있었다.

공로 개념을 배제하려는 루터의 강력한 의지가 당시 교회 상황 가운데 분명하게 자리 잡고 있었다. 그러나 루터의 구원론에 이신칭의가 전부는 아니었다. 물론, 종교개혁의 중심 교리는 이신칭의였고, 그것이 종교개혁의 깃발이었으므로, 당연히 루터는 칭의 문제에 훨씬 더 많은 시간과 노력을 기울일 수밖에 없었다. 그러나 루터에게 성화도 구원론의 중요한 부분이었다는 사실은 부인할 수 없다. 루터가 성화를 소홀히 다루었다든지, 부정적으로 다루었다는 주장은 루터를 제대로 이해하지 못한 것이다.[36]

---

36 과격파 종교개혁자들은 루터를 도중하차한 개혁자라고 비판했다. 그들의 생각에는 루터가 이신칭의의 성경적 가르침은 발견했을지 몰라도, 성화교리의 중요성에 대하여는 충분한 관심을 기울이지 않았다는 것이다. 루터는 복음의 진리를 부분적으로 보여주었을 뿐, 지속적인 그리스도인의 삶의 필요성은 회피했다는 것이다. 그 혹평은 루터의 이신칭의에 대한 지나친 강조가 그리스도인의 경건에 나태를 초래했다는 것으로까지 연결되었다. 감리교의 창시자인 존 웨슬리도 루터에 대하여 유사한 비판을 했다. 그는 다음과 같이 기록했다. "이신칭의에 대하여 훌륭하게 말하거나 기록한 많은 사람들이 성화의 교리에 대하여는 분명한 개념을 갖지 못하였거나 무지했다. 이신칭의에 관

루터는 초기부터 우리의 의를 "외래적인 의"와 "우리 자신의 고유한 의"로 구별했다. 이신칭의를 강조했음에도 불구하고, 믿음으로 그리스도의 의가 우리에게 전가되는 외래적인 의만을 인간의 의 개념으로 제한하지 않았다. 루터에게는 전가된 의외에 우리 자신의 의라고 내세울 수 있는 "우리 자신의 고유한 의"가 있음을 분명하게 주장했다. 이것은 우리의 선행을 말하는 부분이다. 물론 이 선행은 그리스도의 의가 우리에게 전가된 외래적인 의와 더불어 존재한다. 외래적 의와 분리된 선행은 독립적으로 하나님 앞에 의라고 말할 수 없다는 것이다. 루터에게 선행의 영역과 가치는 분명히 존재하고 있다. 루터의 이신칭의는 성화를 배제하거나 무관하게 여기는 그러한 칭의가 아니라, 성화를 동반하고 필연적 결과로 나타나는 그러한 칭의이다. 루터는 "우리 자신의 고유한 의"에 대해 이렇게 말했다.

> 이것은 첫째로 육을 죽이고 자기와 관련된 욕망을 십자가에 못 박는 가운데 선한 행실을 하면서 유익하게 보내는 삶의 방식입니다. … 이 의는 항상 옛 아담을 제거하고 죄의 몸을 멸하려고 노력하면서 첫 번째 의를 완성해 나가는 일을 계속합니다. 그러므로 이 의는 자신을 미워하고 이웃을 사랑하며 자신의 유익을 구하지 않고 다른 사람의 유익을 구합니다. 그리고 이러한 것이 그 의의 전체 생활 방식입니다. 그 의는 자신을 미워하고 자신의 것을 구하지 않기 때문에

하여 마틴 루터보다 더 잘 기술한 사람이 어디 있는가? 그러나 동시에 성화교리에 관하여 누가 그보다 더 무지하고 혼동을 했겠는가?" John Wesley, *The Works of John Wesley*, third edition, vol. vii (Grand Rapids: Baker Book House, 1979), 204.

> 육을 십자가에 못 박습니다. 그 의는 다른 사람의 유익을 구하기 때문에 사랑을 행합니다. 그래서 그 의는 모든 영역에서 하나님의 뜻을 행하여 자기에 대해서는 근신하며 이웃에 대해서는 의로우며 하나님에 대해서는 경건하게 삽니다.[37]

루터는 우리 자신의 고유한 의에서 이신칭의를 우리에게 가져다 주는 도구적 역할을 한 믿음을 사랑과 연결시킨다. 믿음이 가져다 준 외래적 의는 그리스도의 의로서 우리가 수동적으로 받은 의이지만, 믿음으로 칭의가 이루어진 상태에서 시작되는 또 하나의 의는 우리 안에서 나오는 사랑의 행위로 그것은 능동적 의이다. 그리스도의 의가 전가되어 칭의를 얻은 자가 그것을 근거로 실제적으로 의를 이루어 나가는 성화의 과정인 것이다. 루터는 믿음과 사랑의 불가분적 관계를 이해했다. 믿음이 하나님과 인간 사이의 관계를 바로 서게 하는 것이라면, 사랑은 바로 선 하나님과의 관계를 토대로 인간 사이의 바른 관계를 세워주는 것으로 이해했다. 루터에게 선행이란 독자적으로 존재하는 것이 아니라, 믿음에서 우러나오는 사랑의 표출임을 강조했다.

> 내가 믿음을 통하여 그리스도를 이해하고 그리스도로 말미암아 율법에 대하여 죽고 죄로부터 벗어나 의롭게 되며 죽음과 마귀와 음부

37　루터의 "두 종류의 의"에서 인용. 존 딜렌버거 편집,『루터 저작선』, 이형기 역 (서울: 크리스챤다이제스트, 1994), 136-137. Cf. *LW*, 31:297-306에서 발췌.

로부터 건져질 때, 나는 선행을 하게 되고 하나님을 사랑하게 되며 하나님께 감사를 올리게 되며 이웃에 대하여 사랑의 행위를 행하게 된다. 그러나 이러한 사랑의 행위 또는 행위들은 나의 믿음으로부터 따라 나오는 것이지 나의 믿음을 형성하거나 장식하는 것이 아니다. 오히려 나의 믿음이 사랑의 행위를 형성하고 장식한다. 이것이 우리의 신학이다.[38]

루터는 성화를 말하는 우리 자신의 고유한 의에서 예수 그리스도의 모범을 통해 그리스도인의 삶의 모습을 설명한다. 그것은 자신을 비우고 오신 그리스도의 모습이다. 예수 그리스도는 모든 영광을 버리시고 종의 형체를 취하고 오셨다. 그러므로 그리스도처럼 우리도 자신의 지혜, 의, 능력을 자기 것으로 품지 말며 하나님께 드리라는 것이다. 그것이 나의 소유인 것으로 생각하지 말고 그것을 가지고 있지 않은 자들 가운데 하나가 되어야 한다는 말이다. 이것은 이웃을 대하는 그리스도인의 태도를 말한다. 그리스도인의 가장 근본적인 자세를 말하는 것으로, 루터는 겸손을 말하고 있다. 그리스도인으로서 얻은 특권과 자랑이 교만의 근거가 되지 않도록 조심하며 오히려 그것을 비우고 이웃과 더불어 같은 위치에서 그들을 대하라는 것이다. 우리의 특권은 원래 우리 것이 아니라는 것이다. 루터는 성육신을 통해 그리스도에게 나타난 겸손이 그리스도인의 성화의 모범이고 기준이라고 생각했다.

---

38 루터의 "갈라디아 주석"에서 인용.『루터 저작선』, 172.

바울의 의도는 각 사람이 자신을 잊어버리고 자기에게서 하나님의 선물들을 비울 때 이웃의 연약함과 죄와 어리석음을 바로 자신의 것인 것처럼 행해야 한다는 것입니다. 그는 자랑하거나 우쭐대어서는 안 됩니다. 또한 그는 마치 자기가 이웃의 신이라도 되거나 하나님과 동등하게 된 양 이웃을 멸시하거나 이웃에 대해서 의기양양해서는 안 됩니다. 하나님의 특권은 오로지 하나님에게만 돌려져야 하기 때문에 어떤 사람이 거만하고 우둔하여 이 사실을 무시할 때 그것은 강도행위가 됩니다. 그래서 이런 방식으로 사람은 종의 형체를 취하며 "사랑으로 서로 종노릇하라"는 갈라디아서에 나오는 사도의 명령을 성취합니다.[39]

루터는 칭의와 성화의 개념을 명확하게 구분하면서도 성화가 칭의의 결과이며, 이 둘은 필연적 동반관계임을 주장한다. 루터는 이 두 관계의 긴밀성을 드러내기 위해 신랑 신부의 결혼관계를 사용한다. "첫 번째 의를 통해 영혼에게 '너는 나의 것이다'라고 말하는 신랑의 음성이 울려나오는 반면에, 두 번째 의를 통해 '나는 당신의 것입니다'라고 대답하는 신부의 음성이 나옵니다." 첫 번째 의는 외래적 의를 말하는 것이고 두 번째 의는 우리 자신의 고유한 의를 말하는 것으로, 두 번째 의가 첫 번째 의로 말미암아 우러나올 때 신랑 신부의 결혼관계는 완성되는 것이다. 루터는 아가서의 "나의 사랑하는 자는 내게 속하였고 나는 그에게 속하였구나"라는 표현을 사용하며 성화가 그리스도와의

---

39   루터의 "두 종류의 의"에서 인용. 『루터 저작선』, 138-139.

관계의 완성을 입증하며, 구원의 완성을 보여주는 것으로 인식했다. 그리스도를 향한 우리의 반응은 우리를 향한 그리스도의 사랑에서 우러나오는 자연스럽고 당연한 결과로서 그 유기적 연관관계를 루터는 놓치지 않고 다루었던 것이다.[40]

그럼에도 루터에게 칭의와 성화 사이에는 분명한 구분이 있었다. 그는 이신칭의가 성화에서 구별되기를 원했다. 이신칭의에서 공로를 배제하기 위함이었다. 인간의 실질적 변화를 칭의가 아닌 성화 영역으로 넣어야만 칭의를 완전히 하나님의 은혜 차원으로 생각할 수 있고 인간의 공로를 피해갈 수 있다고 생각했던 것이다. 루터는 성화를 항상 칭의와의 관계 가운데서 말했다. 선행을 강조하면서도 그 선행이 중세 로마 가톨릭교회의 선행과 차이를 두기 원했기 때문이다. 그는 우리의 윤리적 선행이 우리를 의롭게 해주는 공로 역할은 추호도 있을 수 없음을 분명히 했다. 즉, 루터는 칭의에서 뿐만 아니라 성화 부분에서도 인간의 공로를 제거하려고 했다. 선행이 칭의 영역에서 분리되어 성화 영역에 속한다고 하더라도 그것은 공로가 될 수 없었다.

칭의와 성화에서 모두 공로를 제거하려는 생각이 있었음에도 불구하고, 루터는 실제 그리스도인의 삶에서 거룩한 삶을 살아야 한다는 당위성을 피해갈 수 없었다. 그리스도를 믿고 의로워졌다 하더라도, 그리고 믿음을 통해 새로운 영으로 거듭났다 하더라도, 우리는 여전히 죄성을 가지고 있고 죄성이 우러나오는 육을 제어해야만 하는 현실적 문제를 다루지 않을 수 없었다. 루터는 칭의에 이르는 과정뿐만

---

40 Ibid., 137.

아니라 칭의 후의 상황에 대해 여전히 남아있는 죄 문제를 다루어야 했던 것이다. 이것은 칭의 후에 죄와 싸우며 선행을 이루어 나가는 과정을 말한다. 즉, 이신칭의뿐만 아니라 루터에게는 그 후에 거룩한 삶을 사는 과정도 중요했다는 말이 되는 것이다.

이미 의로워졌음에도 불구하고, 선행을 통해 거룩한 삶을 살려고 애써 노력하는 이유는 무엇인가? 루터는 이렇게 말한다. "행위로 의를 얻고자 애쓰는 것이 아니라 그것을 통하여 자신의 육체를 제어하고, 또한 육체를 제어해야 할 필요가 있는 다른 사람들에게 본이 되며, 마지막으로 그러한 행위들에 의해 사랑의 자유 가운데서 자신의 뜻을 다른 사람들의 뜻에 복종시키기 위한 것이다."[41]

루터의 이신칭의만을 중요하게 생각하던 사람들에게 루터의 성화에 대한 관심과 세밀한 방법론까지의 제시는 신선한 충격을 준다. 인간은 의로워진 후에도 죄성의 문제 때문에 육을 제어하는 노력을 해야만 한다는 내용이다. 이신칭의가 수도원적 삶을 배격하는 것이라면, 성화의 과정은 수도원적 삶으로의 귀환을 말하는 것이다. 육신의 제어는 수도원적 삶의 형태이기 때문이다. 루터는 성화를 이웃과의 관계 차원에서 다루었다. 칭의를 통해 하나님과 바른 관계가 형성된 그리스도인들이 이웃과의 관계에서 어떻게 해야 선행으로 올바른 삶을 살 수 있는가 하는 것이었다. 루터는 육신의 억제가 선행의 출발이며, 그것은 성령님의 역사로 가능하다고 주장한다.

---

41 루터, "그리스도인의 자유", 『루터 저작선』, 111. Cf. *LW*, 31:333-77에서 발췌.

> 현세에서 인간은 자기 자신의 육신을 재어해야 하며 사람들을 대하여야 한다. 여기에서 행위는 시작되며, 여기에서 사람은 그저 한가롭게 지낼 수 없게 된다. 여기서 그는 금식, 절제, 노동 및 다른 적합한 훈련을 통해 자신의 육신을 잘 다스리고 육신을 성령의 지배 아래 두도록 힘써야 한다.[42]

성화의 중요성을 말하는 루터는 성화의 과정에서 나타나는 영적 유혹을 근심하지 않을 수 없었다. 그것은 선행을 통해 나타날 수 있는 공로의식이었다. 그것은 선행을 통해 의로워지는 것이라는 생각, 선행이 칭의를 위해 부분적 역할을 했다는 의식, 또는 자신의 선행에 대해 어떤 보상을 받으려는 보상심리 등으로 이해할 수 있다. 루터에게 이것은 있을 수 없는 것이었다. "왜냐하면 하나님 앞에서 의가 되는 신앙은 그러한 잘못된 생각을 용인할 수 없기 때문이다. 그러나 우리는 이러한 행위들이 몸을 복종하게 하고 몸의 악한 정욕을 깨끗케 하며 우리의 모든 목적이 오직 정욕을 몰아내는 것만을 지향한다는 것을 깨달아야 한다."[43]

루터가 성화에 대해 "우리 자신의 고유한 의"라는 표현을 했지만, 그것은 칭의 후 단지 우리 내면에서 우러나오는 선행을 말한 것이지, 그것에 공로의식이나 보상의식을 부여한 것은 아님이 입증된다. 루터에게는 성화를 통해 사람들이 다시 로마 가톨릭 신앙으로 돌아갈 수

---

42 Ibid.
43 루터, "그리스도인의 자유", 『루터 저작선』, 112.

있다는 우려가 있었고, 여기에 루터의 개인적 고충이 있었다. 이신칭의를 강조하면서도 성화를 무시할 수 없었고, 성화를 중시하면서도 중세 로마 가톨릭교회의 공로주의로의 회귀 가능성을 배제할 수 없었던 것이다.

이러한 우려는 루터로 하여금 선행과 믿음의 긴밀한 관계를 강조하게 했다. 선행의 힘이 어디서 나오는 것인가? 그것은 자신의 능력에서 나오는 것이 아니라는 것이었다. 선행의 근원을 인간 자신에게 두면 공로의식이 나타날 수밖에 없기 때문이다. 루터는 선행의 근원적 힘을 믿음에 두었다. 믿음의 의의 능력으로 선행을 행할 수 있다고 강조했다. 믿음이 먼저고 그 믿음을 근거로 우러나오는 것이 선행이라고 말하며, 적절한 설명을 위해 좋은 나무에서 좋은 열매가 맺어진다는 비유를 사용했다.[44] 루터의 의식 속에는 로마 가톨릭교회의 구원론적 오류가 계속 맴돌고 있었던 것이다. 성화를 말하면서도 지속적으로 칭의에 의존되어 있는 성화를 고집하는 루터의 의도를 이해할 수 있는 대목이다.

루터는 분명히 선행의 중요성을 강조하며 그것을 위해 심지어 육신의 제어라는 중세 수도원적 표현까지도 마다하지 않았다. 그러나 동시에 그런 선행이 하나님 앞에서 스스로의 의를 추구하려는 공로적 역할은 용납하지 않았다. 선행의 중요성을 놓치지 않으려는 노력과 선행이 공로로 전락하지 않도록 하기 위한 노력이 루터에게 동시에 진행되고 있음을 알 수 있는 것이다. 루터의 성화에 대한 가르침은 육

---

44 Ibid., 114.

신의 제어와 아울러 이웃 사랑에 집중되었다. 이웃을 위한 헌신과 사랑의 실천을 통해 그리스도인은 자신보다 남을 위한 삶을 살아야 한다는 것이다.

> 인간은 자신의 의와 구원을 위하여 이러한 것들을 하나도 필요로 하지 않는다. 그러므로 인간은 자기 이웃의 필요와 유익 외에는 아무 것도 고려하지 않고 자기가 행하는 모든 일에 있어서 다른 사람들을 섬기고 유익하게 하기 위하여 모든 행위에 있어서 이 생각을 지침으로 삼아야 하며 이 한 가지만을 생각해야 한다.[45]

이것은 자연인의 근본 성향을 거스르는 것으로 근본적으로 이기적 성향을 가지고 있는 인간의 죄성이 무너져야만 가능한 것이다. 루터의 성화 가르침은 이신칭의를 통해 이것이 실현되었음을 전제로 하고 있다. 루터에게는 이기주의를 버리고 남을 위한 삶을 사는 것이 그리스도의 법을 성취하는 것이다. 어떻게 이것이 가능한가? 그리스도인은 하나님의 은혜로 말미암아 믿음으로 의로워졌고 부요해졌으며, 그 부요함에서 우러나오는 사랑 때문에 가능하다. 자발적으로 우러나오는 사랑으로 이기주의를 벗어나 이웃에게 이런 희생적인 사랑의 행위를 할 수 있다는 것이다. 선행의 뿌리는 믿음임을 말하는 것이다.[46]

루터에게 칭의뿐만 아니라 성화가 중요할 수밖에 없는 이유는 칭의

---

45 Ibid., 118.
46 Ibid., 119.

후에도 여전히 남게 되는 죄성 때문이다. 루터는 칭의 후에도 의롭게 된 자들에게 죽을 때가지 지속되는 죄 문제에 대해 다루지 않을 수 없었다. 회심체험 전에 있었던 루터의 영적 고뇌(Anfechtung)는 깊은 죄의식이었다. 죄의식에서 우러나오는 하나님의 정죄와 심판은 청년 루터를 오랜 기간 동안 괴롭혔다. 복음의 발견과 이신칭의의 깨달음으로 루터는 이 문제에서 해방되었다. 그럼에도 불구하고 칭의 후 지속되는 죄 문제는 루터에게 또 다른 죄의식의 문제를 언급하지 않을 수 없게 했다. 칭의 후 성화의 과정에서 나타나는 평생에 걸친 죄의 고백이다. 루터는 이렇게 말한다.

> 사도에 의하면, 회개의 십자가는 죄의 몸이 파괴되어질 때까지 계속 되어야만 한다. 첫 번째 아담과 그의 형상이 사라지고, 새 아담이 하나님의 형상으로 완성될 때까지 계속 되어야 한다. 죄는 죽을 때까지 남아있을 것이요, 마음이 새로워짐을 통하여 매일 같이 감소되어지는 것이다.[47]

칭의 후 평생 죄를 고백하고 죄와 싸워야 하는 죄의 실체성은 루터로 하여금 "의인임과 동시에 죄인"이라는 말을 하게 했다. 루터의 이신칭의는 절대로 칭의 후 모든 문제가 해결되어 이제는 죄에 대해 염려할 필요가 없다는 의식을 불식시킨다. 그것은 이신칭의의 남용으로 칭의 후 죄에 대해 무심하며, 모든 죄를 사함 받았으니 이신칭의가 마

---

47 *LW*, 31:25.

치 앞으로 죄를 계속 범할 수 있는 특권을 가진 것 같은 의식은 추호도 용납하지 않는 것이다.

칭의 후 죄는 루터의 고뇌(Anfechtung)와 같은 공포와 두려움의 죄의식을 갖도록 하는 것이 아니다. 이미 의인이 되었기 때문이다. 그러나 동시에 여전히 죄인이라는 의식은 의로워진 자들로 하여금 스스로를 돌아보며 겸손하게 하나님 앞에 나오도록 한다. 죄와 싸우며 늘 회개하고 나오되 구원에 대한 의심과 불안을 갖는 것은 아니다. "(우리는) 항상 죄인이고, 항상 회개하며, 항상 의인"이라는 루터의 표현은 역설적이면서도 실제적인 의인의 현실을 잘 말해주고 있다.[48]

루터에게 칭의 후 나타나는 지속적 정화작업은 상당한 의미를 가져다준다. 이신칭의가 중요하지만 그것은 순간적 사건이다. 그러나 점진적으로 이루어지는 성화는 칭의 후 천국에서 완성되는 의에 도달할 때까지의 중간과정으로 그리스도인들의 삶에서 현실적으로 겪는 매일의 사건이다. 의로워졌지만 우리는 매일의 삶에서 죄와 투쟁한다. 의인이지만 죄인이기 때문에 여전히 남아있는 죄와의 투쟁은 불가피한 것이다. "성화는 시작되었고 매일 같이 증가한다. 이러한 상태에서 우리는 우리의 육이 멸하여 그것의 부패와 더불어 장사되기를 바라는 것이다. 그리고 영화롭게 부활하여 새로운 영생의 삶에서 완전한 거룩함으로 나타나기를 고대하는 것이다."[49] 그러나 성화의 과정은 죄와

---

48 Ernest Koenker, "Man: Simul Iustus et Peccator," *Accents in Luther's Theology*, ed. H. O. Kadai (St. Louis: Concordia, n.d.), 102.

49 Martin Luther, *Luther's Large Catechism*, tr. Lenker (Minneapolis: Augsburg Publishing House, 1935), 125.

싸워야 하는 힘들고 고통스러운 경험만은 아니다. 우리는 궁극적으로 얻게 될 완전한 의를 바라보며 소망을 가지고 나아가는 것이다. 루터는 말한다.

> 나의 의는 완전하지 않다. 그러나 나는 그것 때문에 실망하지 않는다. 믿음이 나에게 내가 믿는 그리스도를 보여주기 때문이다. 내가 그를 믿음으로 붙잡았을 때, 나는 마귀의 불화살에 대항하여 투쟁하는 것이다. 나는 소망을 가지고 나의 죄의식에 대항하여 용기를 얻는다. 완전한 의가 천국에서 나를 위하여 준비되어 있다고 결론을 내리기 때문이다. 그러므로 두 가지가 다 진리이다. 하나는 내가 얻어진 의로 말미암아 여기서 의롭다는 것이고, 또 하나는 내가 소망 가운데 죄에 대항하여 힘을 얻고 천국에서 의로움의 완성을 얻게 될 것이라는 것이다.[50]

칭의가 하나님의 은혜로 된 것이지만, 이와 달리 성화가 내 힘으로 되는 것이라면 우리에게는 큰 부담이 된다. 그러나 루터는 성화가 우리 스스로의 사역이 아님을 지적한다. 성화는 성령께서 하나님 말씀을 통하여 우리 안에 지속적으로 역사하신다고 말한다. 그 과정에서 매일같이 용서를 베푸신다.[51] 물론 그것은 우리의 역할이 없다는 것을 의미하지 않는다. 우리는 실제로 죄와 싸운다. 성령께서는 죄와 싸움

---

50 *LW*, 27:22.

51 Martin Luther, *Luther's Large Catechism*, tr. Lenker (Minneapolis: Augsburg Publishing House, 1935), 125.

에 있는 의로워진 자에게 역사하신다. 루터는 이런 성령의 사역을 말씀을 통한 믿음의 사역이라고 말한다. "말씀 안에서 믿음을 통한 정결함이 있는 곳에 하나님은 십자가와 고난을 가지고 오신다. … 믿음은 실천을 통하여 성장하고 남아있는 불결함과 죄는 죽을 때까지 조금씩 감소하는 것이다."[52]

루터의 성화 개념은 칭의와 분리된 점진적 정화 과정을 말하지 않는다. 루터가 칭의를 성화와 구별하여 의롭게 된 것을 선언하는 법정적 성격을 갖게 한 것은 사실이다. 성화에 포함된 중세 로마 가톨릭교회의 공로 개념을 막기 위함이다. 그러나 그는 칭의라는 용어를 구원을 말하는 광범위한 의미로도 사용하여, 이런 경우에는 칭의 안에 성화가 포함되어 있음을 알 수 있다.

이신칭의의 법정적 성격을 수용한다고 해도, 루터에게 그것이 법적 허상을 말하는 것은 아니었다. 루터는 칭의에 실제적인 심령의 변화가 동시에 일어남을 시사한다. "먼저 그분은 우리가 그분을 앎으로 우리를 의롭다 하신다. 그리고 그분은 새로운 심령을 창조하시고(시 51:10), 새로운 동기를 불어넣으시며, 그분으로 말미암아 하나님 아버지를 기쁘시게 해드린다는 확신을 주신다."[53]

루터는 은혜를 칭의에만 연결하지 않았다. 믿음을 통해 칭의를 가져다준 하나님의 은혜는 성화의 과정에서도 죄와 싸워 승리하도록 힘을 공급한다는 것이다. 은혜의 목표가 단순히 칭의가 아니고 성화에

52　Ewald Plass, ed. *What Luther Says*, vol. 2 (St. Louis: Concordia Publishing House, 2006), 724.

53　*LW*, 26:380.

서 승리로 이끄는 것임을 주장하는 것이다. 믿음을 통해 그리스도의 의를 우리 것으로 만들어주신 하나님의 은혜는 동시에 우리를 죄와 싸우도록 준비시켜 주신다는 말이다. "비록 죄가 우리 육신에 붙어있고 우리가 매일 같이 넘어져도, 은혜는 여전히 충만하고 죄보다 더 능력이 있다. 그러므로 죄가 우리를 놀라게 할 수 없고 우리 안에 있는 하나님의 은혜를 의심하게 할 수 없다."[54]

루터는 칭의를 가져다준 의, 즉 전가된 그리스도의 의를 "초기적 의(incipient righteousness)"라고 말하며 그것이 칭의를 통해 임무를 다 했다고 보지 않았다. 초기적 의는 칭의 후 성화의 과정에도 역할을 지속한다고 생각했다. 그것은 성화 과정에 있는 그리스도인들에게 승리의 확신을 가져다준다는 것이다. 루터는 말한다. "두 가지가 다 옳다. 하나는 내가 "초보적 의"로 의로워졌다는 것, 그리고 둘째로는 이 소망으로 나는 죄에 대항하여 힘을 얻고 하늘에 있는 완전한 의로움의 결실을 고대한다는 것이다."[55]

루터의 "초기적 의" 개념은 칭의와 성화에 공통적 근거가 되며, 그것은 칭의와 성화의 불가분의 관계를 증언한다. 그리스도를 믿어 우리에게 전가된 초기적 의(그리스도의 의)가 칭의와 연결되어 있다는 것은 잘 알려져 있으나, 루터에게 초기적 의가 성화와도 긴밀한 관계가 있다는 것은 별로 인식되지 않았다. 루터에게 초기적 의는 그리스도인의 삶에 큰 힘과 위로가 되었다. 성화 과정에서 악과 죄와 더불어

---

54 *LW*, 26:378.
55 *LW*, 27:22.

투쟁해야 하는 상황으로 어려울 수는 있지만, 그것이 고통과 비참으로 치닫지는 않는다는 것이다. 칭의를 가져다준 초기적 의 때문이다. 성화 과정에서 초기적 의는 힘을 발휘하며 투쟁 과정에 평강과 위로를 안겨준다는 것이다. 루터에 의하면 우리가 의로워질 수 있었던 초기적 의가 성화 과정에서 패배하지 않고 천국에서 완전한 의를 얻을 확증이 되기 때문이다.

초기적 의와 아울러 칭의를 가져다준 믿음 또한 칭의와 성화를 위한 공통적 근거가 된다고 루터는 가르쳤다. 루터는 여기서 믿음과 성화와의 관계를 말한다. 칭의를 위해 성화가 요구되지는 않지만, 성화는 믿음의 자연적 결과라는 것이다. 이것은 루터가 가지고 있는 믿음에 대한 개념을 설명해 준다. 믿음이 칭의만이 아니라, 성화도 가져다준다는 것이다. 믿음이 칭의와 성화를 연결해 주는 역할을 하는 것이다.

> 당신이 당신을 의롭게 해준 믿음으로 그리스도를 붙잡았기 때문에, 가서 하나님과 이웃을 사랑해야 합니다. … 이웃에게 선을 베풀고 그들을 섬기십시오. 당신의 의무를 행하십시오. 이것이 당신의 심령 안에 가지고 있는 믿음과 기쁨으로부터 흘러나오는 진정한 선입니다. 이 모든 것이 가능한 이유는 그리스도를 통하여 자유로운 죄 사함이 있기 때문입니다.[56]

루터의 구원론은 칭의와 성화가 동시에 나타나는 것으로 볼 수 있

---

56 *LW*, 26:133.

다. 루터는 칭의를 신분의 변화로만 국한시키지 않는다. 칭의는 심령의 변화와 새로운 마음의 동기를 불러일으킨다는 것이다. 믿음은 칭의만을 가져다주는 것이 아니고 성화도 발화시킨다. 칭의와 달리 성화는 과정이지만, 칭의와 함께 시작하여 천국에서 완전한 의를 얻을 때가지 평생에 걸쳐 진행되는 과정인 것이다.

중세의 성화는 성례제도에 귀속되어 있었기에, 루터는 성화 부분에서도 중세 배경과 투쟁하고 있었다. 중세 신학은 평생의 삶을 완전을 향한 과정으로 보았고 성례가 완전을 향한 여정에 능력을 부여하는 도구라고 가르쳤다. 성례를 통해 은혜가 전달되어 인간의 노력과 더불어 더 거룩해지는 성화의 과정으로 이해했으며, 인간의 노력은 공로적 성격을 띠고 있었다. 나아가 성례 집행자가 바로 성례를 집행하고 성례를 받는 자가 거부하지만 않으면 성례는 필히 은혜를 전달하게 된다고 가르쳤다.[57] 루터는 성도의 삶과 가장 밀접한 관계를 맺고 있는 고해성사에 대해 불만을 토로하여 고해성사의 공로적 성격을 비난했다. 성화를 칭의를 가져다준 믿음과 연결시켜 성화에서 인간 역할의 비공로적 성격을 역설했다.

먼저, 그들은 참회를 믿음이나 약속보다 훨씬 더 우선적인 것으로

---

[57] "(Medieval Sacrament) designates the efficiency of an exterior rite, performed to signify something, which is derived from its institution. The sacraments of the new law have power in this way to convey grace so long as the recipient does not provide an obstacle and the administrant has the proper intention." Heiko Oberman, *The Harvest of Medieval Theology: Gabriel and Late Medieval Nominalism*, 467.

가르친다. 그것은 마치 참회가 믿음의 사역이 아니고 공로의 사역인 것처럼 말하는 것이다. 실로 그들은 믿음을 전혀 언급하지 않는다. 그들은 선행에 지대한 관심을 가지고 있고, 참회와 겸손의 이유로 사함을 얻는 많은 성경의 구절들에 집중하고 있다. 그러나 그들은 이 참회와 마음의 애통을 가져다주는 믿음에 대하여는 아무런 설명을 하지 않는다.[58]

루터는 『그리스도인의 자유』에서 그리스도와의 연합 개념을 통해 믿음과 사랑을 유기적으로 연결시켰다.[59] 그는 하나님의 사랑이 성령을 통해 우리의 심령으로 부어져서 하나님에 대한 믿음과 이웃을 향한 우리의 사랑의 반응으로 나타난다고 말했다. 그리스도와의 연합은 믿음으로 이루어지지만 그 결과는 사랑으로 열매를 맺는다는 것이다.[60] 이것은 믿음과 사랑의 불가분의 관계와 동시적 존재성을 그리스도와의 연합의 관점으로 이해할 수 있게 도움을 준다. 루터에게 있어서 그리스도와의 연합은 믿음과 사랑의 연결 고리 역할을 하는 것이

---

58 Martin Luther, *Three Treatises* (Philadelphia: Fortress Press, 1960), 209.

59 1520년에 출판된 루터의 『그리스도인의 자유』는 루터의 칭의 교리를 가르치는 중요한 역사적 의미를 가지고 있다. 그것은 또한 핀란드 학파가 루터에 대한 재해석을 시도하는 근거로 '그리스도와의 연합' 개념이 가장 먼저, 그리고 가장 명확하게 포함된 책이다. Mannermaa, "Why is Luther So Fascinating? Modern Finnish Luther Research," in *Union with Christ: The Finnish Interpretation of Luther*, 18-19. 루터의 『그리스도인의 자유』에 대한 역사적 중요성에 대해서는 Heiko A. Oberman, *Luther: Man between God and the Devil* (New York: Image Books, 1992), 183을 보시오.

60 Luther, *Freedom of a Christian*, 619.

다. 그럼에도 루터는 믿음과 사랑을 구별한다. 개념적으로 믿음이 먼저이고 사랑이 나중이다.

중세 구원론에서 공로적 선행으로 중요한 가치를 가지고 있는 사랑에 대한 염려가 있었음을 추측할 수 있다. 필립 멜랑톤(Philip Melanchthon)은 이 점에서 루터와 동일한 입장을 취했다. "그들을 향한 하나님의 은혜로우신 선한 의지에 대한 신뢰는 의로워진 자들의 정서를 새롭게 순응시키며, 그들의 혼란스러운 심령을 가라앉히고 감사에 넘치는 사랑으로 불을 지펴 돌려드린다. 성령의 감동으로 이루어진 하나님을 향한 이 새로운 사랑은 믿는 자들로 하여금 하나님을 섬기도록 권능을 베푼다."[61]

중세의 구원론은 믿음보다는 사랑에 중심을 두고 있다. 토마스 아퀴나스의 구원론은 교리적 진리에 대한 지적 동의로 믿음을 정의했고, 그런 수준 정도로 여겨지는 믿음이라는 것은 구원을 위해서는 충분치 않은 것으로 여겼다. 그는 구원을 위해서는 지적 동의 수준의 믿음에 구원의 효력을 공급하는 사랑을 추가했다. 믿음에 사랑이 추가되면 그것이 곧 '사랑으로 형성된 믿음(faith formed by love)'이 되어 새로운 의지를 완성하며 선행을 할 수 있게 되는 것이라고 아퀴나스는 가르쳤다.[62]

---

61 Ashley Null, *Thomas Cranmer's Doctrine of Repentance: Renewing the Power to Love* (Oxford: Oxford University Press, 2000), 101.

62 Thomas Aquinas, *Summa Theologiae* II-II Q. 4.1., *Nature and Grace: Selections from the Summa Theologiae of Thomas Aquinas*, trans. A. M. Fairweather (Philadelphia: Westminster Press, 1956), 265.

구원은 믿음만으로는 안 되고 사랑이 추가되어야 한다는 아퀴나스의 가르침은 결국, 중세 로마교회의 구원론을 형성하게 했다. 즉, 인간이 하나님에게 의롭다고 판단되기 위해서는 그에게 실질적인 의로움이 있어야 하며, 그것은 '사랑으로 형성된 믿음'으로부터 나오는 선행이 포함되어야 한다는 결론이 나온 것이다. 실질적 선행을 포함하고 있는 성화가 하나님께서 의롭다고 판결하시는 칭의의 근원이 되는 것이다. 즉, 중세 로마교회의 가르침에 의하면, 인간에게 주입된 하나님의 은혜를 근거로 인간이 거룩한 삶을 살아 그것이 공로로 여겨지게 됨으로 하나님 앞에 의롭다고 판단을 받는다는 것이다.[63]

인간의 내면에서 우러나오는 믿음과 사랑은 구별하기 어려울 것이다. 개념적인 구별은 가능하지만 현실적 차원에서 어떻게 구별이 가능하겠는가? 그리스도와의 연합에서 하나님의 사랑에 대한 반응으로 나타나는 인간의 믿음과 사랑은 현실적으로 분리될 수도 없고 구별도 어려울 수밖에 없다. 『그리스도인의 자유』에 나오는 두 명제에서 주와 종의 구별과 아울러 믿음과 사랑도 현실적으로는 나누어지지 않는다. 우리는 주인 동시에 종이고, 믿음과 동시에 사랑을 가지고 있다. 하나님의 사랑과 그것에 대한 반응으로 나타나는 인간의 믿음과 사랑의 감정은 혼합되어 나타난다. 심지어 여기서 말하는 사랑이란 용어는 믿음의 한 부분으로 볼 수도 있다. 이렇게 볼 때 다음과 같은 루터의 표현이 믿음과 사랑이란 용어 사용에서 왜 혼란스럽게 나타나는지

---

63 Ozment, *The Age of Reform 1250-550*, 233. 동시에 중세는 세 가지 사랑을 가르친다: 비창조적 사랑(성부와 성자의 상호적 사랑), 창조된 사랑(성례적 은혜), 사랑의 행위(공로적 행위). 인간의 사랑은 공로적 행위로 여겨진다. Ibid., 242.

이해가 된다.

> 그러므로 우리에게 주어진 위대하고 귀중한 것을 인식한다면, 바울이 말하는 것처럼(롬 5:5), 우리 심령은 성령으로 말미암아 사랑으로 가득찰 것이며, 그 사랑은 우리를 자유롭고 즐겁게 하며, 우리를 능력 있는 사역자와 모든 고난의 승리자, 그리고 이웃의 종들로 만들며, 그리고 나아가 우리를 모든 것의 주로 만든다.[64]

루터는 이신칭의를 외치며 중세 가톨릭교회의 칭의 사상에 속한 공로주의에 도전했다. 이것을 위해 성화를 칭의와 구별했고 성화가 칭의의 근거가 되거나 선행이 공로적 역할을 하는 것을 칭의와 성화 양쪽 부분에서 모두 다 거부했다. 인간은 자신의 구원에 추호도 어떤 공로를 가지고 있지 않다고 믿었던 것이다. 그럼에도 루터는 성화가 칭의와 불가분의 관계에 있음을 말했다. 칼 홀(karl Hall)은 루터의 칭의와 성화의 관계를 이렇게 말했다. "칭의의 목표는 사함 받은 죄인의 완전한 성화이다. 즉, 그리스도의 형상을 닮아가는 믿는 자의 내적 변화인 것이다."[65] 루터는 칭의라는 용어를 두 가지 의미로 사용했다. 광범위한 의미로 사용할 때에는 성화가 칭의에 포함되어 있는 것이었고, 좁은 의미에서는 칭의가 전제되어 있는 성화였다.

---

64 Luther, *Freedom of a Christian*, 619.
65 Karl Holl, *What Did Luther Understand by Religion?* ed. by J. L. Adams and W. F. Bense, Trans. by F. W. Meuser and W. R. Wietzke (Philadelphia: Fortress Press, 1977), 12.

루터에게 있어서 칭의와 성화 개념은 명확했다. 칭의는 죄인이 그리스도를 믿어 그와 하나 되어 죄 사함 받고 그리스도의 의가 전가되어 의인으로 판결되는 것이다. 성화는 하나님 말씀 안에서 믿음을 통해 성령께서 역사하시어 점진적으로 평생에 걸쳐 죄와 싸워 투쟁하는 것이다. 이것은 칭의와 성화 간의 원인과 결과 관계로 이해할 수 있다.[66] 칭의와 성화의 인과관계를 두 개의 개체가 연결되어 있는 것으로 보기보다는 유기적 단일체로 보는 것이 루터의 입장이라고 하겠다.

칭의와 성화는 개념상으로 구별되는 것이지 실제로 분리될 수 없다. 루터의 관점으로 보면 칭의와 성화는 그 유기적 긴밀성으로 말미암아 사실상 하나의 개체로 보는 것이 옳은 것이다. 루터의 사상에는 믿음이 이 유기적 단일체의 공통적 요소로 존재한다. 믿음은 칭의를 가져다주지만 동시에 마음의 변화도 일으킨다는 것이다.[67]

> 칭의와 성화는 두 가지의 분리될 수 있는 개념으로 보아서는 안 된다. 비록 칭의와 성화가 개념적으로는 다른 것들이라고 하더라도 한 실체의 두면, 또는 한 실체를 보는 두 시각이라고 해야 할 것이다. 칭

---

66 *LW*, 29:277.

67 Watson은 루터의 성화 개념에서 믿음의 중요성을 다음과 같이 말한다. "Luther leaves us in no doubt that without faith there can be no effective sanctification of men either individually or corporately. The blessing, the treasure of holiness that is made available to us in the means of grace, is appropriated by faith alone. Hence, while he can say that the Word sanctifies, baptism sanctifies, grace, Christ, God, the Holy Spirit sanctifies, he can also say that faith sanctifies." P. S. Watson, "Luther and Sanctification," *Concordia Theological Monthly*, 30, 1959, 246-247.

의와 성화, 또는 죄 사함과 죄의 추방은 성령님 안에서 용해되어지지 않는 단일체이다. 성령님이 한 분이시기 때문에 그것들은 분리되지 않는다. 칭의와 성화는 두 가지의 다른 과정이 아니다. 이러한 사고방식은 후기 루터주의의 문제이다. 그러나 루터는 칭의와 성화를 분리되지 않는 하나님의 한 가지 행위라고 보았다. 그것은 성령님의 사역으로 인간을 사탄의 왕국에서 그리스도의 왕국으로 인도하여 그를 그곳에서 보존시키는 것이다.[68]

후유증 및 대응

종교개혁의 깃발이었던 루터의 이신칭의는 교회의 오랜 전통에 어떤 파장을 일으켰는가? 첫째, 루터의 이신칭의는 구원론에서 칭의와 성화를 개념적으로 확실하게 구별했다. 그러나 그것은 칭의와 성화가 분리된다는 의미는 아니었다. 칭의와 성화는 불가분의 관계이기 때문에 루터도 그것을 잘 알고 있었다. 고대로부터 중세에 이르기까지 칭의와 성화는 합성되어 있었다. 고대 교회는 대체적으로 칭의 속에 성화가 포함되어 있는 것으로 보았고, 중세 교회는 성화를 통해 칭의가 이루어지는 것으로 생각했다. 루터는 이런 과거의 전통이 비성경적이고 인간에게 항상 공로사상을 불러일으키는 문제가 있음을 알게 되었

---

68 Regin Prenter, *Spiritus Creator,* trans. J. M. Jensen (Philadelphia: Muhlenberg Press, 1953), 226.

다. 구원에서 선행의 공로 개념을 근원적으로 차단하기 원했던 루터는 바울의 가르침을 내세우며 성화를 칭의로부터 개념적으로 명확하게 구별했다. 그러나 본의 아니게 그것은 사람들에게 마치 이 두 개체가 독립적 영역을 가지고 있는 것처럼 보이는 결과를 초래했다.

둘째, 칭의에서 선행공로 개념을 제거하려는 루터의 이신칭의는 복음과 율법을 명확하게 구별했다. 중세 교회는 선행이 칭의의 조건이고 공로적 성격을 가지고 있었다. 루터의 이신칭의는 선행을 칭의가 아니고 성화의 영역에 속하는 것으로 보았고, 그것은 율법과 긴밀한 관계를 맺고 있다고 보았다. 반면 칭의는 선행의 공로와는 무관하고 율법과는 상관이 없으며, 믿음으로 이루어지는 복음의 영역으로 보았다. 그러나 루터의 원래 뜻과는 달리 이것은 사람들에게 율법에 대해 부정적인 이미지를 심어주는 결과를 초래했다.

셋째, 루터는 칭의는 선행이 이루어지는 성화의 근거 위에 서는 것이 아니라, 오직 믿음으로 이루어진다고 가르쳤다. 그러나 중세 교회는 믿음만으로 의로워질 수가 없고 믿음과 선행이 함께 인간을 의롭게 한다고 가르쳤다. 중세 교회는 믿음을 지적 동의로 보았으나, 루터에게 믿음이란 구원을 위해 나를 바라보지 않고 오직 그리스도를 바라보는 것으로, 나를 위해 피 흘리시고 의를 이루신 그분을 향한 신뢰와 확신이었다. 이런 믿음만이 인간을 의롭게 해주는 것으로, 선행은 그 이후에 나타나는 결과라고 가르쳤다. 그러나 루터의 의도와는 달리 이것은 사람들에게 선행을 소홀히 하게 하는 경향을 초래했다.

루터의 이신칭의 가르침은 성경에서 벗어난 교회 전통을 바로잡는 귀중한 역할을 했다. 그러나 동시에 그것은 의도하지 않았던 오해와 남용을 초래하기도 했다. 어떻게 이런 상황이 벌어지게 되었는가? 이신칭의가 가르쳐질 때 현실적으로 나타나는 어려움을 루터의 상황을 통해 보기로 한다.

마틴 루터의 이신칭의 가르침은 교리적으로 대단한 파장을 불러일으켰다. 그것은 교회 역사에 새로운 장을 열었고 사람들의 신앙에 구원의 확신이라는 새로운 영적 기류를 형성했다. 그러나 루터의 가르침이 그의 의도를 대중에게 전달하는 데에는 한계가 드러났다. 이신칭의로 말미암아 로마 가톨릭교회와 충돌이 있었을 뿐만 아니라, 개신교회 내에서도 갈등이 나타나기 시작했던 것이다.

칭의론에 새로운 역사적 장을 연 이신칭의 교리는 칭의와 성화를 구별했고, 믿음과 선행을 구별했으며, 복음과 율법을 구별하게 했다.[69] 기독교의 내용이 이원화되는 현상이 나타나기 시작했던 것이다. 루터는 성경이 율법과 복음, 죄와 의, 심판과 사랑, 죽음과 생명, 지옥과 천국으로 구분되어 있다고 가르쳤다.[70] 그는 율법과 복음의 차이를 이렇게 말했다. "율법은 우리에게 주어진 모세의 말씀이고 복음은 우리에게 오는 하나님의 말씀이다. 전자는 우리 밖에 남아있고 앞으로 올 것의 모형과 가시적 그림자에 대해 말하나, 후자는 우리 안으로 오고 내적이고 영적이며 진정한 것을 말한다."[71]

루터의 변증 대상은 중세 교회의 선행공로 사상이었고, 중세 교회

---

69 Bernhard Lohse는 루터가 이신칭의 교리를 세운 후에 그 교리를 근거로 율법과 복음의 구별을 구축했다고 말한다. 이 구별은 또한 율법과 믿음 사이의 구별과 명령과 복음 사이의 구별로도 표현되었다. Bernhard Lohse, *Martin Luther's Theology: Its History and Systematic Development* (Minneapolis: Fortress Press, 1999), 267.

70 *WA*, 391,361, 1-6, Cf. Lohse, 268.

71 *LW*, 11:160.

에 대한 경계와 변증은 루터를 이신칭의라는 일관성 있는 가르침으로 인도했다. 그러나 중세 로마 가톨릭교회에 대한 루터의 한 측면의 대응은 또 다른 측면의 문제를 야기했다. 그것은 성화 부진이라는 교회의 현실적 문제였다. 루터의 이신칭의는 당시 로마 가톨릭교회의 비난을 받았을 뿐만 아니라 재세례파의 원성도 불러일으켰다. 나아가 이신칭의는 루터교회 내에서도 갈등을 초래했다. 이신칭의가 선행공로를 차단하고 믿음을 강조하여 하나님의 은혜를 드높이는 것은 좋았지만, 그것은 성도들에게 율법을 경시하고 선행을 소홀히 하는 경향으로 인도했다. 성도들의 삶에 루터가 기대하는 만큼의 윤리적 변화가 나타나지 않는 문제가 있었던 것이다.

루터의 이신칭의가 당시 개신교 내에서도 오해와 남용을 일으킬 정도로 파격적이었던 것은 사실이다. 루터교 지도자 필그림 마르펙(Pilgrim Marpeck)은 루터가 가르친 '육신적 자유' 개념 때문에 루터교회를 떠나 재세례파로 옮겨갔다. 성령주의파 카스파 슈벵크펠트(Caspar Schwenckfeld)는 이신칭의에 대한 수많은 오해가 범람하고 있음을 경고했다. 선행은 가치도 없고 그리스도의 속죄 사역으로 말미암아 우리는 할 일도 없으며, 우리는 자유의지도 없고 계명을 지킬 힘도 없다는 등의 대중적 오해를 이신칭의가 유발하고 있다고 주장했다. 루터와의 대화에서 슈벵크펠트는 루터가 "누구도 자신의 삶을 향상시키지 않는 것이 그에게 힘든 것이었다고 답변했다"고 기록했다.

로마 가톨릭교회에는 이것이 호재였다. 그들은 루터의 이런 근심을 포착했고, 이신칭의가 거룩한 삶을 살지 않는 자들로 말미암아 루터의 한탄을 불러일으키고 있다는 내용으로 로마 가톨릭 종교개혁 역사편찬에 광범위하게 기술했다. 문제는 이신칭의 교리 자체보다는 그

교리에 대한 대중적 오해와 남용이었다. 루터 자신도 이것을 부인할 수 없었다.[72]

심지어 이신칭의는 루터교회 내에서도 신학적 논쟁을 불러일으켰다. 어떻게 이런 상황이 되었는가? 1521년 필립 멜랑톤은 신약에서 십계명이 폐지되었음을 선언했고,[73] 1522년 루터는 이것에 완전히 동의했다.[74] 루터의 율법과 복음의 구별은 계속되었고, 1525년 루터의 율법-복음 구별을 위해 그의 자연법 개념에 대한 호소가 한 가지 중요한 방법으로 사용되었다. 그것은 모세 율법이 구약의 율법 자체로 신약의 성도들에게 구속력이 있는 것이 아니라는 것이다. 그리스도인에게는 오직 자연법만이 그 역할을 한다는 것이었다. 자연법은 인간의 양심을 말하는 것으로 그리스도인들은 모세의 십계명을 따르는 것이 아니라 인간의 양심과 일치하는 자연법을 지킨다는 것이었다. 이런

---

72 Peter Lillback은 Johann Loserth, *Gewaltlosigkeit Im Taufertum*, 90, *An Admonition to All the Brethren in Silesia (1524)*, Corpus Schwenckfelianorum II, doc. 8, 9-13, doc. 18, 280. Johann Janssen, *Geschichte des Deutschen Volkes Seit dem Ausgang des Mittelalters* (Freiburg, 1876ff), III:67-69을 통해 이 내용을 소개했다. Peter A. Lillback, *The Binding of God: Calvin's Role in the Development of Covenant Theology* (Grand Rapids: Baker Book, 2001), 70-71.

73 "That part of the law called the Decalogue or the moral commandments has been abrogated by the New Testament. The proof of this is first of all, the passage of Jeremiah quoted in Hebrews where the prophet contends that the law has been divinely abrogated because the people made it invalid(Jer. 31:31ff.; Heb. 8:8 ff.)…" Philip Melanchthon, Loci Communes, in *Melanchthon and Bucer*, The Library of Christian Classics, ed. Wilhelm Pauck (Philadelphia: Westminster Press, 1969), 121.

74 *LW*, 35:361.

의미에서 그리스도인은 자연법에는 구속되어 있지만, 모세 율법에서는 완전히 자유롭다는 것이다.[75]

이처럼 루터는 율법-복음의 구별 개념에 입각하여 모세 율법을 그리스도인의 삶에서 분리하고 그 자리를 자연법이라는 또 다른 종류의 율법으로 대치하는 움직임을 보였다. 이것은 많은 그리스도인들에게 율법의 불필요성을 인식시키는 계기가 되었으며, 이로 인해 우려했던 대로 루터교회 내에서 거룩한 삶에 대한 추구와 윤리적 순결에 대한 열심이 약화되는 현상이 나타나기 시작했다.

율법을 복음에서 분리함으로써 선행 부진과 율법 소홀을 조장하는 결과를 목격한 루터는 이신칭의의 본래 의도와 멀어지는 현상에 대해 불안해하지 않을 수 없었다. 이신칭의로 구원론을 훼손시켜온 로마 가톨릭교회의 선행공로 사상에 대한 조치는 진행되는 것으로 보였으나, 루터교회의 성화 촉진에는 부정적 영향이 나타나는 것으로 보였기 때문이다. 루터에게 이신칭의에 대한 오해를 불식시키려는 노력은 불가피했다. 루터는 강단에 모세 율법을 허용하려는 움직임을 보였고 1527년 멜랑톤은 루터교회 내에서 율법 설교를 허용해야 한다고 공식적으로 주장했다. 복음이 제대로 이해되자면 율법이 먼저 설교되어야 하며, 율법 설교를 통해 회개를 촉구하고 그 다음에 복음이 설교되어야 한다고 말했다. 멜랑톤은 나아가 성도들의 성화를 위해 율법은 삶에 필수적 요소라고 주장했다.[76]

---

75 Ibid.
76 Lohse, *Martin Luther's Theology: Its Historical and Systematic Development*, 178-179.

중세 로마 가톨릭교회에 대한 변증으로 나타난 이신칭의가 루터교회 내에서 율법준수에 대한 반감으로까지 이어지는 상황에 이르게 되자 사태의 심각성은 자명하게 되었던 것이다. 그러나 멜랑톤의 율법 설교에 대한 입장은 루터의 초기 가르침을 고수하는 존 아그리콜라(John Agricola)와 같은 루터교회 지도자에게는 통하지 않았다. 아그리콜라는 1518년에 있었던 루터의 가르침을 회상시키며, 회개는 율법을 외쳐서 이루어지는 것이 아니라, 의에 대한 사랑으로 시작되어야 한다고 주장했다. 그는 루터의 초기 가르침을 상기시키면서 율법은 유대인을 위한 것으로, 그리스도인에게는 적용되지 않는다고 강조했다. 드디어 루터교회 내에서 반율법주의 논쟁이 시작되었던 것이다.[77]

이신칭의는 성경적이고 바울의 정확한 가르침이었다. 그러나 그것이 사람들에게 전달될 때에는 항상 오해를 초래했고 남용으로 얼룩졌으며 성도들의 삶에 부작용을 초래했다. 루터에게 이신칭의는 복음의 승리를 안겨다주는 주 무기였으나, 그것은 동시에 그에게 아킬레스건으로 작용했다. 선행의 소홀과 성화의 부진이 그것이었다. 루터와 함께 하던 멜랑톤은 시간이 흐름에 따라 이신칭의와 관련하여 선행에 대한 관심을 표명하기 시작했다. 멜랑톤에게는 1530년에서 1534년 사이에 변화가 있었다. 그는 원래 선행을 칭의의 한 부분으로 생각했었으나, 루터의 설득으로 말미암아 결국, 칭의를 순수히 법정적 개념

---

[77] LW, 35:167. 존 아그리콜라의 율법에 대한 반감은 매우 심했다. 그는 강단에서 십계명을 가르치는 것도 반대했다. 십계명은 법정에 속하지 강단에 속하는 것이 아니라는 것이었다. F. Bente, *Historical Introduction to the Book of Concord* (St. Louis: Concordia, 1965), 163.

으로 보게 되었다. 그리고 선행을 칭의로부터 분리시킨 멜랑톤은 율법의 제3 용법을 통해 그리스도인의 삶에 율법과 선행의 중요한 역할을 부여했다. 멜랑톤은 1534년 그의 저서 『스콜리아』(Scholia)에서 율법의 사용자는 더 이상 하나님이 아니라 의로워진 사람이라고 말했다.[78]

1535년, 구원에 선행의 역할이 있는가에 대한 논쟁에서 루터와 멜랑톤 사이에 의견 차이가 나타났다. 멜랑톤은 선행이 칭의를 위해 공로적인 역할은 하지 않지만, 선행이 칭의의 결과라면 구원에 필수적이라고 주장했다. 루터는 멜랑톤의 이런 표현에 부정적인 반응을 보였다. 멜랑톤과 루터가 칭의에 대해 의견이 갈라졌던 것은 칭의 개념을 다른 관점에서 보았기 때문이다. 멜랑톤은 인간을 출발점으로 보았고, 칭의를 인간의 특성과 반응의 관점으로 보았다.

그러나 루터는 칭의를 하나님 말씀인 복음사역의 관점으로 보았다. 칭의에는 타락한 인간의 공로적인 성격은 추호도 있을 수 없다는 것이 루터의 생각이었다. 복음은 인간의 공헌과는 상관없이 타락한 인간을 새로운 피조물로 만드는 것이었고, 그 안에 믿음과 선행이 존재한다는 것이었다.[79] 루터는 아그리콜라가 논쟁을 벌이며 주장하고 있는 반율법주의에는 반대했지만, 멜랑톤의 선행 관련 입장에도 찬동하

---

78 Timothy Wengert, *Law and Gospel* (Grand Rapids: Baker Books, 1998), 185-206.Cf. Mark Seifrid, "Luther, Melachthon and Paul on the Question of Imputation" in *Justification: What's at Stake in the Currrent Debates*, eds. Mark Husbands and Daniel J. Treier (Downers Grove, Ill: InterVarsity Press, 2004.), 142.

79 Seifrid, 143.

지 않았다. 그만큼 루터의 이신칭의는 민감했고 주변의 반응에 따라 예민할 수밖에 없었다.[80]

루터의 일차적 변증 대상은 중세 로마 가톨릭교회였다. 로마 가톨릭교회에 대한 변증으로 칭의는 믿음으로 되는 것이지 선행과는 무관하다는 가장 기본적인 입장에 조금이라도 흠집이 나는 것을 루터는 용납할 수 없었다. 따라서 루터는 인간은 하나님의 은혜로 믿음을 통해 죄 사함 받고 그리스도의 의가 전가되어 의로워지는 것이지, 선행이 칭의와 연관되어 있을 수는 없다며 멜랑톤의 제안을 거부했다. 루터와 멜랑톤 사이에는 소통에 문제가 있었던 것으로 보인다. 루터의 기본적 성화 개념은 멜랑톤의 주장과 다를 바가 없었다. 그러나 주어진 상황은 루터로 하여금 중세 로마 가톨릭교회를 지나치게 의식하도록 만들었다. 이미 의로워졌기 때문에 선행이 의로운 것이지, 선행을 하기 때문에 그 사람이 의로운 것은 아니라고 루터는 거듭 강조했다. 당시 루터의 우선적이고 주된 관심은 중세 로마 가톨릭교회 입장과 확실하게 차별화된 성경에 입각한 개신교 입장을 천명하는 것이었다. 이것이 선행에 대하여 수용할 수 있는 멜랑톤의 입장을 거부하는 결과를 초래했던 것이다. 당시 칭의와 선행에 관련하여 루터와 멜랑톤 사이에 신학적 소통은 이루어지지 않았다. 선행이 칭의의 효력적 원인이라는 다소 강한 표현을 했지만 멜랑톤의 의도는 선행을 칭의의 증거로 주장하는 것이었음에도 불구하고, 루터는 칭의와 선행 간에

---

80 Mark A. Seifrid는 "Luther, Melachthon and Paul on the Question of Imputation" in *Justification: What's at Stake in the Currrent Debates*, 137-152 에서 루터와 멜랑톤 사이에 있은 선행에 관한 논쟁을 자세히 다루고 있다.

그 정도의 표현도 용납하지 않으려는 민감한 반응을 보였던 것이다.[81]

시간이 감에 따라 그리스도인의 삶에 대한 강조의 필요성을 느낀 루터는 율법과 복음과의 밀접한 관계를 표명했다. 이것은 1535년 갈라디아서 강의를 통해 나타났고,[82] 1538년에는 『반율법주의자들에 대한 두 번째 논쟁』에서 그리스도인의 삶에서 율법의 역할을 경시하는 반율법주의에 대해 경계했다. 루터는 이신칭의가 율법과 복음을 구별하지만, 그 구별 때문에 율법이 그리스도인의 삶에 가치가 없다고 생각하는 것은 잘못이라고 주장했다. 의로워진 후에는 그리스도의 삶을 통해 율법과 그리스도인 사이에 분명한 관계가 있다고 결론을 내린 것이다. 율법은 이신칭의에 이르기 전에 죄를 드러내고 양심을 찌르며 심판을 통해 공포에 떨게 하여 인간을 그리스도에게로 인도하는 역할뿐만 아니라, 칭의 후 성도들이 어떻게 살아야 하는지에 대해 알려주는 역할을 한다는 것이다.[83]

반율법주의 문제는 이제 루터로 하여금 그리스도인의 삶에 대해 집중하게 만들었고 그것은 율법의 가치를 재조명하게 만들었다. 이신칭의로 말미암아 그리스도인은 의인이지만, 동시에 죄인으로 죄성이 여전히 남아있음을 상기시켰다. 여기에 율법의 역할이 있으니, 그것은

---

81 Ibid.

82 *LW*, 26:243.

83 WA, 391, 485, 16-24. Cf. Lohse, 183, 이 부분에는 논란이 있다. Lohse는 율법의 제3 용도 언급이 루터 자신에 의해 기록된 것이 아니고, 멜랑톤의 제자가 그의 스승이 가르친 것을 루터의 것으로 문자화한 것으로 본다. Lohse, 275.

남아있는 죄성을 십자가에 못 박는 일이라는 것이다.[84]

그럼에도 여전히 루터는 율법과 관련하여 모호한 발언을 계속하였다. 그리스도인의 삶에 율법의 가치를 언급한 『반율법주의자들에 대한 두 번째 논쟁』에서 율법을 대치할 수 있는 자연법의 이야기가 다시 나온 것이다. 하나님께서는 인간의 양심에 자연법을 주셔서 십계명을 대치할 수 있다고 말하며 할례나 예식과 같은 신구약의 불연속성을 함께 언급했다. 루터는 신약과 구약의 연속성보다는 불연속성에 더 많이 사로잡혀 구약의 모세 율법인 십계명도 사실상 신약의 그리스도인들을 위한 것은 아니라고 말했다. 반율법주의자들을 완전히 배제하지 않고 그들의 입장을 부분적으로 이해해 주려는 루터의 의도가 엿보이는 대목이다.[85]

루터의 고민은 역력했다. 종교개혁이 진행되면서 로마 가톨릭교회에 대한 변증과 루터교회에 나타난 반율법주의 성향 사이에서 해법을 찾아야 하는 문제 때문이었다. 그는 복음을 율법과 구별하여 칭의에 선행공로 개념을 완전히 배제하려 하면서도, 선행 결여와 성화 부진의 문제에 대응해야만 했다. 로마 가톨릭교회의 선행공로도 문제였지만, 루터교회 내에서 나타나고 있는 성화 부진과 반율법주의 현상도 좌시할 수 없는 문제로 다가왔던 것이다.

---

84 Friedrich Bente, *Historical Introduction to the Book of Concord* (St. Louis, Mo.: Concordia Pub. House, 1965), 165-166.
85 "할례와 다른 예식들은 특정 사람들과 특정 시기에 속했다. 그 후에 그것들은 완전히 종료되었다. 십계명이 지금은 양심에 부착되었다. 만일 하나님이 모세를 통하여 율법을 제정하지 않으셨다면, 자연적인 인간의 마음은 하나님을 경배하고 그를 높이 존중하는 이 개념을 여전히 가졌을 것이다." *LW*, 35:168.

양쪽 모두를 대응해야 했던 루터에게는 이 상황이 매우 혼란스러웠던 것으로 보인다. 율법과 복음의 관계를 어떻게 정리할 것이며, 율법과 그리스도인의 관계를 어떻게 구축할 것인가가 중요한 관건이었다. 사실상 루터에게 가장 중요한 것은 율법과 복음의 본질적 차이였다. 그 어떤 것도 이신칭의를 훼손할 수 없다는 것이 루터의 생각이었는데, 이는 율법과 복음의 분명한 구별 없이는 이신칭의를 지켜낼 수 없다는 판단 때문이었다.

이런 상황에서 반율법주의에 대한 경계는 한계에 도달할 수밖에 없었다. 루터의 고민은 율법에 대한 소홀한 태도를 확실하게 잡을 수 없게 했다. 따라서 반율법주의에 대한 공격을 강하게 밀어붙일 수 없게 만들었다. 반율법주의보다는 로마 가톨릭교회에 대한 경계가 더 급선무라는 판단이었기 때문이다.

루터에게 이신칭의는 종교개혁의 기둥이었다. 따라서 이신칭의의 오해와 남용에 대한 인식 하에 반율법주의 문제에 대응했지만, 강력한 추진은 어려웠다. 부작용을 처리하다가 본질을 훼손하거나 기둥을 무너뜨릴 위험성을 본 것이다. 로마 가톨릭교회는 지속적으로 칭의를 위한 선행의 필요성을 주장하면서 이신칭의를 공격하고 루터에게 도전을 해왔다. 그러나 루터는 이신칭의의 오해와 남용으로 말미암은 도덕적 해이와 성화 부진의 현실에도 불구하고 이신칭의의 부작용을 무릅쓸 각오가 되어 있었다. 그에게 이신칭의는 그만큼 중요했다. 물론, 루터 자신도 성화의 중요성과 강조의 필요성을 잘 알고 있었다. 그러나 로마 가톨릭교회의 선행 관련 구원론의 우려는 루터에게 가장 큰 고민이었다. 이러한 상황에서 양쪽 다 오해와 남용이 있을 것이라면, 루터는 그 시기에 이신칭의 강조가 더 중요하다는 결론을 내린 것이다. 루터는 이렇게 표현했다.

> 육의 정욕을 즉시 극복하지 못한다는 이유만으로는 저주받지 않는다고 가르치는 것은 위험하다고 말할지 모른다. 이 교리가 오합지졸들에게 방송될 때, 그들은 독선적이 되고, 생기가 없어지며, 게을러지게 될 것이기 때문이다. 이것이 내가 앞에서 말할 때 의미한 것이다. 즉, 만일 우리가 믿음을 가르치면, 세속적 사람들은 선행을 소홀히 할 것이다. 그러나 만일 우리가 선행을 재촉하면, 믿음과 양심의 위로는 잃게 될 것이다. 여기서는 누구도 강요될 수 없고, 어떤 확실한 규칙도 정할 수 없다.[86]

루터의 칭의 개념은 전가 개념을 포함하고 있다. 그는 1535년 갈라디아서 주석에서 그리스도와 믿음으로 말미암은 의로움의 전가를 다음과 같이 말했다.

> 믿음, 그리스도, 그리고 수용 또는 전가의 세 가지는 연결되어 있음

---

[86] *LW*, 27:75. 루터는 성화의 중요성을 인식했다. 마틴 루터, 『루터 저작선』, 존 딜렌버거 편집, 이형기 역 (서울: 크리스챤 다이제스트, 1994), 136-137. Cf. *LW* 31:297-306에서 발췌. 루터가 성화를 위한 육신의 제어 문제를 다룬 내용을 위해서는 *LW*, 31:333-77에서 발췌한 "그리스도인의 자유"『루터 저작선』, 111을 보시오. 루터가 점진적 성화 개념을 다룬 내용은 *LW*, 27:22을 참고하시오. 루터가 성화를 위한 성도의 지속적인 투쟁을 다룬 내용은 Martin Luther, *Luther's Large Catechism*, tr. Lenker (Minneapolis: Augsburg Publishing House, 1935), 125를 보시오. 1531년에 성숙한 루터는 『갈라디아서 주석』에서도 사랑을 강조하며 믿음과 사랑의 불가분의 관계를 분명히 했다. 『루터 저작선』, 172.

을 주시해야 한다. 믿음은 그리스도를 붙잡고 그분이 현존하도록 하며, 반지가 보석을 감싸듯 그분을 감싼다. 진정으로 그리스도를 믿는 이 믿음을 가진 자는 하나님께서 의롭다고 여겨주신다. 이것이 우리가 죄 사함과 의로움을 얻는 방법이고 공로다. 하나님께서 말씀하신다. '네가 나를 믿고 네 믿음이 그리스도를 붙잡기 때문에 너는 의롭다. 그리스도는 내가 너에게 의롭게 하는 자와 구주로 거저 준 자이다.' 그래서 하나님께서 너를 받아주시고 네가 믿는 그리스도로 말미암아 너를 의롭다고 여기시는 것이다.[87]

사람이 의롭다고 여겨질 수 있는 이유는 인간 자신 안에 있는 어떤 특성이나 덕목이 아니라 그리스도 때문이라는 말이다. 믿음이 그리스도를 붙잡아 우리 안에 있게 하여, 우리는 그리스도로 말미암아 의로워진 것이다. 믿음으로 말미암아 우리가 그리스도와 하나 되었기 때문이다. 믿음을 통한 그리스도와의 연합은 죄인과 의롭게 해주시는 구세주 사이에 복된 교환이 이루어지기 때문이다.

루터의 전가 개념은 법정적 성격을 가지고 있다. 그럼에도 루터의 전가 개념이 내면적 변화와는 무관한 껍데기만의 외형적 선언이라고 말할 수는 없다. 루터의 그리스도와의 연합 개념 때문이다. 루터는 이렇게 말한다.

> 하나님의 전가는 단순히 칭의 이상의 것이다. … 칭의는 자연에 남

---

87 *LW*, 26: 132.

아있는 죄를 전가하지는 않는다. 마치 그것이 존재하지 않는 것처럼 취급하지 않는다는 말이다. 하나님의 전가는 그리스도 때문에 의롭다고 선포하는 것이다. … 우리는 매일 죄를 범하고, 매일 계속적으로 의로워진다. 완전히 치유될 때까지 의사가 매일 병을 고쳐야 하는 것을 아는 것처럼 말이다.[88]

루터는 칭의에 전가 개념을 수용하면서도, 그 안에 실제적으로 매일 진행되고 있는 죄와 치유를 말하고 있다. 우리 안에 일어나고 있는 범죄의 실제와 그리스도와의 연합을 통해 얻은 그분의 의로움으로 말미암아 동시에 일어나고 있는 치유와 죄 사함의 실제를 동시에 말하고 있는 것이다. 루터는 이렇게 말한다. "이제 수용 또는 전가는 지극히 필수적이다. 우선 우리는 아직 순수하게 의롭지 않기 때문이다. … 하나님은 우리 육신에 있는 남은 죄를 깨끗케 하신다."[89]

루터의 전가 개념을 우리는 어떻게 판단할 것인가? 이신칭의의 전가 개념을 실제적 의가 없는 단순한 여김으로 볼 것인가? 아니면 믿음 그 자체에 어떤 가치를 부여하여 그 믿음을 하나님께서 의로 여기신다는 것으로 볼 것인가? 인간이 가지고 있는 믿음을 공로로 받아들이지는 않지만, 그렇다고 믿음이 단순히 도구로서 별 가치가 없다고 보아야 하는 것인가? 가치가 있다면 어떤 가치가 어떻게 있는 것인가?

---

88 *WA*, 39,I:122, 8-15. Cf. Seiffrid, 143.

89 "Now acceptance or imputation is extremely necessary, first, because we are not yet purely righteous. … God cleanses this remnant of sin in our flesh." *LW*, 26, 132-133.

전가 개념이 인간의 내적 변화와 신앙의 실제를 약화시킨다는 분위기 가운데서 이것은 의미 있는 질문이 된다.

로마서 4장은 아브라함의 믿음이 하나님에 의해 의로 여겨졌다고 말한다. "아브라함이 바랄 수 없는 중에 바라고 믿었으니 이는 네 후손이 이같으리라 하신 말씀대로 많은 민족의 조상이 되게 하려 하심이라. 그가 백세나 되어 자기 몸이 죽은 것 같고 사라의 태가 죽은 것 같음을 알고도 믿음이 약하여지지 아니하고 믿음이 없어 하나님의 약속을 의심하지 않고 믿음으로 견고하여져서 하나님께 영광을 돌리며 약속하신 그것을 또한 능히 이루실 줄을 확신하였으니 그러므로 그것이 그에게 의로 여겨졌느니라"(롬 4:18-22). 그렇다면 믿음이 의로움인가? 믿음 그 자체에 의의 성격을 부여할 것인가? 하나님께서 아브라함의 믿음을 보시고 그를 의인으로 여겨주셨다면 믿음 그 자체가 의를 가져다주는 가치를 가지고 있는 것 아닌가? 그렇다면 믿음이 선행과 다른 것은 무엇인가? 믿음도 또 하나의 공로적인 성격을 가진 선행 개념이 아닌가? 그것이 아니라면 믿음은 칭의와 관련하여 어떤 가치를 가지고 있는 것인가?

바울은 아브라함의 믿음 그 자체보다는 아브라함에게 주신 하나님 말씀에 초점을 두고 있다. 하나님의 약속이 아브라함의 믿음을 창조했다는 의미가 되는 것이다. 이것이 사실상 루터의 가르침이었다. 루터는 하나님 말씀, 복음을 강조했다. 말씀이 우리의 믿음을 만들어 내고 그 믿음으로 말미암아 그리스도와 연합하여 그의 의로움이 우리에게 전가된다는 것이다.

여기서 우리는 로마서의 내용을 직접 검토해 보기로 한다. 바울에 의하면, 아브라함을 의롭게 해준 믿음은 그냥 일반적인 하나님에 대한 믿음이 아니었다. 그것은 불의한 자를 의롭게 하시는 하나님을 믿는 것이고, 그의 후손이 세상의 상속자가 되리라고 약속하신 하나님에 대한 믿음이었다. "일을 아니할지라도 경건하지 아니한 자를 의롭다하시는 이를 믿는 자에게는 그의 믿음을 의로 여기시나니… 아브라함이나 그 후손에게 세상의 상속자가 되리라고 하신 언약은 율법으로 말미암은 것이 아니요 오직 믿음의 의로 말미암은 것이라"(롬 4:5, 13). 바울은 의롭게 하는 것이 율법이 아니라, 믿음이라는 것을 강조하기 위해 율법과 믿음을 대조하고, 의를 율법보다는 믿음과 연결시킨다. 어떻게 그러한가? 아브라함에게 주어진 언약은 율법이 주어지기 전에 율법과 상관없이 아브라함의 믿음을 통해 주어진 것이기 때문이다. 그 언약은 아브라함과 그 후손이 세상의 상속자가 될 것이라는 하나님의 약속이었다. 아브라함은 율법이 주어진 시대 이전에 살았고, 그 언약은 믿음을 통해 받은 것이지, 율법과 상관없이 받은 것이다. "그런 즉 이 복이 할례자에게냐 혹은 무할례자에게도냐. 무릇 우리가 말하기를 아브라함에게는 그 믿음이 의로 여겨졌다 하노라. 그런즉 그것이 어떻게 여겨졌느냐. 할례시냐 무할례시냐 할례시가 아니요. 무할례시니라. 그가 할례의 표를 받은 것은 무할례시에 믿음으로 된 의를 인친 것이니 이는 무할례자로서 믿는 모든 자의 조상이 되어 그들도 의로 여기심을 얻게 하려 하심이라. 또한 할례자의 조상이 되었나니 곧 할례받을 자에게뿐 아니라 우리 조상 아브라함이 무할례시에 가졌던 믿음의 자취를 따르는 자들에게도 그러하니라"(롬 4:9-12).

바울에 의하면, 하나님의 약속을 물려받을 자들, 곧 그 약속의 혜택을 누릴 자들은 율법에 속한 자들이 아니라는 말이다. 율법의 용도는 하나님 언약과는 무관한 것임을 바울은 말한다. "만일 율법에 속한 자들이 상속자이면 믿음은 헛것이 되고 약속은 파기되었느니라. 율법은 진노를 이루게 하나니 율법이 없는 곳에는 범법도 없느니라"(롬 4:14-15). 율법에 속한 자들은 어떤 자들인가? 유대인들을 말하는 것으로, 율법을 지키는 것으로 의로워진다는 소망을 걸고 있는 자들을 말한다. 이런 자들은 하나님의 언약과는 상관이 없다는 것이다. 언약은 오직 믿음하고만 관련이 있고 그 언약이 성취되는 것은 믿음을 통해서라는 것이다.

그런 의미에서 "믿음의 의"는 "믿음을 통해 오는 의"를 의미한다. 의는 율법을 지킴으로써 성취되는 것이 아니라 하나님 말씀, 복음에 대한 믿음으로 이루어진다는 의미이다. 결국, 믿음의 가치가 의를 가져다주는 것이 아니라, 그 믿음을 가져다주신 하나님이 궁극적인 가치를 가지고 계신 것이다. "그러므로 상속자가 되는 그것이 은혜에 속하기 위하여 믿음으로 되나니 이는 약속을 그 모든 후손에게 굳게 하려 하심이라. 율법에 속한 자에게 뿐만 아니라 아브라함의 믿음에 속한 자에게도 그러하니 아브라함은 우리 모든 사람의 조상이라. 기록된바 내가 너를 많은 민족의 조상으로 세웠다 하심과 같으니 그가 믿은바 하나님은 죽은 자를 살리시며 없는 것을 있는 것으로 부르시는 이시니라"(롬 4:16-17).

그러므로 의를 가져다주는 것은 궁극적으로 믿음 그 자체보다는 믿음의 내용인 하나님의 언약과 그 언약의 주인이 되시는 하나님 자신인 것이다. 따라서 믿음은 공로가 될 수 없고 의의 주체가 될 수도 없으며 의와 동격은 결코 아니다. 여기서 우리가 놓쳐서 안 되는 것이 있다. 그것은 믿음이 곧 하나님의 언약을 담고 있다는 것이다. 믿음이 하나님의 약속을 담고 있고 그리스도의 복음을 담고 있다는 것이다. 믿음이 공로는 아니지만, 믿음과 믿음이 담고 있는 하나님의 언약의 내용과의 불가분의 관계를 우리는 놓치지 말아야 한다. 이런 의미에서 믿음은 중요한 것이고 가치가 있는 것이다.

이신칭의의 오해와 남용을 치유하기 위한 루터의 노력에도 불구하고, 루터 사역 후기까지도 문제는 여전했고 비난은 계속되었다. 개혁교회는 루터교회의 성화 문제를 비판했다. 개혁교회 지도자 스트라스부르그(Strassburg)의 마틴 부처(Martin Bucer, 1491-1551)는 루터의 종교개혁을 위해 함께 수고하고 있는 독일 귀족들의 비윤리성을 신랄하게 지적했다. 이신칭의가 그들의 성화에 전혀 도움이 되지 않았다는 것이다. 부처는 이렇게 말했다. "그러므로 선행이 아니고 그리스도 안에서 믿음으로 우리가 의로워진다는 것을 듣는 것은 그들에게 기분 나쁜 것이 아니었다. 그들은 원래 선행에 관심이 없었다." 동시에 부처는 1547년 슈말칼딕(Schmalkaldic) 전쟁에서 개신교 연합체가 패한 것이 독일 개신교 정치세력의 주축을 이룬 귀족들의 위선에 대한 하나님의 심판으로 생각했다.[90]

루터가 죽기 1년 전(1545년)에 개최된 트렌트(Trent) 종교회의는 루터의 이신칭의를 법정적 가설(legal fiction)이라고 비난했다. 로마교회는 하나님의 은혜가 주입되어 선행을 통해 실질적으로 의로워진 자를 '의롭다'고 하나님은 선언하실 수 있다고 여전히 주장했

---

90 Martin Bucer, *De Regno Christi*, ed. Wilhelm Pauck, LCC (Philadelphia: Westminster Press, 1969), 213.

다.[91] 루터교회의 지도자 중 한 사람인 안드레아스 오시앤더(Andreas Osiander, 1498-1552)도 루터의 이신칭의 법정적 칭의 개념을 비판했다. 그리스도와 연합한 인간에게 신적 본질이 주입되어 실질적으로 의로워진 자를 의롭다고 하나님은 선언한다는 것이다. 그는 이것을 '본질적 의(essential righteousness)'라고 불렀다.[92]

루터는 이신칭의를 고수하면서 성화를 지키려고 노력했다. 하지만 루터의 이러한 노력은 루터로 하여금 로마 가톨릭과 개신교 양쪽에서 많은 도전을 받으며 어려움에 직면하게 했다. 이신칭의를 배척하고 선행을 구원의 한 근거로 삼으려는 로마 가톨릭교회와 투쟁하면서, 이신칭의를 오해하고 남용하여 선행을 소홀히 하는 개신교도들을 설득시키는 마틴 루터의 작업은 원만하게 이루어지지 못했다. 이신칭의가 종교개혁의 기둥이었던 그 시대의 루터에게는 성화의 진작까지 효과적으로 만드는 구원론을 형성하기에는 한계가 있었다.

---

[91] R. Scott Clark, ed, *Covenant, Justification, and Pastoral Ministry* (Phillipsburg, NJ: P&R Publishing, 2007), 12.

[92] R. Seeburg, *Textbook of the History of Doctrines*, trans. Charles E. Hay (Philadelphia: Lutheran Publication Society, 1904), 2, 369-74.

PART 05

존 칼빈

율법과 복음의 조화 • 그리스도와의 연합 • 언약 •
하나님과 인간의 결속 • 하나님의 주권 •
인간의 역할 • 언약의 경고

제 5 부 존 칼빈

존 칼빈(John Calvin, 1509-1564)은 종교개혁 2세로 루터와 개인적인 친분은 없었지만, 그의 가르침을 통해 많은 것을 배웠고 영향을 받았다. 1530년대 초에 회심을 통해 종교개혁에 동참한 칼빈은 1530년대 후반에 제네바에서 본격적인 활동을 하며 개신교회의 성장을 위해 헌신했다. 이때는 루터의 사역 후반기였고, 루터의 활약과 아울러 그가 겪고 있는 많은 문제점들이 이미 드러나 있었다. 그 문제점 중 하나가 곧 이신칭의가 겪고 있는 오해와 남용, 그리고 루터교회의 성화 부진이었다.

제네바에서 보여준 칼빈의 목회사역과 그의 가르침은 종교개혁 활동에서 칼빈이 성화 부분에 얼마나 많은 관심과 역점을 두고 있는가를 잘 보여준다. 칼빈은 제네바 시를 믿음과 실천에 기반한 거룩한 기독교 도시로 만들기 원했다. 칼빈이 작성한 제네바 교회법(ecclesiastical ordinances)은 강력한 신앙의 실천을 법령화했고 교회

법정(Consistory)을 만들어 시민들의 삶을 구체적으로 점검하고 관리하며 치리하도록 했으나, 이로 인해 칼빈은 제네바 시 정부와 귀족들의 반감을 샀고 많은 고충과 어려움에 처하게 되었다.

그러나 칼빈은 양보하지 않았다. 이신칭의는 개신교에서 이미 잘 가르쳐졌고 보편화되고 있으나, 그리스도인들의 삶이 변하지 않는 성화 부진의 문제는 칼빈에게 사역의 도전으로 다가왔던 것이다.[1] 제네바 사역에서 칼빈이 시정부와 가장 심각하게 대립하면서까지 목사의 치리권 확보를 시도하려 했던 것은 칼빈이 교회사역에서 성도들의 거룩한 삶의 촉진을 얼마나 소중하게 생각했는지를 방증하는 것이다.[2]

칼빈은 루터의 신학을 전수받았으며, 그중에는 당연히 이신칭의가 중요한 부분을 차지했다. 그러나 칼빈은 차세대 종교개혁자로서 개신교회가 겪고 있는 문제점을 알 수 있었고 효과적으로 보완할 수 있는 위치에 있었다. 개신교는 이신칭의를 고수하면서 신학적 및 실천적으로 성화를 강조할 수 있는 방법이 필요했고, 칼빈은 그것을 제시했다.

---

1   칼빈은 Consistory를 만들어 제네바 교인들의 성화를 도모하려 했을 뿐만 아니라, 나아가 거룩한 삶을 위해 성도들끼리 서로를 권면하고 돌보라고 강력하게 가르쳤던 것을 Bowsma는 중요하게 다룬다. William Bouwsma, *John Calvin: A Sixteenth Century Portrait* (Oxford, NY,: Oxford University Press, 1988), 218. 칼빈의 전반적인 제네바 목회 상황에 관하여는 다음을 참조하시오. 이정숙, "칼빈의 제네바 목회," 『John Calvin: 칼빈, 그 후 500년』, vol. II, 한국칼빈학회 편 (서울: 두란노 아카데미, 2009), 43-62. Rudolph W. Heinze, *Reform and Conflict: From the Medieval World to the Wars of Religion, AD 1350-1648* (Grand Rapids: Baker, 2005), 184-186.

2   Steven Ozment, *The Age of Reform 1250-1550*, 362-367.

율법과 복음의 조화

중세 로마 가톨릭교회의 구원론에 대한 오류는 루터로 하여금 성경적 칭의론을 명확하게 하려는 시도를 불러일으켰다. 그것은 사도 바울의 가르침에 입각한 이신칭의가 해답이었다. 중세 교회의 선행공로 사상은 구원을 위한 하나님의 은혜와 인간의 믿음을 훼손시켰고 칭의에 대한 성경적 가르침을 배반했다고 루터는 생각했다. 선행은 공로 의식을 불어넣는 맹점이 있기에 경고했으며, 특히 칭의는 선행과 추호도 관련이 없음을 천명했다. 선행을 율법과 연관시키고 믿음을 복음과 연결한 것에 대해, 루터는 율법과 복음을 확실하게 구별했다. 선행은 율법의 순종이기에 믿음으로 이루어지는 칭의 영역에서는 도외시했다. 율법과 선행은 칭의가 아니고 성화의 영역에 해당되는 것으로 정리했다. 이것에는 중세 로마 가톨릭교회의 잘못된 구원론에 대한 변증이 작용하고 있었다. 그럼에도 루터가 선행의 가치와 중요성을 인식하지 못했던 것은 아니다. 가르쳐야 할 필요성도 알고 있었다. 그러나 선행의 강조로 말미암아 이신칭의가 조금이라도 흔들린다면 그의 종교개혁은 무너지고 마는 것이었다. 그러므로 루터는 어떤 대가를 치르더라도 이신칭의의 훼손은 막아야 했다.

이신칭의를 보호해야 한다는 것에 칼빈도 이견은 없었다. 칼빈은 루터와 마찬가지로 이신칭의를 공격하는 로마 가톨릭교회에 대항해 투쟁했다.[3] 칼빈은 로마 가톨릭교회가 주장하는 율법순종에 따른 조

---

[3] *Institutes*, 3:11:1-23.

건적 축복을 심도 있게 다루었다. 중세 로마교회가 율법순종에 입각한 하나님의 축복을 근거로 이신칭의를 공격했기 때문이다. 칼빈 시대에도 여전히 로마교회는 칭의가 믿음만으로 되는 것이 아니라, 하나님의 율법을 지키는 선행을 포함한다고 가르쳤다.[4]

루터는 이에 대한 대응책으로 율법과 복음의 구별을 강화했고 율법과 선행을 이신칭의에서 배제했다. 칼빈도 율법과 복음의 구별 개념을 가지고 있었다. 그러나 그것은 이신칭의를 위한 구별이 아니었다. 칼빈에게 율법과 복음의 구별은 문자-영의 구별이었다. 율법은 죄를 지적하고 순종을 명령할 뿐이며 죄인이 악을 극복할 수 있는 능력을 제공하지 못하는 정죄의 '문자'이나, 복음은 율법이 요구하는 것을 행할 수 있도록 하여 악을 극복할 수 있는 성령으로 역사하는 '영'이라는 것이다.

칼빈에 의하면, 사도 바울이 부정적으로 말하는 율법은 성령과는 상관없이 죄인을 정죄하는 '문자'를 말하는 것이었다. 복음이 문자 차원의 율법과 다른 것은 성령을 통해 능력을 부여한다는 것이다. 복음은 성령의 역사로 그리스도를 통해 죄 사함을 가져다주고 율법의 요구를 만족시킬 수 있는 능력을 공급하여 거룩한 삶이 시작되게 한다

---

4 "그들은 주님께서 이 율법을 지키는 자들에게 주신 율법의 약속으로 돌아간다. 그리고 그들은 우리가 그것이 완전히 무효화되기를 원하는지 아니면 효과적이기 원하는지를 묻는다. '무효화되었다'고 말하는 것이 우스꽝스럽고 어리석기 때문에, 그들은 그것이 효과적이라고 간주한다. 그것으로 그들은 우리가 의로워지는 것이 믿음 만으로가 아니라는 논리를 펼친다. 주님께서 다음과 같이 말씀하셨기 때문이다. '너희가 이 모든 법도를 듣고 지켜 행하면 네 하나님 여호와께서 네 열조에게 맹세하신 언약을 지켜 네게 인애를 베푸실 것이라. 곧 너를 사랑하시고 복을 주사,' 등등"(신 7:12-13). *Institutes*, 3:17:1.

는 것이다. 율법이 문자로만 남아 있으면 율법이지만, 율법에 성령이 역사를 하면 복음이 된다는 것이다.5 무슨 말인가? 율법을 복음과 무관하게 행동강령으로만 보면 죽음을 가져다주는 문자이지만, 그리스도와 연관하여 보면 생명을 가져다주는 복음이라는 것이다. 율법 안에는 그리스도를 내다보는 복음이 있기 때문이다. 죽은 문자가 성령의 역사로 마음을 움직여서 그리스도를 보여주게 되면 그것은 복음이 되는 것이다. 칼빈은 이것이 새 언약의 정체라고 말했다. 새 언약을 통해 하나님께서 믿는 자의 심령에 율법을 새기어 마음에 기록하겠다고 약속하셨기 때문이다(렘 31:31).6

칼빈은 루터 사역의 후대 인물로 종교개혁 후반기에 활동했다. 종교개혁 후반기는 이신칭의보다는 그리스도인의 삶이 더 중요한 관건이 되었다. 개신교의 도덕적 침체에 대한 로마 가톨릭교회의 비난으로 말미암아 성화 부분에 대한 대책이 시급했던 시기라고 보아야 한다. 칼빈은 루터 유형의 율법과 복음의 구별을 그대로 답습할 수 없었

---

5   John Calvin, *Commentaries on the Book of the Prophet Jeremiah and the Lamentations*, trans. John Owen (Grand Rapids: Baker Book House, 1979) on Jeremiah 31:32.

6   "바울이 거기서(고후 3:6) 거짓 사도들과 싸우는 것은 분명하다. 그들은 그리스도와 상관없이 율법을 천거하고 사람들을 새 언약의 유익으로부터 멀게 한다. 하나님은 새 언약에서 "당신의 율법을 믿는 자의 내면에 새기고 그들의 심령에 쓰시겠다"(렘 31:33)고 언약하셨다. 그러므로 문자는 죽은 것이고 주님의 율법은 그 독자들을 죽이는 것이다. 그것이 그리스도의 은혜로부터 잘려지고(고후 3:6) 심령을 건드리지 않으며 귀에만 소리가 들리기 때문이다. 그러나 만일 성령을 통하여 율법이 심령에 실제로 소인을 찍는다면, 만일 율법이 그리스도를 보여준다면, 그것은 "영혼을 회심시키고… 작은 자들에게 지혜를 주는"(시 18:8 …) "생명의 말씀이다"(cf. 빌 2:6). *Institutes*, 1:9:3. Cf. *Institutes*, 2:5:9.

다. 율법과 복음이 어떻게 다른지는 이해할 수 있지만, 동시에 율법과 복음이 어떻게 하나가 되어 역사하는지에 대해 보여주어야 할 필요를 보았던 것이다. 율법과 복음의 단순 구별은 그리스도인들로 하여금 선행을 경솔하게 생각하는 결과를 초래하기 때문이었다. 칼빈은 이렇게 말한다.

> 역시 그렇기 때문에 우리는 선행의 공로를 거저주시는 의의 전가와 대조함으로 항상 율법과 복음을 잘못 비교하는 자들을 반대한다. 이것은 실로 거부되어서는 안 되는 대조다. 바울은 '율법'이란 용어로 올바른 삶의 규칙을 의미하기 때문이다. 그 삶의 규칙으로 하나님께서는 우리에게 당신 자신의 것을 요구하시고, 우리가 하나님을 완전히 순종하지 않으면 우리에게 삶의 희망을 주지 않으시고, 심지어 약간 만이라도 벗어나면 저주하신다.[7]

칼빈은 율법과 복음의 구별이 로마 가톨릭교회의 구원론 오류에 대응하여 이신칭의를 보호하기 위함이었다는 것을 인식했지만, 그것으로 말미암아 율법과 복음 사이에 존재하는 긴밀하고 의미 있는 관계가 부정되는 듯한 분위기는 받아들일 수 없었다. 그것은 중세 로마 가톨릭교회의 율법 남용에 대한 변증으로 율법을 선행공로에만 연관시켜서 보았기 때문이었다. 다시 말해, 칼빈은 율법의 용도가 이처럼 복음과 상반되는 의미로만 사용되지는 않았다고 보았다. 오히려 율법과

---

[7] *Institutes*, 2:9:4.

복음은 메시야 예수 그리스도를 드러내는 같은 목적을 가지고 있다고 생각했다. 차이가 있다면, 그것은 전자가 그림자로서 앞으로 오실 분을 멀리서 바라보며 말하는 것이라면, 후자는 실체로서 오신 분을 명확하게 말하는 것이다. 전자는 앞으로 오실 분에 대한 약속이었다면, 후자는 그 약속이 오신 분을 통해 어떻게 성취되었는지를 보여주는 것이다. 칼빈은 이렇게 말한다.

> 그러나 복음이 다른 구원의 방법을 가져오도록 그렇게 전체 율법을 밀어내지 않는다. 오히려 복음은 율법이 약속한 것을 확인하고 만족시키며, 그림자에게 본질을 준다. … 이것으로 우리는, 전체 율법이 고려된다면, 복음이 그것과 단지 표출의 명확성에서 다르다고 추론한다.[8]

칼빈은 율법순종이 축복(구원)을 가져온다는 것이 이신칭의와 반드시 상반되는 것은 아니라고 생각했다. 율법을 통한 구원으로 들리는 이것은 루터의 관점으로는 수용될 수 없는 표현이다. 그러나 칼빈에게는 가능했다. 율법과 복음의 긴밀한 상호연관성으로 이신칭의와 율법순종은 함께 축복을 가져오기 때문이다.

이신칭의는 선행과는 상관없이 믿음으로 의로워짐을 가르친다. 그래서 오직 믿음이라고 말한다. 이러한 종교개혁의 칭의론에 칼빈은 이의가 없었다. 칼빈은 루터의 이신칭의 가르침이 성경적이라고 믿

---

8 Ibid.

었고 로마 가톨릭교회에 대항하여 동일한 발언을 했다. 그럼에도 칼빈은 율법에 대한 순종으로 나오는 선행이 이신칭의의 한 부분이라고 생각했다. 칼빈은 "선행 없이 믿음으로 의로워진다"는 표현을 놓고 분석하며, 잘못 해석하면 큰 오해가 나타날 수 있음을 경고했다. 그것은 "선행 없이"라는 표현을 "믿음으로"와 연결시키느냐, 아니면 "의로워진다"와 연결시키느냐에 따라 의미가 달라진다는 것이다. "선행 없이"를 "의로워진다"와 연결시키면 선행이 아니고 믿음으로 의로워진다는 이신칭의의 정상적인 의미가 된다. 의로워지는 것이 선행으로가 아니라 믿음으로라는 말이다. 문제는 많은 사람들이 "선행 없이"를 "믿음으로"와 연결시킨다는 데 있었다. 이렇게 되면 선행 없는 믿음으로 의로워진다는 의미가 됨으로 결국, 이신칭의의 원래 가르침을 왜곡시키며 근본적으로 종교개혁의 이신칭의 가르침을 훼손시키는 결과를 초래하게 되는 것이다.

믿음은 선행 없는 믿음이라는 말이 아니다. 믿음 자체는 선행을 동반하게 되어있고 믿음의 근본적 성격이 선행을 수반하는 요소를 가지고 있는 것이다. 의로워지는 것은 믿음으로 되는 것이지, 선행으로서 이루어지는 것이 아니다. 선행이 구원의 원인이 될 수는 없다. 그러나 믿음은 선행의 요소와 성향을 포함하고 있다. 그러므로 선행이 없는 믿음은 죽은 믿음이고 구원에 이르는 믿음이 아니다. 이런 의미에서 선행은 이신칭의의 한 부분이고, 이신칭의는 선행을 포함하고 있다는 말이 되는 것이다.[9]

---

9 "그러므로 충성된 자들이 그들의 행위로 의롭게 여겨진다고 말할 때, 이것이 구원의 원

이것은 이신칭의를 인식론적 관점에서 볼 때 이해가 된다. 이신칭의의 진정성을 어떻게 판단할 수 있으며, 믿음으로 의롭게 된 것을 어떻게 알 수 있는가? 믿음에서 나오는 선행을 통해 알 수 있다. 이러한 인식은 선행 외에는 이신칭의가 말하는 믿음이 있는지를 알 수가 없으며 이신칭의가 이루어졌는지를 알 수 없음을 시사하는 것이다.

이신칭의의 형성을 알게 해 주며 믿음을 수반하는 선행이란 무엇인가? 선행이란 율법순종을 의미하는 것인데, 이 선행은 율법을 완전하게 순종하는 것을 말하는가? 믿음이 수빈하는 선행의 성격은 무엇인가? 인간의 선행은 완전하지 않기 때문에 칭의를 가져다줄 수 없고 그리스도의 의가 우리에게 전가되어 의로워지는 것이고, 이 전가는 오

인으로 진술되어서는 안 된다. 우리는 구원의 원인이 이런 가르침으로부터 제외됨을 주시해야 한다. 우리가 원인을 논의할 때, 하나님의 자비 외에는 어느 곳도 바라보지 말아야 하고, 거기서 중단해야 한다. 그러나 비록 선행이 추호도 칭의의 원인은 아니지만, 하나님의 자녀들이 믿음으로 값없이 의롭게 되었을 때, 동시에 그들의 선행도 동일하게 은혜로운 관대함으로 의롭다고 여겨지는 것이다. 이것은 여전히 진실로 남아 있다. 물론 이것은 신중함과 건전한 해석을 요구하지만, 믿음은 선행 없이 우리를 의롭게 한다. 선행 없이 믿음이 우리를 의롭게 한다는 제안은 사실임과 동시에 거짓이다. 그 사실과 거짓의 여부는 그것이 가지고 있는 의미에 따라 달라진다. 선행이 없는 믿음은 효력이 없기 때문에, 믿음이 선행 없이 의롭게 한다는 제안 자체는 거짓이다. 그러나 만일 '선행 없이'란 표현이 '의롭게 한다'라는 단어와 연결된다면, 그 제안은 사실이다. 믿음은 선행이 없을 때 의롭게 할 수 없다. 그 경우에 믿음은 죽은 것이고 단순히 허구가 된다. 요한이 말하는 것처럼, 하나님으로부터 난 자는 의롭다(요일 5:18). 그러므로 해가 그것의 열로부터 분리될 수 없는 것처럼 믿음도 선행으로부터 분리될 수 없다. 선행이 우리의 칭의를 위한 원인을 형성하지 않는다. 믿음만이 우리를 하나님께 화합하게 하고, 그로 하여금 우리를 사랑하게 한다. 우리 자신 안에서가 아니고, 그의 독생자 안에서 말이다." John Calvin, *Commentaries on the First Twenty Chapters of the Book of the Prophet Ezekiel*, trans. Thomas Myers (Grand Rapids: Baker Book House, 1979), on Ezek. 18:14-17.

직 믿음으로 가능하기에 이신칭의는 믿음에 초점을 맞추는 것이 아닌가? 의로워진 자의 선행이라도 완전할 수 없는 것이 아닌가? 그렇다면 선행으로 어떻게 이신칭의를 판단할 수 있다는 말인가? 칼빈도 인간 선행의 문제와 성도들의 선행의 한계를 잘 알고 있었다. 선행은 완전하지도 않고, 선행은 그리스도의 의로움을 나의 의로움으로 여겨주는 전가를 가능하게 하지도 않는다. 그럼에도 칼빈은 율법순종이 하나님의 축복인 구원과 연결되어 있음을 배제하지 않았다.

여기서 완전 선행의 개념이 나온다. 선행 자체는 완전하지 않다. 그러나 선행이 믿음과 연결되어 있다면 하나님은 그 선행을 완전한 것으로 여겨주신다고 칼빈은 주장한다.[10] 칭의는 믿음으로 이루어진다. 믿음으로 우리 죄가 그리스도에게 전가되어 죄 사함을 받고, 그리스도의 의가 우리에게 전가되어 의인이 된 것이다. 이 모든 것이 하나님의 은혜로 가능했다. 하나님의 은혜가 믿음을 가진 자에게 임한 것이다. 이 하나님의 은혜는 믿는 자의 부족한 선행에도 작용한다. 하나님께서 그리스도를 믿는 자를 은혜로 받아주시어 죄 사함을 주시고 그리스도의 의를 그의 의로 간주해 주신 것처럼 그의 부족한 선행도 은혜로 받아주시어 율법의 순종 요구 조건을 마치 완전히 이룬 것처럼

---

10 "비록 우리의 선행이 의로움의 실체를 가지고 있는 것은 아니지만, 그것은 의의 이름을 가진다는 것이다. 간략히 말해, 우리 자신의 공로가 아니라 믿음만으로 우리 자신과 우리의 선행이 의로워진다고 나는 확신한다. 그리고 선행이 의롭다고 인정받는 것은, 원인에 근거한 결과로서, 그것을 행한 사람이 의롭다고 인정받은 것에 의존한다." Calvin, *Calvin's Selected Works*, ed. and trans. by Henry Beveridge (Grand Rapids: Baker, 1983), 3:128.

받아주신다는 것이다.¹¹

어떻게 이것이 가능한가? 칼빈은 여기서 선행 그 자체보다도 선행을 하는 사람이 누구인가에 초점을 맞춘다. 하나님이 선행을 받아 주신다기보다는 양자의 은혜를 입은 하나님의 자녀를 받아주신다는 것이다. 선행은 부족함이 있지만, 그냥 선행이 아니고 하나님의 은혜를 입은 하나님 자녀의 선행이다. 하나님께서 그를 당신의 영으로 거듭나게 하셨고 새로운 삶을 주셨다.¹² 하나님은 믿음으로 의로워진 당신

---

11 "율법의 약속이 조건적으로 주어진 한, 비록 그 약속이 율법의 완전한 순종에 의존하더라도-그것은 아무데에서도 발견되지 않지만-그것들은 헛되게 주어지지 않았다. 하나님께서 당신의 선하심으로 우리 선행을 보시지 않고 우리를 받지 않으신다면, 그 약속은 우리를 위해 열매와 효력이 없다. 그러나 우리가 믿음으로 복음을 통해 우리에게 주어진 동일한 선하심을 포용할 때, 약속은 첨부된 조건이 있음에도 불구하고 그 효력이 부족하지 않다. 주님께서는 친절하심으로 말미암아 이 선물까지 추가하시기 위해 값없이 우리에게 모든 것을 내려주셨기 때문이다. 우리의 불완전한 순종을 거부하지 않으시고, 오히려 그것을 완전케 하기 위하여 부족한 것을 공급하셨다. 마치 우리가 약속의 조건을 만족시킨 것처럼, 우리로 하여금 율법 약속의 유익을 얻도록 하신 것이다." *Institutes*, 2:7:4. "죄 사함을 선포하는 복음의 약속이 대치되었을 때, 이것은 우리를 하나님에게 수용될 수 있도록 만들 뿐만 아니라, 우리 선행이 그를 기쁘게 한다. 주님은 그것을 즐겁게 받아들일 뿐만 아니라, 나아가 축복을 내려주신다. 그 축복은 언약 하에서 율법의 준수 조건으로 주어지게 되어 있는 것이다. 그러므로 나는 주님께서 의와 거룩함을 지키는 자에게 그의 율법 안에서 약속하신 것이 믿는 자의 선행에 대해 지불되었음을 인정한다. 그러나 이 보상에서 우리는 우리의 선행에 대해 호의를 얻는 이유를 항상 생각해야 한다." *Institutes*, 3:17:3.

12 "이것은 새 언약의 특이한 축복이다. 즉, 율법이 사람들의 심령에 기록되었고, 그들의 내면에 새겨진 것이다. 그 혹독한 요구는 누그러져서 믿는 자들이 여전히 싸워야 하는 악이 하나님께 즐거움을 주는 그들의 부분적이고 불완전한 순종에 장애가 아니다." John Calvin, *Commentaries on the Four Last Books of Moses Arranged in the Form of a Harmony*, trans. Charles William Bingham (Grand Rapids: Baker Book House, 1979), on Deut. 30:11.

의 자녀를 보실 때 그의 행위 자체만을 보시는 것이 아니고 그 행위를 하고 있는 자 안에 있는 하나님의 영을 보시고 그 행위의 근원인 하나님 자신을 보시는 것이다.[13]

선행 자체는 의를 가져다줄 수 없다. 그러나 칼빈은 선행이 의로워진 자의 선행이기 때문에 가치가 있다고 말한다. 하나님께서 흠이 있는 선행을 은혜로 받아주셨기 때문이다. 칼빈은 이것을 이신칭의와 상충되거나 이신칭의를 훼손하는 것으로 보지 않았다. 선행이 이신칭의를 근거로 받아진 것이기 때문이다. 우리는 믿음으로 의로워진다. 그러나 선행이 믿음에서 우러나오는 것이고 믿음이 필연적으로 동반하는 것이라면, 선행이 가지고 있는 믿음과의 관계로 말미암아 선행은 의로움을 가지게 된다고 칼빈은 주장한다.[14]

그러므로 어떻게 선행 자체에 가치가 있겠는가? 어떤 선행도 완전히 순수한 동기에서 나오지 않는다는 것을 우리는 잘 안다. 하나님은 그런 선행 자체를 의롭다고 받아주실 수 없다. 그럼에도 그 선행이 의롭다고 여겨지는 것은 흠 있는 선행이 의로워진 자의 선행이기에 하

---

[13] "주님은 지옥의 구덩이에서 사람을 구출하시고 양자 삼음의 은혜를 통해 그를 자신을 위해 구별하셨다. 그리고 주님은 그를 새로 낳으셨고 그를 새 생명으로 만드셨기 때문에, 그를 당신의 영의 은사를 받은 새로운 피조물로 포용하신다. 이것이 믿는 자가 소명 후에 행위에 대해서도 하나님의 승인을 받는다고 베드로가 말하는[행 10:34] '수용'이다. 주님은 당신의 영을 통해 그 사람 안에서 당신이 역사하시는 선한 것을 사랑하고 포용하지 않으실 수 없다. 그러나 우리는 하나님이 어떻게 선행을 이유로 믿는 자를 '수용'하시는지 항상 기억해야 한다. 그것은 오직 하나님이 그 선행의 근원이시고 은혜로운 당신의 자비로움이 있으시며 하나님 자신이 부여하신 선행에 대해 '수용'을 베풀어 주시기 때문이다." *Institutes*, 3:17:5.

[14] *Institutes*, 3:11:1, 20.

나님께서 당신의 의를 전가해 주시기 때문이다. 우리는 근본적으로 의롭지 않지만 하나님의 은혜로 하나님은 그리스도를 믿은 우리를 의롭다고 여겨주신다. 우리의 선행도 마찬가지이다. 우리 믿는 자의 선행도 근본적으로 의롭지 않지만, 의롭다고 여겨주시는 하나님의 은혜를 경험하는 것이다. 그렇기 때문에 우리의 선행이 의롭다고 여겨지기는 하지만, 공로의 가치는 없는 것이다.[15]

이런 의미에서 칼빈에게는 선행 의로움이 존재한다. 그리고 이 선행 의로움은 믿음 의로움과 충돌하지 않는다. 선행 의로움은 이신칭의에 입각한 믿음 의로움에 종속되어 있고 의존하고 있기 때문이다. 종속한다는 것은 속해 있다는 것으로 속해 있는 것은 그보다 상위의 것에 귀속하여 존재한다는 것이다. 그러나 상충한다는 것은 대등한 위치에서 서로 모순되며 충돌하는 것을 의미한다. 칼빈은 종속되었다는 말과 상충된다는 말은 전혀 다른 말이라고 주장한다. 종속이 상충을 의미하는 것은 아니라는 것이다.[16] 칼빈은 선행 의로움이 믿음 의로

---

15 "율법은, 비록 의롭게 할 수는 있지만, 결코 한 행위로 말미암아 구원을 약속할 수 없다. 모든 율법을 완전하게 지켜야만 의로워지는 것이다. 그러므로 피네하스의 선행은 그에게 의로움으로 전가된 것이다. 하나님께서 충성스러운 자의 선행을 그들에게 의로움으로 전가하시는 것과 동일한 방법으로 그렇게 하신 것이다. 그들이 소유한 본유적인 공로의 결과로가 아니라, 하나님 자신의 거저주시고 공로의 대가가 없는 은혜의 결과다. … 그러므로 그는 우리가 믿음으로만 의로워진다고 적절하게 결론을 내린다. 그러나 선행에 의한 의로움은 방금 언급된 의로움에 종속된 것이다. 선행은 순수한 사랑에서 우러나오지 않고, 하나님이 그것들을 우리에게 의로 전가해주시지 않는 한, 그 자체 내에 아무런 가치를 가지고 있지 않다." John Calvin, *Commentary on the Book of Psalms*, trans. James Anderson (Grand Rapids: Baker Book House, 1979), on Ps. 106:31.

16 "우리가 믿음으로 얻은 의로움, 즉, 우리에게 거저 주어진 바로 그 의로움은 가장 높은

움에 비해 열등한 의로움이기는 하지만, 선행도 의로움을 가져다주는 것이기에 선행이 구원의 종속적 원인이라고 말한다.17

선행이 구원의 원인이라는 말은 루터에게는 상상할 수 없는 것이다. 칼빈은 성화에 대해 루터보다 훨씬 더 강력하게 나아갔다. 선행이 믿음에 속한 요소일 뿐 아니라, 선행이 구원을 가져다주는 한 가지 원인이 된다는 것이다. 그러나 칭의와 관련하여 하나님께서 선행을 받아주신다는 것, 특히 불완전한 선행을 완전한 것처럼 여겨주시는 하나님의 전가 개념을 루터는 용납할 수 없었다. 루터의 입장에서 보면 선행에 전가 개념은 있을 수 없는 것이었다.18 전가 개념은 원래 중

등급에 놓여야 한다. 그래서 양심이 하나님의 심판대 앞에 놓일 때마다, 그것만이 빛이 나도록 해야 한다. 이런 식으로 선행의 의가, 우리 안에 어느 정도까지 존재하든지 간에, 그 자체의 위치로 축소되어서, 과거에 그랬던 것처럼, 다른 것과 충돌하지 않을 것이다. 그리고 선행의 의가 믿음의 의에 의존되는 것처럼, 그것은 후자가 인간의 구원을 완전히 소유하도록 그것에 종속되어야 한다." John Calvin, *Calvin's Selected Works*, 3:246-247.

17 "이것은 주님으로 하여금 선행을 열등한 원인으로 포용하는 것을 금하지 않는다. 어떻게 이렇게 되는가? 주님께서 자비로 영생의 기업을 위해 정하신 자를, 당신의 일반적인 경륜에 따라, 선행의 수단으로 그것을 소유하도록 인도하신다. 경륜의 순서에 있어서 그는 앞에 나오는 것을 뒤에 나오는 것의 원인이라고 부른다. 이런 식으로 그분은 때로 영생을 선행으로부터 나오는 것으로 말한다. …" *Institutes*, 3:14:21.

18 루터는 1535년 『갈라디아서 주석』에서 다음과 같이 기록한다. "그리스도인의 의로움은 두 가지로 구성된다. 그것은 심령 안에 있는 믿음과 하나님의 전가이다. 믿음은 형식적 의로움이다. 그러나 이것은 아직도 충분하지 않다. 믿음 후에 육신에 의한 죄의 잔재가 남아있기 때문이다. … 그러므로 의로움의 두 번째 부분이 첨가되어야 했다. 그것은 의로움을 우리 안에서 완전케 한다. 그것은 하나님의 전가이다. … 그러므로 믿음은 의로움을 시작한다. 그러나 전가는 그것을 그리스도의 날까지 완전케 한다. 선행의 수용을 논의할 때, 궤변가들도 전가에 대하여 논쟁을 벌인다. 그러나 그들은 성경을 떠나서 그와는 반대로 말한다. 그들은 선행에만 그것을 적용하기 때문이다. … 그러므로 그

세 유명론 전통에 속해 있었다. 유명론에 나타난 유사공로/당연공로(meritum de concruo/meritum de condingo) 개념에는 완전하지 못한 윤리적 최선을 완전한 것으로 여겨주시는 하나님의 전가 개념이 있었고, 전가의 결과로 윤리적 최선은 공로로 인정을 받는 것이었음을 루터는 잘 알고 있었다.[19] 그러나 이 유명론의 전가 개념에는 이신칭의가 존재하지 않았고, 루터는 선행에 부여되는 전가 개념은 수용하지 않았다. 그러나 칼빈은 전가를 통한 하나님의 선행 수용 개념을 받아들였다.

칼빈에게 왜 이런 차이가 나타난 것인가? 당시에 문제로 부각되고 있던 개신교 성도들의 성화 부진 때문이었다. 칼빈은 개신교 성도들에게 이신칭의와 아울러 선행과 성화의 중요성을 부각시키기 원했다. 루터는 전가를 칭의에만 적용했지만, 칼빈은 한 걸음 더 나아가 전가를 성화에까지 포함시켰다. 칭의에 밀려 소홀히 취급되고 있는 성화나 또는 완전할 수 없기 때문에 포기해 버린 성화를 더 이상 그대로 놓

들은 수용을 선행에 돌린다. 즉, 하나님은 선행을 수용하신다는 것이다. 그들에게 빚을 져서가 아니고 '협력성(congruity)' 때문이라는 것이다. 그러나 우리는 모든 선행을 제외한다. 그리고 모든 악의 원천이 되는 이성이라는 짐승의 머리를 붙잡는다." *LW*, 26:229-230.

19 1521년에 나타난 루터의 성례 개념을 보면, 루터에게 하나님과의 언약관계는 더 이상 유명론에 입각한 인간의 능동적 참여와 역할에 의미를 두지 않았다. 그 언약은 오직 하나님의 능동적 행위이시고 인간의 수동적 역할이었다. 루터는 이렇게 말한다. "언약(testament)은 우리에게서 유익을 가져가는 것이 아니고 우리에게 유익을 가져다주는 것이다. … 하나님의 언약과 성례가 있는 세례에서처럼, 누구도 하나님께 어떤 것을 드리거나 하나님을 섬기는 것이 아니고 어떤 것을 가져오는 것이다. 모든 성례와 설교에서도 마찬가지이다." *LW*, 35:93.

아둘 수 없었다. 당시 칼빈에게는 성화가 강조되어야만 하는 절대적 당위성을 가지고 있었다. 그는 성화를 부각시키고 강조해야만 했다. 칼빈은 유명론 사상에 속해 있던 하나님의 선행 수용 사상에 이신칭의를 도입함으로 그 당위성에 부응하려고 했던 것이다.[20]

루터도 성화를 중요하게 생각했었고, 칭의를 말하는 '외래적 의'와 더불어 성화를 말하는 '우리 자신의 고유한 의'를 명시했다. 그러나 루터가 칼빈과 달랐던 점은 선행 부분을 말하는 '우리 자신의 고유한 의'에 대해 구원의 원인이라는 표현은 하지 않았다. 루터에게도 성화가 중요했지만, 그것을 구원을 위한 원인적 요소라고 말할 수는 없다. 왜냐하면 그것이 이신칭의에 위협이 될 수 있고 로마 가톨릭교회의 입장과 구별되지 않는 심각한 문제를 발생시킬 수 있었기 때문이다. 이러한 당시 상황을 감안할 때 칼빈의 발언은 대단한 것이었다. 로마교회가 아직도 개신교를 향해 서슬 퍼렇게 교리적 칼날을 휘두르고 있는 상황에서, 루터가 꺼려했던 것을 이처럼 과감하게 말할 수 있다니 말이다.

반면에 이것은 성화 부진과 관련하여 당시 개신교 상황이 얼마나 위급했는지를 방증해 준다. 비록 칼빈이 선행에 대해 '종속적 의' 또는 구원을 위한 '종속적 원인'이라고는 표현을 했지만, 그것은 선행이 구원의 적어도 한 가지 원인이라는 말임에는 틀림이 없었다. 선행이 우리 의로움의 직접적 원인이거나 주된 원인은 아니지만, 선행이 믿음과 맺고 있는 관계 때문에 간접적 또는 종속적 원인이 된다는 것이다.

---

20 *Institutes*, 3:17:3.

칼빈이 왜 이렇게까지 하는가? 그것은 개신교의 성화 진작을 위한 것이었다. 칼빈도 루터처럼 칭의와 성화를 개념적으로 구별할 줄 알았고, 루터가 이신칭의를 통해 로마 가톨릭교회에 대항하여 무엇을 목표로 투쟁하고 있는지 잘 알고 있었다. 그러나 칼빈에게는 또 다른 시급한 아젠다가 놓여 있었다. 그것은 개신교가 안고 있는 성화 부진의 문제였다. 이러한 이유로, 칼빈은 이신칭의를 인정하면서도, 또한 이와 동시에 선행이 없으면 구원이 없다는 담대한 표현을 했던 것이다. 칼빈은 율법이 복음과, 그리고 선행이 칭의와 얼마나 밀접한 관계를 가지고 있는가를 보여주며, 성화 없는 칭의는 있을 수 없음을 보여주었다.

그리스도와의 연합

성화를 강조하는 칼빈의 또 한 가지 방법이 있었다. 그것은 칭의와 성화를 하나로 묶어 칭의 없는 성화는 불가능하며 성화 없는 칭의는 있을 수 없음을 보여주는 것으로, 칭의와 성화의 공통적 근거와 동시성을 확실하게 보여주는 그리스도와의 연합 개념이었다. 칼빈은 그리스도와의 연합 개념을 중세 로마 가톨릭교회의 잘못된 구원론뿐만 아니라, 개신교의 구원론 오류에 대해 동시에 대안을 제시하는 방법으로 사용했다.

칼빈은 루터와 마찬가지로 중세 로마교회의 구원론에 대해 잘 알고 있었다. 선행을 통해 구원을 위한 인간의 공로를 인정한 중세 로마교회는 공로 개념을 완전히 배제하는 이신칭의 사상을 받아들일 수 없었다. 물론 인간 스스로 구원을 위해 모든 것을 다한다는 것은 아니었다. 로마교회는 인간의 타락과 죄성도 알고 있었다. 그러나 인간의 타락과 죄성은 성례를 통해 하나님의 은혜가 주입됨으로 말미암아 어느 정도 극복되어, 은혜를 통한 하나님의 도움으로 인간은 구원을 위해 스스로 공로적인 역할을 할 수 있다는 것이었다.[21] 이와 같이 그들은 믿음만으로 의롭게 될 수 없고 공로적 선행이 함께 이루어져야 한다고 가르쳤다.[22]

칼빈은 루터와 마찬가지로 중세 로마 가톨릭교회가 칭의와 성화를 혼합시키는 오류를 범했다고 주장했다.[23] 칼빈은 토마스 아퀴나스의 가르침에 입각한 중세 구원론을 반대했다. 대가 없이 하나님의 은혜를 받는 것은 옳았으나, 은혜를 통해 스스로의 공로적 노력으로 변화된 모습을 칭의의 근거로 삼았기 때문이다. 그리스도를 믿음으로 죄 사함 받고 그리스도의 의가 전가되어 의로워지는 것이 아니었다. 중세 교회는 성례를 통한 죄 사함과 아울러 공로적 근거가 되는 실제적 변화(회개, 성화)를 통해 의로워진다는 것이었다.[24]

루터와 마찬가지로 칼빈은 이러한 중세 로마 가톨릭교회의 비성경적 구원론인 선행공로 사상을 비난했다. 인간은 자신의 구원을 위해

---

21 John Calvin, *Commentary on the Gospel according to John*, trans. William Pringle (Grand Rapids: Baker Book House, 1979) on John 15:1.

22 John Calvin, *Commentaries on the Twelve Minor Prophets*, trans. John Owen (Grand Rapids: Baker Book House, 1979), on Hab. 2:4.

23 John Calvin, *Commentary on the Book of the Prophet Isaish*, trans. William Pringle (Grand Rapids: Baker Book House, 1979), on Isa. 59:20.

24 Ibid.

어떤 의미로도 공로적 선행을 할 수가 없다는 것이었다. 공로가 있다면 그것은 그리스도이며 우리의 선행은 그리스도의 능력으로만이 가능하다고 주장했다.[25] 중세 로마교회는 하나님의 은혜가 부족한 인간과 협동하는 의미로 그를 도와주는 것으로 생각했다. 그러나 칼빈은 그리스도가 우리와 협동하시는 정도가 아니고 우리에게 모든 능력을 주신다고 말했다. 칼빈은 루터와 마찬가지로 인간의 타락을 심각하게 받아들였고, 타락한 인간은 구원을 위해 어떤 공로적 선행을 할 수 없다고 믿었기 때문이다.[26]

루터와 공공의 적을 가지고 있던 칼빈은 칭의 문제에 있어서 사실상 루터와 같은 입장을 취하며 로마교회에 대항했다. 그런데 칼빈은 대항에서 루터보다 더 효과적인 방법을 찾아냈다. 그것은 그리스도와의 연합 개념이었다. 그리스도와의 연합 사상으로 칼빈은 로마 가톨릭교회에 대항하는 칭의 문제만이 아니고 개신교가 어렵게 겪고 있는 성화 부진 문제를 동시에 효과적으로 다룰 수 있는 묘안을 장착하게 된 것이다. 칭의 문제에 집중하다 보면 성화가 부진해지고, 그렇다고 성화 문제에 집중하게 되면 칭의를 놓칠 우려에 고심하는 루터의 고

---

25 Calvin, *Commentary* on John 15:1.
26 "교황주의자들은 우리가 실제적인 훌륭한 행위에 의해서 의롭게 되는 것이 아니라고는 올바르게 말한다. 그러나 그들은 나중에 우리의 선행이 얼마나 불완전한 것인지를 생각지 않는다. 하나님의 완전한 사랑은 의를 위한 어떠한 선행도 요구하지 않는다. 하나님의 완전한 사랑이 존재하지 않는 곳에는 타락이 있을 뿐이기 때문이다. 우리의 모든 행위는 모순투성이인 마음에서 비롯되기 때문에 하나님 앞에서는 더러운 것이다. … 우리 마음속에는 항상 많은 더러움이 남아 있고… 그리고 하나님의 완전한 사랑이 존재하지 않는 곳이면 그분 앞에 순전하고 참된 것이 없다." Calvin, *Commentary* on Habakkuk 2:4.

민을 한꺼번에 해결할 수 있는 방법을 칼빈은 찾은 것이다.

칼빈의 그리스도와의 연합 개념은 타락하여 자신의 구원을 위해 추호의 공로적 선행을 행할 수 없는 인간이 어떻게 공로 없이 의로워지는지를 잘 보여준다. 인간은 그리스도의 사역으로부터 나오는 유익을 얻기 위해 그와 하나가 되어야 한다. 그리스도를 믿음으로 그에게 접붙여져야만 그분에게서 나오는 모든 유익을 얻을 수 있기 때문이다. 그 결과는 하나님 앞에서 의로운 자가 되는 것이다.[27]

이것은 그리스도와 연합하여 그리스도의 의로움이 나의 의로움으로 전가되는 것을 말한다. 그리스도의 의로움을 선물로 받는 것이다. 그리스도와 그를 믿는 자 사이에 교환이 일어나 우리의 죄가 그리스도에게로 그리스도의 의가 우리에게로 전가되는 것을 의미한다. 결론적으로 이것은 루터의 전가 개념과 동일하게 된다. 칼빈의 말이다. "그의 의가 우리에게 전가된다. … 왜냐하면 우리가 그리스도를 옷 입고 그의 몸에 접붙여지기 때문이다. 간단히 말해서 그가 우리를 자기와 하나로 만드시려고 계획하시기 때문이다."[28]

---

27 "그러므로 인간의 본성에는 열매가 없고 모든 선이 결핍되어 있다는 결론에 이르게 된다. 그분에게 접붙여지기 전에는 인간에게 '포도나무'의 속성이 없다는 말이다. 따라서 이것은 특별 은총을 통해서 선택된 자들에게만 주어진다. 그러므로 아버지께서는 모든 축복의 원천이 되시고 그의 손으로 우리를 기르시고 계신다. 그러나 생명의 시작은 그리스도 안에 있고, 그 안에서 우리는 그에게 뿌리를 박기 시작한다." Calvin, *Commentary* on John 15:1.

28 *Institutes*, 3:11:10.

어떻게 우리가 하나님 앞에서 의롭다 여김을 받을 수 있는가? 그것은 그리스도가 죄인이 된 것과 같은 방식에서 확실히 가능하다. 그는 우리의 자리를 대신해서 범죄자가 됨으로써 죄인으로 취급을 받으셨다. 자기 자신의 잘못 때문이 아니라 다른 사람들의 잘못 때문인 것이다. 그는 모든 잘못과 무관하며 깨끗하고 형벌을 대신 받으심으로 우리가 그의 안에서 이제 의롭게 되는 것이다. 우리의 공로로 하나님의 공의를 충족시키는 것과는 관계가 없다. 믿음으로, 덧입은 그리스도의 의와 연관되어 심판을 받는다. 그러므로 그의 의가 우리의 것이 된다.[29]

칼빈이 말하는 그리스도와의 연합은 구원에서 인간의 공로를 확실하게 배제한다. 우리의 구원은 그리스도에게 접붙임 되어 그로부터 모든 것을 얻어내는 것이기 때문이다. 우리의 회개와 변화가 우리에게 공로적 가치를 부여해서도 아니고, 우리의 선행이 공로로 인정되어서도 아니다. 오직 하나님의 은혜 가운데 그리스도를 믿음으로써 그분과 하나 되었기에 우리의 죄와 그리스도의 의가 교환된 것이다. 우리의 죄가 그리스도의 죄로 전가되고 그리스도의 의가 우리의 의로 전가되어 우리는 의인이 된 것이다.[30]

---

29 John Calvin, *Calvin's New Testament Commentaries*, trans. T. H. L. Parker, ed. D. W. Torrance and T. F. Torrance (Grand Rapids: Eerdmans, 1965) on 2 Cor. 5:21. 필자 번역.

30 칼빈은 말한다. "이는 전가된 의로움이다. 이 의로움은 질적인 것이 아니다. 오히려 그 반대로 이것은 관계의 의로움이다. 믿음으로 사는 사람은 다른 이로부터 생명을 얻게 된다. 믿음으로 의롭게 된 모든 사람은 자신 안에 있지 아니한 것으로 의롭게 되는 것이다. 바로 하나님의 후히 주시는 자비를 통해서다." Calvin, *Commentary* on John 15:1.

중세 로마 가톨릭교회는 인간이 의로워지는 것이 죄 사함과 회개 (성화)를 통한 것이라고 가르친 반면, 칼빈은 그리스도와의 연합을 통해 죄 사함이 이루어지고 그리스도의 의로움이 우리에게 전가되었기 때문이라고 주장했다. 그리스도와의 연합 개념은 칭의에 공로 개념을 근본적으로 차단했다. 이신칭의를 수호하기 위한 중세 로마 가톨릭교회에 대한 칼빈의 변증은 내용에서 근본적으로 루터와 다를 것이 없었다. 칼빈도 칭의와 성화를 구별하며 선행공로가 칭의에 침입하지 않도록 했다. 다른 점이 있다면 칼빈은 그리스도와의 연합 개념을 통해 전가 개념을 명확히 설명함으로써 칭의에 인간의 공로적 역할이 존재할 수 없는 이유를 효과적으로 보여주었다는 것이다.

성경을 근거로 칭의에 대한 중세 로마 가톨릭교회의 오류를 바로잡기 위한 마틴 루터의 가르침인 이신칭의는 기본적으로 칼빈에게 전수되었다. 예수 그리스도를 통해 하나님의 구원 선물이 우리에게 주어졌고 우리는 믿음으로 그리스도와 하나 되어 하나님께서 주시는 복을 소유한다는 것이다.[31] 우리의 입장에서 이것은 믿음으로 된 것으로 우리 선행과는 상관없이 믿음을 통해 그리스도의 의로움으로 옷 입혀진 것이다. 이것으로 우리는 하나님 앞에서 더 이상 죄인이 아니고 의인이 된 것이다. 이것이 우리가 의롭게 된 방법이고, 칭의라고 불리는 것이며, 그것은 오직 하나님의 호의로 죄인 된 우리를 의인으로 받아주시는 것을 의미한다는 것이다.[32] 중세 교회는 칭의가 하나님의 은혜와

---

31 *Institutes*, 3:11:1.

32 "On the contrary, justified by faith is he who, excluded from the righteousness of works, grasps the righteousness of Christ through faith, and

인간의 공로적 선행이 합하여 이루어진다고 가르쳤으나, 칼빈은 루터와 더불어 우리가 칭의를 위해 할 수 있는 일은 오직 그리스도를 바라보고 그분을 붙잡는 것 밖에 없다고 가르쳤다. 그리스도를 붙잡는 방법이 바로 믿음이며, 오직 믿음으로만 그리스도를 소유할 수 있다는 것이었다.

칼빈은 중세 로마 가톨릭교회에 대한 반박을 하고 있었다. 성화를 칭의의 한 공로적 근거로 삼고 있는 중세 교회의 전통에서 벗어나서 성경적 칭의 가르침으로 인도하려는 칼빈의 의도는 분명했다. 칭의를 위해 누구를 바라 볼 것인가? 하나님의 은혜를 말하고 있지만 결국에는 칭의를 위해 나 자신을 바라보게 만드는 중세 칭의 교리에서 벗어나 오직 그리스도만 보게 만들려고 했던 것이다. 칭의에서 우리가 갖게 된 의는 원래 우리 자신의 것이 아니고 그리스도의 것이며, 믿음을 통해 우리 것이 된 것이다. 그러므로 칭의의 근거는 오직 그리스도에게만 있는 것이고, 믿음으로 그리스도와 하나 되어 그분에게 참여할 때 그리스도의 의로움과 그것에서 나오는 유익을 얻을 수 있게 된다는 것이다.[33]

그렇다면 칭의를 어떻게 규명할 수 있는가? 칼빈은 칭의의 정의를 분명하게 못 박았다. 그것은 두 가지 요소로 구성되어있는데, "죄 사

---

clothed in it, appears in God's sight not as a sinner but as a righteous man. Therefore, we explain justification simply as the acceptance with which God receives us into his favor as righteous men." *Institutes*, 3:11:2.

33 *Institutes*, 3;11:23.

함과 그리스도 의로움의 전가"라고 진술했다.[34] 그런데 칭의의 두 요소는 우리에게서 나온 것이 아니고 오직 그리스도의 공로적 사역의 결과로 가능해졌다고 가르쳤다. 죄 사함은 그리스도의 십자가 고난으로 가능했고, 의 전가는 그리스도의 생애를 통해 이루신 완전한 율법 순종으로 가능했다는 것이다.

칼빈은 그리스도의 사역을 속죄 사역과 순종 사역의 이중 구조로 보았다. 속죄 사역은 그리스도께서 고난을 받으시고 우리의 죄 값을 대신 치르시기 위해 희생제물이 되신 것을 말하고,[35] 순종 사역은 완전한 율법순종을 통해 우리 대신 율법을 완성시키는 것이라고 가르쳤다.[36] 그리스도의 사역에 관해 '수동적 순종'과 '능동적 순종'이라는 표현은 사용하지 않았지만, 칼빈에게 그 개념은 분명하게 존재하고 있었다. 칼빈은 그리스도의 십자가 사역과 율법순종 사역을 구별하여, 우리의 죄를 사함 받고 우리의 의를 이루는 칭의의 이중 구도를 구축했다. 그리스도의 죽음과 순종은 우리의 죄 사함과 의 전가를 위한 근거를 마련하여 하나님께서 우리에게 호의를 베푸실 수 있는 근거를 마련했다는 것이다.[37] 죄 사함은 그리스도께서 십자가에서 우리 죄 값을 대신 치르시는 사역으로 이루어진 것이고, 의 전가는 그리스도께서 우리 대신 율법을 완성시키는 순종 사역으로 가능해진 것이다. 우리는 단지 그리스도를 믿는 믿음으로 죄 사함과 그리스도의 의 전가

34　*Institutes*, 3:11:2.
35　*Institutes*, 2:12:3; 2:15:6.
36　*Institutes*, 2:16:5.
37　Ibid.

라는 유익을 얻는 것이라고 칼빈은 가르쳤다.

칼빈은 중세 로마 가톨릭교회의 칭의 오류를 수정하기 위한 성경적 대안을 위해 그리스도와의 연합과 교환, 그리고 전가 개념을 소개했다. 칼빈은 칭의에서 인간의 전적 타락과 무능을 보여주고 인간의 공로를 배제하는 방법은, 그리스도의 공로만을 인정하고 믿음을 통하여 그분의 공로를 우리 것으로 받아들이는 것이라고 생각했다. 믿음으로 그리스도와 접붙여지기 때문에 그에게서 나오는 유익을 얻을 수 있는 것이고, 하나님은 그런 우리를 의롭다고 받아주신다는 것이다.[38]

칼빈은 우리의 칭의가 회개를 근거로 이루어지는 것이 아니고, 선행이 인정되는 것도 아니며, 오직 그리스도에게 접붙여져 그분에게 뿌리를 내리고 있기 때문이라고 가르쳤다. 그리스도에게 뿌리를 내리고 그분과 하나 된 관계를 통해 죄와 의가 교환되어 쌍방 전가가 이루어진다는 것이다.[39] 중세 교회는 죄 사함과 회개(성화)를 칭의의 근거로 삼았지만, 칼빈은 죄 사함과 의 전가를 칭의의 근거로 삼았다. 전가 개념은 칭의가 인간의 실제적 변화나 선행의 공로적 역할을 완전히

---

38 "그러므로 인간의 본성에는 열매가 없고 모든 선이 결핍되어 있다는 결론에 이르게 된다. 그분에게 접붙여지기 전에는 인간에게 '포도나무'의 속성이 없다는 말이다. 따라서 이것은 특별 은총을 통해서 선택된 자들에게만 주어진다. 그러므로 아버지께서는 모든 축복의 원천이 되시고 그의 손으로 우리를 기르시고 계신다. 그러나 생명의 시작은 그리스도 안에 있고, 그 안에서 우리는 그에게 뿌리를 박기 시작한다." Calvin, Commentary on John 15:1.

39 칼빈은 말한다. "이는 전가된 의로움이다. 이 의로움은 질적인 것이 아니다. 오히려 그 반대로 이것은 관계의 의로움이다. 믿음으로 사는 사람은 다른 이로부터 생명을 얻게 된다. 믿음으로 의롭게 된 모든 사람은 자신 안에 있지 아니한 것으로 의롭게 되는 것이다. 바로 하나님의 후히 주시는 자비를 통해서다." Ibid.

배제하기 위한 성경적이고 효과적인 방법이었다.

이신칭의를 뒷받침하는 칼빈의 전가 개념은 선행공로를 가르치는 중세 교회에 대한 반발 외에 또 하나의 변증의 축이 있었다. 그것은 개신교 내 루터교회에서 그리스도와의 연합으로 '본질적 의' 개념을 주장하는 오시앤더(Osiander)에 대한 대응이었다. 칼빈에게 그리스도와의 연합은 전가를 동반하는 것이었으나, 오시앤더는 전가를 주입으로 대치했다. 즉, 우리는 그리스도와 연합하여 "하나님의 본질과 속성이 우리 안에 주입됨으로써 오게 되는 하나님 안에서의 본질적 의"를 가지게 됨으로 칭의를 얻는다는 주장이었다.[40] 다시 말해, 그리스도와의 연합으로 우리에게 신성이 주입되어 실제적 변화가 일어나고 그 변화를 근거로 의롭게 된다는 것이다.[41]

이러한 오시앤더의 가르침은 중세 교회처럼 인간의 선행적 공로를 주장하지는 않았다. 그러나 칭의의 근거가 변화된 인간이라는 점에서는 중세 로마교회와 다를 바가 없었다. 여기서 우리는 전가 개념의 중요한 역할을 보게 된다. 우리가 의롭게 되는 것이 우리의 의가 아니고 그리스도의 의 때문인데, 그럼에도 그리스도의 의가 우리의 의로 인정되어 마치 그것이 우리의 의처럼 역할을 한다는 것이다. 중세 교회와 오시앤더는 이런 전가 개념을 허구로 생각했고 칭의의 실제성을 갖추지 못한 것으로 생각했다.[42]

---

40 *Institutes*, 3:11:5.

41 *Institutes*, 3:11:12.

42 그리스도와의 연합으로 얻는 유익은 인간의 죄와 그리스도의 의와의 교환이다. 칼빈은 말한다. "우리의 의는 우리에게 있지 않고 그리스도 안에 있다는 것과 우리가 의를 소

칼빈에게 실제적 변화는 칭의와 동시에 일어나는 성화였으나, 칭의 항목에서는 루터와 마찬가지로 실제적 변화를 배제했고 전가 개념을 통해 이신칭의를 보호하려고 했다. 칼빈은 그리스도와의 연합이 칭의와 성화의 열매를 동시에 맺는다고 가르치면서, 실제적 변화는 성화에 포함시키고, 칭의는 믿음을 통한 전가로만 설명했다. 그런데 칭의에는 두 요소가 있고, 두 요소를 위한 그리스도의 두 사역은 칭의를 설명하기에 너무도 적절한 내용이었다. 이런 이유로 칼빈은 십자가 고난과 율법순종이라는 그리스도의 두 가지 사역을 구별했고, 두 사역을 근거로 그리스도와 믿는 자 사이의 이중전가를 통해 이루어지는 교환과 전가 개념으로 칭의를 타당하고 적절하게 설명했다.

이러한 그리스도와의 연합과 죄와 의의 교환, 그리고 전가 개념은 이미 루터에게도 있었던 내용이었으나, 이신칭의 교리에서 루터를 추종하던 칼빈은 루터와 함께 이신칭의 수호를 위해 그것을 더 세밀하고 구체적으로, 그리고 방대한 분량으로 확장하여 활용했던 것이다.

그리스도와의 연합은 이신칭의를 수호하는 것 외에 칼빈에게 또 다른 매우 중요한 도구로 사용되었다. 그것은 이신칭의에 대한 오해와 남용의 여파로 나타나고 있는 성화 부진의 문제를 효과적으로 다룰 수 있는 신학적 도구였다. 놀랍게도 칼빈의 그리스도와의 연합의 가르침은 이신칭의를 보호하면서도 동시에 성화 진작을 도모할 수 있는 매우 효과적인 방법이 되었다. 이 부분에서 칼빈은 루터를 추종하

유하는 것은 오직 그리스도의 의에 참여하기 때문이란 것을 우리는 안다. 우리는 참으로 그리스도와 함께 의를 완전하고 풍부하게 가졌다." *Institutes*, 3:11:23.

면서도 루터의 약점을 보완하며 루터를 뛰어 넘는 개신교 종교개혁의 차세대 리더로서의 역할을 했다고 말할 수 있다.

칼빈은 루터와 마찬가지로 로마 가톨릭교회의 구원론에 대항하여 칭의와 성화를 개념적으로 구별하며 이신칭의를 지키려 했다. 그리스도와의 연합으로 전가 개념을 분명히 하며 칭의에 공로사상을 철저하게 배제했다. 그러나 동시에 칼빈은 개신교의 성화 부진에 대한 해결책으로 칭의와 성화를 하나로 묶으려 했다. 칭의와 성화가 그리스도와의 연합이라는 뿌리에서 함께 우러나오는 것이라고 가르치며, 그리스도와의 연합이 칭의와 성화의 공통적 근거가 됨을 보여주었다.

칼빈은 여기서 믿음의 역할을 말한다. 믿음으로 우리는 그리스도와 하나 되기 때문이다. 그리스도를 믿어 그분과 하나 되어 우리의 죄와 그리스도의 의가 교환되어 우리가 하나님 앞에 의인이 되는 것이다. 그렇다면 결과적으로 믿음이 우리를 칭의와 성화로 인도하는 것이다. 그것은 믿음의 결과로 발생하는 그리스도와의 연합이 칭의와 성화를 함께 낳는다는 것과 같은 말이 된다.[43] 믿음이란 무엇인가? 칼빈은 그 당시 믿음에 대해 많은 혼란이 있었다고 말한다. 믿음의 본질이 무엇인지 제대로 파악하지 못했다는 것이다.[44] 칼빈은 믿음을 그리스도와

---

43 칼빈은 믿음의 본질에 대해 다음의 두 가지 점을 늘 강조했다. "첫째로, 값없이 주신 약속에 도달하기까지는 믿음이 견고하게 설 수 없다. 둘째로, 믿음이 우리를 그리스도께 연결하지 않으면 믿음은 우리와 하나님을 전혀 화해시키지 못한다." *Institutes*, 3:2:30.

44 "이 점에서 오늘날 위험할 정도로 크게 착각하고 있는 사람들이 많기 때문에, 믿음의 참된 본질을 더욱 주도면밀하게 탐구하기를 원한다. … 사실 여러 학파들에 의해 믿음이 논해질 때에, 그들은 간단히 하나님을 믿음의 대상이라고 말하며… 가련한 영혼들을 분

의 연합으로 정리했다. 믿음이란 근본적으로 구원에 이르는 믿음을 말하는 것으로 그 믿음은 우리를 그리스도와의 연합으로 인도한다. 믿음이 "우리를 그리스도의 몸에 접붙이지 않는다면" 그 믿음은 아무 것도 아니라는 말이다.[45]

칼빈은 이 관점으로 믿음을 설명하면서 로마교회가 가지고 있는 믿음에 대한 무지와 혼란에 대응했다. 칼빈에게 믿음은 그리스도와의 연합으로 인도하는 믿음뿐이었다. 믿음은 구원에 이르는 믿음이 본질이고 그 믿음은 그리스도와 하나 되게 하는 믿음이라는 것이다. 그리스도와 하나 됨으로 그리스도의 의가 우리에게 전가되어 의로워지기 때문이다.

칼빈은 믿음을 '형성된 믿음'과 '형성되지 않은 믿음'으로 구분하는 로마교회의 전통에 대항했다. 중세 로마 가톨릭교회는 '형성되지 않은 믿음'을 초기 믿음인 지적 동의로 보았고, 그것은 칭의를 가져다주지 못한다고 말하며 이신칭의를 공격했다. 그러므로 '형성되지 않은 믿음'에 사랑이 추가되어야 '형성된 믿음'이 되고 의로워질 수 있다고 가르쳤다. '형성된 믿음'이 선행을 가져다주기 때문이라는 것이다. 결국, 그들은 믿음을 두 가지로 나누었다. 즉, '형성되지 않은 믿음'은 초기 믿음으로 지적 동의 수준의 믿음, '형성된 믿음'은 성숙된 믿음으로, 사랑으로 형성되어 선행이 나오는 믿음으로 구별했다. 결국, 믿음에 사랑이 첨부되어야 의롭게 된다고 가르쳤던 것이다.

명한 목표로 이끌지 못하고 도리어 다른 곳으로 잘못 이끌어간다." *Institutes*, 3:2:1.
45 *Institutes*, 3:2:30.

칼빈은 믿음에 대한 이런 방식의 구도와 이해가 비성경적이라고 보았다. 칼빈은 이런 식으로 분리된 믿음을 하나로 통합하여 진정한 믿음은 오직 하나라고 주장했고 그것은 곧 우리를 구원에 이르게 하는 믿음이라고 주장했다.[46] 구원에 이르는 참 믿음은 성령의 선물로 우리를 양자되게 하고 그것을 인치는 서약을 포함하고 있다고 말했다.[47]

루터도 성화를 강조하기 위해 믿음으로 칭의와 성화를 하나로 묶으려는 노력을 했다. 이 점에서 칼빈은 루터와 같은 입장을 취하고 있다. 믿음은 칭의뿐만 아니라 성화까지 동반한다는 것이다. 구원에 이르는 참 믿음은 본질적으로 "경건한 성향"을 가지고 있기 때문이라고 칼빈은 말한다.[48]

칼빈은 로마교회의 잘못된 믿음관을 비판하며 믿음이 칭의와 동시에 성화와 맺고 있는 관계에 대해, 그리스도를 아는 것은 성령으로 말미암은 성화와 분리될 수 없다고 말했다.[49] 믿음은 근본적으로 가지고 있는 성향으로 말미암아 칭의와 성화가 동시에 나타나며, 칭의를 가져다주는 믿음의 역사는 성화의 삶과 함께 시작된다는 것이다. 구원을 가져다주는 참 믿음은 본질적으로 성화의 영을 가지고 있으며, 그것은 거룩한 삶으로 나타난다고 칼빈은 주장했다. 칼빈은 말한다. "신자들이 하나님께 온전히 헌신하기 시작할 때, 하나님께서는 그들의 마음을 마치 흠 없고 완전한 것처럼 여기시고 높이 평가하신다. 왜냐

---

46 *Institutes*, 3:2:8-12.
47 Calvin, *Commentary* on Habakkuk 2:4.
48 *Institutes*, 3:2:8.
49 Ibid.

하면 믿음은 인간과 하나님 사이를 화목하게 할 뿐만 아니라, 그들의 불완전한 모든 것을 거룩하게 하기 때문이다."[50]

여기까지 보면 칼빈은 루터가 강조했던 내용과 별 차이를 보이지 않는다. 성화를 강조하기 위해 믿음으로 칭의와 성화를 연결하는 작업이 그것이다. 그러나 칼빈은 이에 한 발 더 나아가 믿음보다 믿음을 통하여 우리가 갖게 되는 것에 더 초점을 맞추고 무게를 실었다. 그것은 그리스도였다. 믿음을 통해 그리스도와의 연합을 말하며 우리와 하나 되는 대상이신 예수 그리스도에게 모든 관심을 쏟고 그분에게 집중하는 것이었다. 믿음은 주어진 역할을 할 뿐이다. 믿음 자체의 능력과 힘으로 되는 것이 아니고 사실상 믿음이 궁극적으로 인도하는 믿음의 대상이 되시는 우리 주 예수 그리스도께서 칭의만이 아니라 성화의 근원도 되신다는 것이다. 즉, 그리스도와의 연합은 칼빈으로 하여금 그리스도께서 칭의와 아울러 성화의 근원적 힘이 되심을 역설할 수 있는 힘을 실어주었다.

> 그리스도는 하나님의 관대하심으로 우리에게 주어졌다. 하나님께서는 우리가 믿음으로 그를 붙잡고 소유하게 하신다. 우리는 그리스도와 함께 함으로써 이중은혜를 받는다. 첫째는 무죄하신 그리스도를 통하여 하나님과 화해함으로써 우리가 하늘의 심판자 대신 은혜로운 아버지를 소유할 수 있다. 둘째는 그리스도의 영에 의하여 성

---

50 Calvin, *Commentary* on Psalms 32:11.

화됨으로써 흠 없고 순전한 생활을 신장시킬 수 있다.[51]

[그리스도는] 의와 죄의 용서와 화평을 위해 우리에게 보내졌을 뿐만 아니라, 거룩함을 위해서(고전 1:30), 그리고 생명수의 원천으로서(요 7:38, 4:14 참고) 보내졌으므로 동시에 성령으로 말미암은 성화까지 이해하지 않으면 아무도 그리스도를 충분히 알 수 없다는 것은 의심할 여지가 없다.[52]

믿음의 진정한 가치는 어디에 있는가? 믿음 그 자체가 아니라 믿음이 중개하는 그 대상이라고 칼빈은 강조했다. 믿음은 수단이고 도구일 뿐이지 목표가 아니라는 것이다. 믿음의 역할은 그를 믿는 자 안에 참되고 살아계신 그리스도의 현존으로 인도하는 것이라고 말했다. 그리스도는 믿음을 통해 우리를 자신에게 접목시켜서 그의 모든 유익과 그 자신에게 참여하도록 하신다는 것이다.[53] 믿음은 그리스도와의 연합을 위한 수단이다.

칼빈은 믿음의 역할과 중요성을 인식했지만, 사실상 우리의 초점을 믿음에서 그리스도와의 연합으로 전환하여 결국, 칭의와 성화의 공통적 근거가 되시는 예수 그리스도를 바라보게 만들었다. 칼빈은 이렇게 말한다. "그러므로 단지 칭의만을 위해서가 아니라 성화를 위해서도 그리스도를 신실히 붙잡도록 해야 한다. 이것이 그를 우리에게 주

---

51 *Institutes*, 3:11:1.
52 *Institutes*, 3:2:8.
53 *Institutes*, 3:2:24.

신 두 가지 목적이기 때문이다."⁵⁴

믿음이 성화의 근거라고 말한다면 성화가 믿음 자체의 힘으로 되는 것으로 오해할 수 있다. 칭의는 믿음으로 된다고 말하면 마치 믿음이 자체의 가치와 능력으로 의롭게 해 준다고 생각하는 오해가 범람했던 것처럼 말이다. 이신칭의의 오해와 남용이 이신성화의 오해와 남용으로 번질 수 있는 것이다. 칼빈의 노력은 이해가 간다. 칼빈은 그리스도와의 연합을 통해 칭의만이 아니고 성화도 마찬가지로 인간의 능력으로 되는 것이 아니고 우리와 하나 되어 우리 안에 계신 그리스도의 능력으로 되는 것이라고 말하고 있는 것이다. 그리스도와 하나 됨으로 우리는 "우리 자신의 삶을 사는 것이 아니라, 그리스도의 비밀한 능력으로 생기를 얻음으로 그가 우리 안에서 사시며 자라나는 것이다. 그러므로 영혼이 육신을 소생시키는 것처럼 그리스도께서는 그의 지체들에게 생명을 부여하신다."⁵⁵

칼빈은 그리스도와의 연합이 칭의와 성화의 공통 근거임을 강조하면서 성화를 칭의와 함께 묶어 동일한 가치 수준으로 올려놓았다. 이와 더불어 칼빈은 그리스도와의 연합이 칭의와 성화의 동시성을 지님을 주장하며 성화가 칭의에 비해 시간적으로도 뒤쳐지지 않음을 강조했다. 그리스도와의 연합은 믿음으로 이루어지지만 그것은 성령님의

---

54 Calvin, *Commentaries on the Epistle of Paul the Apostle to the Romans*, trans. John Owen (Grand Rapids: Baker Book House, 1979) on Romans 8:13.

55 Calvin, *Commentaries on the Epistles of Paul to the Galatians and Ephesians*, trans. William Pringle (Grand Rapids: Baker Book House, 1989) on Galatians 2:19, 20.

역사가 있기 때문에 가능한 것이다. 우리를 그리스도와 접붙여주신 분은 성령님이시고, 이것을 통해 우리는 동일한 성령님의 참여자가 됨과 동시에 성화가 시작된다는 것이다.

칼빈은 이렇게 말한다. "[그리스도와 연합하면] 그리스도께서는 우리를 거룩한 삶으로 새롭게 하시는 성령의 참여자로 만드신다. 그 방법 외에는 자신의 피로 우리를 깨끗케 하시지 않을뿐더러, 자신의 속죄로 인해 하나님을 우리와 화해시키시지도 않는다. 전혀 다른 방법이 없는 것이다."[56] 칭의와 성화의 공통적 근거가 되는 그리스도와의 연합은 칭의와 성화의 시작이 동시에 일어남을 말하는 것이다. 그리스도와 하나 됨으로 칭의를 위한 전가가 일어나고 동시에 우리 내면에 성화를 위해 거룩한 삶을 살 수 있는 능력을 부여받는다는 것이다. 이것은 칭의의 결과로 성화가 나타난다거나, 성화는 칭의의 산물이라는 등의 생각으로 성화가 칭의보다 시간적으로 밀리고 우선성에서도 뒤쳐지는 의식을 배제한다.

칭의와 성화를 그리스도와의 연합 관점으로 다루는 칼빈의 구원론은 이것을 분명히 하려고 했다. 성화의 근원은 그리스도이시다. 그리고 성화를 위하여 우리에게 그리스도의 능력이 전달되는 방법은 오직 그분과 하나 되는 것뿐임을 칼빈은 말하고 싶었다. 칼빈은 칭의를 위해서 뿐만이 아니라 성화를 위해서도 그리스도를 보게 한다. 칼빈은 그리스도와의 연합을 통해 성화 부진의 문제로 고민과 침체에 빠져있는 개신교로 하여금 칭의와 성화를 동일한 수준으로, 그리고 동일한

---

56 Calvin, *Commentary* on Romans 6:2.

순위로 보게 하는 공헌을 했다.

칼빈은 성화를 통해 칭의를 얻는다고 가르치는 로마 가톨릭교회의 오류를 바로잡기 위해 칭의와 성화를 구별했다. 동시에 칼빈은 칭의와 성화를 지나치게 구별함으로써 야기되는 성화의 가치, 혹은 성화의 중요성의 하락과 교회의 윤리적 침체 현상으로 나타나는 성화 부진의 문제를 극복하기 위해 칭의와 성화를 하나로 묶으려는 시도를 했다. 이러한 시도는 둘 다 그리스도와의 연합 개념을 통해 효과적으로 정리할 수 있었다. 무엇보다 그리스도와의 연합을 통해 칭의와 성화를 하나로 묶고 개신교의 고질적 문제였던 하락한 성화의 가치와 순위를 칭의와 동등한 수준으로 올려놓은 것은 매우 중요한 의미가 있다. 그리스도와의 연합이 칭의와 성화의 공통 근거와 동시성을 제공했기 때문에 가능한 것이었다.

이것은 구원론의 새로운 구도였다. 고대 교회에서는 성화가 칭의 속에 포함되어 개념 정리가 잘 되지 않았고, 중세 시대에는 칭의와 성화가 혼합되고 칭의를 위해 성화가 필수조건이 되어 인간의 공로를 유발시켰다. 종교개혁에 와서 마틴 루터는 중세의 오류를 수정하여 칭의와 성화를 구별함으로써 이신칭의를 확고히 했고, 칭의와 성화 간의 불가분의 관계도 가르쳐 성화의 중요성을 가르쳤으나, 이신칭의의 오해와 남용으로 말미암아 성화에 대한 인식이 칭의에 밀리고 성도들을 나태하게 만들어 거룩한 삶을 위한 열심을 소홀하게 만드는 본의 아닌 결과를 초래하게 만들었다.

이에 칼빈은 성화를 강조하기 위한 새로운 구도를 내놓았다. 그것은 새로운 신학적 구도였다. 칭의의 가치와 우선성이 부각될 수밖에 없는 칭의와 성화의 직렬 방식의 연결이 아니고, 그리스도와의 연합을 공통 근거로 칭의와 성화가 동시에 나타나는 병렬 방식의 연결을 시도한 것이다. 칼빈은 다음과 같이 말한다.

> 그리스도는 우리에게 의로움이 되셨다. 그러나 마찬가지로 그는 우리에게 거룩함이 되셨다(고전 1:30). 그리스도께서 자신 안에 우리를 하나님 아버지에게 데리고 갔기 때문이다. 그러므로 우리는 그의 영으로 진정한 거룩함을 위하여 새롭게 될 수 있는 것이다.[57] [우리의] 접붙임은 단지 그리스도의 본을 따르는 우리의 순종만을 상징하는 것이 아니라 우리가 그와 더불어 자라는 비밀스런 연합까지 상징한다. 그러한 방식을 통해 그는 우리를 그의 영으로 소생시키시며 그의 능력을 우리에게 전해주시는 것이다.[58]

루터는 믿음이 칭의와 성화의 근거라고 말하며, 믿음을 통해 칭의와 성화의 불가분의 관계를 말했지만, 율법과 복음을 구별하고 믿음과 선행을 구별한 루터의 이신칭의는 사람들로 하여금 믿음이 먼저 칭의를 이루고 그것을 근거로 그 다음에 성화가 이루어진다는 논리적 순서 개념으로 인도했다. 당연히 성화는 칭의 다음으로 밀리게 되었고 성화의 가치도 칭의보다는 평가절하 될 수밖에 없었다.

칼빈도 칭의와 성화의 불가분의 관계를 위해 믿음을 언급했으나, 그는 믿음이 단지 도구임을 강조했다. 믿음에 공로적 성격을 부여하

---

57 Calvin, *Commentary* on John 17:19.
58 Calvin, *Commentary* on Romans 6:5.

지 않도록 하기 위함이었지만, 동시에 믿음이 칭의와 성화의 근원적 힘을 공급하는 근거가 아니라는 것을 분명히 한 것이다. 믿음에는 칭의와 성화가 필연적으로 따르게 되어있다는 것이지만, 믿음이 칭의와 성화에 근원적인 힘을 불어넣는 공통 근거라는 의미는 아니었다. 칭의와 성화의 공통 근거는 믿음보다는 그리스도와의 연합으로 말하는 것이 옳다고 칼빈은 생각했기 때문이다.

이것은 인간이 가지고 있는 믿음 자체가 궁극적 가치를 가지고 있는 것처럼 생각할 수 있는 오해를 막기 위한 것이었다. 믿음은 우리를 향하게 만들고, 그리스도와의 연합은 그리스도를 향하게 만들기 때문이다. 믿음 자체는 공로도 없고 스스로의 가치를 가지고 있지 않다. 믿음은 오직 믿음의 대상이 되시는 그리스도와 하나 되게 하고 그분을 바라보게 하는 도구이기 때문이라는 것이다. 진정한 가치는 믿음에 있는 것이 아니고 그리스도에게 있는 것이다.[59]

따라서 칼빈과 루터 사이에는 미세한 차이가 있었다. 루터의 이신 칭의는 믿음이 성령의 역사로 만들어진 것이기에 믿음 자체가 힘을 가지고 있는 것처럼 들린다. 그러나 칼빈의 이신칭의는 믿음을 그리스도와의 연합을 위한 도구로 말하며 그리스도에게로 힘의 근원을 돌

---

59 "나는 이것의 왜곡된 형상을 허용하지 않는다. … 흙 그릇 안에 금이 숨겨져 있기 때문에 흙 그릇을 마치 보물인 것처럼 여기는 것을 허용하지 않는다. 유사한 논리다. 즉, 믿음이 그 자체로는 어떤 가치도 가지고 있지 않지만, 믿음은 우리를 그리스도에게로 데려옴으로 우리를 의롭게 할 수 있다. 마치 돈으로 가득 찬 그릇이 사람을 부자로 만드는 것처럼 말이다. 그러므로 의로움을 받기 위한 도구일 뿐인 믿음이 무지하게 그리스도와 혼동되었다고 나는 말한다. 그리스도는 이 위대한 유익의 본질적 원인인 동시에 저자이시고 사역자이시다." *Institutes*, 3:11:7.

리는 것으로 보인다. 우리는 그리스도와 하나 됨으로 칭의와 성화가 이루어진다. 칼빈은 그리스도와의 연합을 통해 그리스도께서 우리의 칭의와 성화의 근원이 된다는 것을 더 효과적으로 표현했다. 요컨대, 루터가 믿음을 강조하면서 인간 체험적 차원의 조명을 했다면, 칼빈은 그리스도와의 연합을 강조하면서 하나님의 그리스도를 통한 구원계획에 입각한 객관적이고 신학적인 구도 차원의 조명을 한 것으로 평가할 수 있다.[60]

---

[60] Bruce L. McCormack은 칼빈이 그리스도와의 연합을 칭의와 중생(성화)의 공통적 뿌리로 보고 있다는 점을 인식하지만, 그런 칼빈의 입장을 비판한다. 그는 칼빈의 그리스도와의 연합이 중생(성화)과 구별하기 어렵다고 말하며, 이것은 중생에 앞선 칭의의 순서적 우선을 포기하게 만든다는 것이다. 그리고 그것은 곧 칼빈 자신이 비판했던 오시앤더의 바로 그 내용으로 되돌아간다고 주장한다. McCormack은 칼빈을 비판하며 그의 대안에서 "imputation is regenerative"라고 말한다. Bruce L. McCormack, *Justification: What's at Stake in the Current Debates* (Downers Grove, Ill. InterVarsity Press, 2004), 101-109. McCormack은 전가 개념에 중생 개념을 포함한다. 이것은 종교개혁이 심혈을 기울여 세웠던 전가와 중생의 구별을 근본적으로 허물어뜨리는 것이다. 종교개혁의 가르침은 전가는 실질적 변화를 배제하는 것이고 중생은 실질적 변화를 말하는 것이기 때문이다. McCormack은 이 둘을 혼합시켜야 종교개혁의 전통적 가르침에 만족하지 못하여 방황하는 현대 개신교에 해답을 줄 수 있다고 말한다. 이것은 요사이 종교개혁 전통인 전가 개념이 도전을 받고 있는 상황에서 나온 말이다. 학자들은 이것을 개신교의 대혼란이라고 말한다. 많은 개신교 학자들이 칭의에서 그리스도의 속죄 사역으로 말미암은 죄 사함만 받아들이고 그리스도의 의로움이 그를 믿는 자에게 긍정적으로 전가되었다는 전통적 종교개혁 사상은 수용하지 않기 때문이다. 개괄적인 소개를 위해서는 Mark Husbands and Daniel J. Treier eds., *Justification: What's at Stake in the Current Debates* (Downers Grove, Ill. InterVarsity Press, 2004), 7-13을 보시오. 결론적으로 McCormack은 그리스도와의 연합이 칭의와 성화의 두 양상을 가지고 있으면서도 이 둘은 서로 혼합되거나 상호 관통하지는 않는다는 칼빈의 사상을 수용하지 못하는 것이다. 이 내용을 위해서는 Richard Gaffin, "Justification and Union with Christ," in David Hall and Peter Lillback, ed. *Theological Guide to Calvin's Institutes: Essays and Analysis*

칼빈은 그의 구원론에서 그리스도와의 연합 개념을 통해 법정적 칭의 개념으로 구원의 내용이 객관적이고 메마른 지적 성향으로 갈 수 있는 신학적 구도에 신앙적 체험을 유발할 수 있는 경건의 힘을 불어넣었다. 그리스도와의 연합을 통해 칭의를 가져다주는 그리스도와 우리 사이의 교환과 전가와 함께 실질적 변화가 나타나는 중생(회개, 성화)이 동시에 발생한다는 점을 분명히 하고자 했던 것이다.

칼빈은 이신칭의와 법정적 칭의 개념을 수용해도 그것이 절대로 홀로 존재하는 것은 아님을 말하고 있었다. 개념적으로 구별되는 칭의와 성화이지만, 실질적으로는 칭의는 중생(회개, 성화)과 항상 함께 존재하기 때문이다. 칼빈은 칭의와 성화의 논리적 순서를 의도적으로 피하려 했던 것으로 보인다. 그리스도와 하나 되면 의롭다고 선언되며 그런 그에게 동시에 변화가 나타나기 때문이다. 칭의는 순간적이며 단회적 사건이고 성화는 평생에 걸친 사건이다. 그러나 칭의와 성화의 시작은 동시에 발생한다는 것이다. 이것이 칭의와 성화의 동시성이다. 그리스도와의 연합으로 칭의와 성화라는 분리될 수 없는 하나의 사건이 발생한 것이고, 칭의는 그 사건의 한 측면을, 성화는 동일한 사건의 다른 측면을 말하는 것이다.

이신칭의는 많은 공격과 비난을 받았다. 법정적 가설이라는 로마가톨릭교회의 공격, 거룩한 삶이 약해진다는 재세례파의 비판, 루터교회에 나타난 반율법주의 논쟁과 성화의 부진 등이 그것이었다. 특히, 루터교회 내의 성화 부진은 루터의 고민이었고 개신교 전체에 드

(Phillipsburg, NJ: P&R Publishing, 2008), 262를 참고하시오.

리워진 어두움의 그림자였다. 이신칭의의 오해와 남용이 심각한 원인이고 문제였으며 쉽게 풀어지지 않는 숙제였다.

로마 가톨릭교회에 정면으로 투쟁하는 종교개혁 1세 주자 마틴 루터는 성화에 일부 손실이 있다 하더라도 이신칭의에는 추호의 훼손도 용납할 수 없다는 고민스러운 입장을 취했다. 그러나 시간이 가면서 개신교의 성화 부진 문제는 로마교회와의 대립과 상관없이 진행되었다. 칼빈의 그리스도와의 연합 개념은 이를 해결할 수 있는 신학적 대안으로 제시되었고 치리를 중시하는 그의 제네바 목회와 아울러 개신교 신학의 전통에 성화 강조를 위한 기틀을 잡아 줄 수 있는 한 가지 방법으로 중요한 역할을 했다.

언약

칼빈은 율법과 복음의 관계, 믿음과 선행의 관계, 그리고 그리스도와의 연합 등을 통해 성화의 가치를 높이고 성화 부진의 문제를 극복하려고 부단히 노력했다. 또한 이와 더불어 칼빈은 성화를 강조하는 또 하나의 방법을 가지고 있었는데, 그것은 언약 개념이었다. 성경적 언약 개념을 최초로 소개한 사람은 마틴 루터가 아니고 스위스 종교개혁자 츠빙글리(Ulrich Zwingli, 1474-1531)였다.[61] 그 후 언약신학은

---

61 하나님과 믿는 자들 사이는 언약관계가 그 근본을 이루고 있다는 사실은 이미 알려져 있었던 성경적 사상이고, 그 당시 여러 사람들 사이에도 표현되었지만, 츠빙글리가 처음으로 신·구약 사이의 언약의 통일성을 주장하며 발전시켰다. Jack Warren

츠빙글리의 후계자 불링거(Heinrich Bullinger, 1504-1575)를 통해 발전되고 칼빈에게 전수되어 더욱 풍성한 신학적인 내용으로 전개되었으며 개혁주의 신학의 중요한 전통으로 자리 잡았다.[62]

Cottrell, "Covenant and Baptism in the Theology of Huldreich Zwingli," (Th. D. Dissertation: Princeton Theological Seminary, 1971), 374. 루터는 개신교 언약사상 발전에 그리 큰 역할은 하지 않았다. 그는 언약의 쌍방성에 대해 호의적일 수가 없었다. 사실상, 회심 전, 중세 전통에 있던 루터는 하나님과 인간관계에서 인간적 요소에 많은 비중을 두었다. 유명론의 영향 하에 있던 루터는 신인협동적 언약 개념을 소유하고 있었다. 그러나 회심 후, 루터에게 변화가 나타났다. 유명론에 입각하여 쌍방적 언약 개념을 가지고 있던 루터는 언약 개념이 일방적 성격으로 바뀌기 시작한 것이다. 언약의 상호적 성격을 밀어내기 시작했고 하나님과 인간관계에서 하나님 부분을 강조했던 것이다. 루터는 언약을 약속 개념으로 이해하기 원했다. 약속은 하나님의 행위이고 인간은 하나님의 약속을 단순히 받아들이는 수용자의 입장이 되는 것이기 때문이었다. 루터는 인간을 수동적 혜택자로 보기 원했다. 우리에게 능동적 의는 없고 그리스도로부터 받은 수동적 의만 있을 뿐이며, 죄인 된 우리의 소망은 오직 하나님의 은혜의 약속인 것이라고 말했다. *LW*. 35:89; 36:38-39.

62 성경적 언약사상은 종교개혁 때에 개혁자들이 성경의 가르침을 새롭게 발견하면서 나타나기 시작했다. 그러나 루터는 언약사상을 거부했고, 언약사상의 시작은 취리히의 츠빙글리였다. 츠빙글리가 성경적 언약 개념을 소개했다면, 그것을 발전시키고 후세들에게 영향을 남긴 사람은 그의 후계자 불링거였다. 취리히에서 사역을 하고 있던 츠빙글리와 불링거는 1525에서 1527년 사이에 언약 개념을 소개했다. 취리히에서 언약 개념은 당시 재세례파(Anabaptists)와 유아세례 문제를 놓고 논쟁이 벌어짐으로 나타나게 되었다. 재세례파의 유아세례 거부에 대항하여 츠빙글리는 유아세례를 인정하며 그 성경적 근거를 제시했다. 츠빙글리는 유아세례가 하나님과 인간 사이에 맺은 언약관계의 외적 징표(outward sign and seal)라고 말했고, 유아는 하나님과 그 유아의 부모가 이미 맺은 언약관계에 포함된다고 주장했던 것이다. 유아세례는 언약의 징표로서 부모가 하나님과의 언약관계가 형성됨으로 자녀들에게 주어지는 특권이라고 보았다. 이것을 입증하기 위하여 츠빙글리는 신약과 구약의 연속성을 강조했고, 구약의 언약 개념과 할례는 근본적으로 신약에서도 계속되는 개념이라고 주장했다. Ulrich Zwingli, Antwort uber Balthasa Hubmaiers Taufbuchlein (1525), in *Corpus Reformatorum* 91 (Leipzig, 1915), 641. Cf. David Zaret, *The Heavenly Contract: Ideology and Organization in Pre-Revolutionary Puritanism* (Chicago, London:

언약신학은 루터와는 인연이 없었다. 마틴 루터는 언약 개념에 대해 부정적인 입장을 취했기 때문이다. 그는 언약 개념이 가지고 있는 하나님과 인간 사이의 쌍무성과 조건성으로 말미암은 계약적 성격 때문에 언약신학을 받아들일 수가 없었다. 이신칭의의 신학적 배경으로 자리 잡고 있는 인간의 타락, 하나님의 절대주권, 하나님의 은혜 사상은 이것을 허용할 수가 없었던 것이다.

인간의 전적 타락, 하나님의 절대주권을 주장하는 칼빈의 기본 신학적 틀도 이러한 루터의 입장과 다르지 않았다. 그럼에도 칼빈은 언약 개념이 성경적이라고 보았고 하나님과의 관계에서 하나님의 절대주권을 인정하면서도 인간의 역할과 책임을 동시에 중요하게 다루었다. 성화를 강조하려는 칼빈의 의도가 강하게 표출되는 내용이다. 칼빈은 칭의와 성화가 함께 하나님과의 언약관계에 인간이 갖추어야 할 조건으로 존재하고 있음을 가르쳤던 것이다.[63]

The University of Chicago Press, 1985), 130-131. 유아세례의 정당성을 입증하는 상황에서 이것은 두드러졌던 것이다. 그러나 쌍무적(bilateral) 계약의 의미는 츠빙글리에게 없었고, 이것은 불링거에게서 나타났다. 츠빙글리의 가르침에 의하면 구원이란 인간이 의무 조건인 믿음을 갖춤으로 되는 것이 아니고, 하나님께서 선택된 자들에게 믿음을 은혜로 주심으로 이루어지는 것이었다. 즉, 츠빙글리는 믿음이 구원을 위한 언약의 조건이라는 표현은 피했다. J. Wayne Baker, *Heinrich Bullinger and the Covenant: the Other Reformed Tradition* (Athen, Ohio, Ohio University Press, 1980), 16. Cf. Gottfried W. Locher, "The Shape of Zwingli's Theology: A Comparison with Luther and Calvin," *Pittsburg Perspective* 7 (June 1967), 22.

63 릴백은 칼빈의 언약신학에 대한 학자들의 입장을 4가지로 분류한다: (1) 하바드의 청교도 학자 Perry Miller, 세대주의자 Fred Lincoln와 Charles Ryrie, 그리고 신학계에 거장들인 Heinrich Heppe, Charles McCoy, James Orr 등을 중심으로 한 칼빈에게 언약신학이 없다는 입장, (2) 청교도 역사가 Everett Emerson, 미국 근본주의 역

종교개혁 시대에 언약사상은 신학적으로 중요한 역할을 했다. 츠빙글리가 재세례파와의 유아세례 논쟁에서 유아세례의 입장을 성경적으로 뒷받침하기 위해 사용한 언약 개념은 칼빈에 의해 구약과 신약의 연속성을 보여주고 구약과 신약이 어떻게 연결되는지를 알려주어 성경의 메시지를 전체적으로 하나로 이해하는 데 중요한 역할을 했다.

츠빙글리와 불링거에 이어 칼빈은 하나님과 하나님 백성 사이의 언약의 중심을 창세기 15장과 17장에서 하나님께서 아브라함과 맺으신 언약으로 보았다. 아브라함 언약은 하나님께서 주권을 가지고 일방적으로 축복의 약속을 하시며 아브라함과 맺으셨고 하나님의 은혜로 하신 것이다. 이 언약은 동등한 양 파트너 사이에 일대일의 관계로 맺은 계약과는 달랐다. 아브라함과 맺으신 하나님의 언약은 하나님께

사 전문가인 George Marsden, 청교도 학자 Jens Moller와 같이 칼빈은 언약신학을 불완전한 형태로 발전시켰다는 입장, (3) 청교도 학자 Leonard Trinterud, Heinrich Bullinger, 전문가인 Waynes Baker와 Chalres McCoy, Joseph McLelland 등을 중심으로 칼빈의 신학적 체계는 계약의 성격을 가진 완숙한 언약신학과는 긴장을 초래하고 있다는 입장, (4) 개혁주의 신학자 Anthony Hoekema, Vanden Bergh, H. Van Vegt, Peter Lillback 등을 중심으로 칼빈은 완전 하지는 않지만 상당한 언약신학의 내용을 가지고 있다는 입장. Peter A. Lillback, *The Binding of God: Calvin's Role in the Development of Covenant Theology* (Grand Rapids: Eerdmans, 2001), 13-28을 참조하시오. 이런 일반적인 학자들의 입장에 대하여, 최근에 피터 릴백(Peter A. Lillback)은 엄청난 분량의 칼빈 연구를 통하여 반대 입장을 표명했다. 그는 언약에 나타난 하나님의 주권과 은혜에도 불구하고, 칼빈에게서도 츠빙글리-불링거 전통의 언약의 쌍무성과 조건성을 충분히 발견할 수 있다고 주장하며 개혁주의 언약신학 전통의 초창기 발전에 칼빈의 공헌이 지대함을 설득력 있게 밝혔다. 릴백은 상당히 많은 칼빈의 원 자료를 구체적이고 세밀하게 사용하여 이것을 밝히고 있다. Lillback, *The Binding of God*, 126-304를 보시오.

서 그리스도를 통해 우리와 맺으신 언약과 근본적으로 동일한 것이었다. 따라서 칼빈은 예수 그리스도를 통해 성취된 제사법이나 구약시대에만 적용되는 율례 등을 제외하고 구약시대에 하나님께서 백성들과 맺으신 언약으로 주신 율법은 신약시대에 적용된다고 보았다.[64] 칼빈은 언약 개념을 통해 하나님의 구원 역사가 구약과 신약에 걸쳐 일관성 있게 진행되었음을 보여주었다. "모든 선조들과 만들어진 언약들은 본질과 실제에 있어서 우리의 것과 꼭 같아서 이 둘은 실지로 하나"라는 것이다.[65]

● 하나님과 인간의 결속 ●

칼빈의 언약사상의 핵심은 하나님께서 타락한 인간과 맺으신 은혜언약이다. 하나님의 은혜언약은 그리스도를 믿음으로 영생을 약속하신 하나님의 언약이다. 이 언약은 하나님과 인간 사이에 아브라함에게 후손으로 약속된 예수 그리스도가 중재자로서 언약관계의 기반을 이루고 있다. 하나님께서 주권적으로 은혜를 베푸셔서 타락한 인간과 언약을 맺으심으로 영생의 복을 내려주시는 것이다. 이런 은혜언약임에도 불구하고 하나님은 언약관계에서 인간의 역할과 책임을 중시하

---

[64] 칼빈은 다음과 같이 말한다. "이제 우리는 하나님께서 우리에게 주신 것과 똑 같은 율법과 교리에 의하여 태초로부터 그의 백성으로 양자된 모든 사람들과 더불어 언약을 맺으신 것을 분명히 볼 수 있다. 이 점을 지적하는 것은 매우 중요하다. … 하나님의 백성들은 어떤 다른 경건의 법을 가진 적이 없다." *Institutes*, 2:10:1.

[65] *Institutes*, 2:10:2.

신다. 그것은 성도들의 삶에 성화와 윤리의 강조로 나타난다. 하나님과의 언약관계는 윤리적이고 거룩한 삶의 의무를 말하는 것이다. 하나님의 은혜언약 하에서 언약 백성으로 지켜야 할 거룩한 삶과 윤리적 책임을 칼빈은 역설하고 있는 것이다.[66]

칼빈은 하나님과 인간 사이의 언약의 본질이 언약의 중재자 되시는 그리스도를 중심으로 구약과 신약이 동일하다고 가르쳤다. 성례는 신구약 사이에 형태가 변했지만 의미는 동일하다고 말했다. 츠빙글리로부터 불링거로 내려와 칼빈에게로 전수되는 구약과 신약의 연속성이 종교개혁 시대에 이미 개혁주의 전통으로 자리 잡는 모습이다. 그러나 칼빈은 언약에 대한 가르침에서 신구약의 연속성만 말한 것이 아니다. 신구약 간에 차이점과 불연속성도 칼빈은 인식하고 있었다. 언약의 조건으로 주어진 구약 율법은 신약시대를 살고 있는 우리에게도 은혜언약의 조건으로 적용되지만, 그 당시 아직 그리스도께서 오시지 않았기 때문에 문자적인 의미를 가지고 있었다. 구약 율법은 하나님 백성을 앞으로 오실 메시야에게로 인도하는 역할을 했기 때문이다. 신약시대에는 메시야가 오셨고 구약 율법이 그리스도를 통하여 완성됨으로써 영적 의미가 충만하게 드러났다.[67]

동일한 언약의 내용이지만 구약은 그 내용을 간접적으로, 이미지를 통해 나타냈고, 신약은 직접적으로 드러냈다.[68] 그러나 이런 것들은 모

---

66 *Institutes*, 3:17:5.
67 *Institutes*, 2:11:8.
68 *Institutes*, 2:11:1, 4, 6.

두 언약을 통해 하나님의 뜻을 드러내는 방식의 차이였지, 근본 내용의 차이는 아니었다. 언약사상에서 칼빈의 공헌은 신구약의 연속성을 강조하며 하나님의 은혜와 주권을 확고히 하면서도 인간의 의무와 책임을 분명하게 제시한 데 있었다.[69] 루터가 종교개혁을 통해 로마 가톨릭교회의 그릇된 칭의론과 투쟁하며 율법과 복음의 차이를 드러내는 데 열중했다면, 칼빈은 그 차이를 인정하면서도 구약과 신약의 연속성을 강조하며 은혜언약의 조건인 율법준수의 필요성과 선행의 강조를 통해 성화 진작을 위해 부단히 노력했다. 칼빈은 종교개혁 2세로서 루터의 종교개혁이 미처 채우지 못했던 부분을 언약신학을 통해 보완하는 노력을 했던 것이다.

칼빈의 언약 개념은 츠빙글리 상황에 이어 당시 관건으로 대두되고 있던 유아세례를 지지하고 신구약의 관계를 정립하는 데 중요한 역할을 했다. 그러나 칼빈의 언약신학의 핵심은 구원론이었다. 칼빈은 하나님의 언약이 인간을 구원하시겠다는 의지에서 나온 구원의 약속이라고 생각했다. 하나님의 예정에 입각해 당신의 백성을 구원하시려고 언약을 세우셨으며, 자신을 스스로 그 언약에 결속시키셨다는 것이다.[70] 그것은 언약을 통해 스스로 당신 자신을 피조물과 연합시키셨다는 말이다.

칼빈은 죄 사함이 칭의의 시작이고 동시에 그것이 하나님과의 언약으로 들어가는 첫 관문이라고 말하며, 언약은 결국 구원과 직결되

---

69 Jens Moller, "The Beginning of Puritan Covenant," *Journal of Ecclesiastical History* 14 (1963), 46-67, 특히 50쪽을 보시오.

70 Calvin, *Commentary* on Genesis, 17:9.

어있음을 시사했다. "죄 사함은 우리가 교회와 하나님 나라에 들어가는 것이다. 그것 없이는 우리에게 하나님과의 어떤 언약이나 결속도 없다."⁷¹ 하나님은 죄 사함을 통해 인간을 의의 길로 인도하시고 하나님과의 은혜언약 관계로 들어가게 하여 구원의 길로 인도하는 방법에 스스로를 의탁하셨다.

칼빈은 언약을 하나님과 연합하는 방법으로 설명한다. 언약관계를 통해 하나님과 인간 사이에 결속(bond)이 형성되는 것이다. 이 결속은 자연의 상태에서는 이루어질 수 없었다. 하나님과 인간 사이는 죄로 말미암아 결속이 이루어질 수 없는 상태에 있기 때문이다. 하나님은 이 결속을 위해 은혜를 베푸셨다. 하나님은 모든 주권을 가지고 계시기에 일방적인 명령으로도 그것을 만드실 수 있었다. 그러나 하나님께서는 은혜와 자비를 베푸시어 선하심으로 스스로 당신 자신을 우리에게 내어주시고 상호적인 관계를 맺으셨다. 하나님께서 스스로 우리의 하나님이 되시고 우리를 당신의 백성으로 삼으시겠다고 언약하신 것이다.⁷² 하나님께서 약속의 말씀을 통해 당신을 위해 당신의 백성을 택하시고 양자 삼으신 것이다.⁷³

칼빈의 성경주석을 통해 좀 더 구체적으로 칼빈의 언약 개념을 살펴본다. 칼빈에 의하면, 하나님께서 당신의 백성과 본격적으로 언약을 맺으신 것은 창세기 15장과 17장에 기록된 아브람과 맺으신 언약

---

71 *Institutes*, 4:1:20.

72 John Calvin, *Sermons on the Ten Commandments*, ed. and trans. Benjamin W. Farley (Grand Rapids: Baker, 1980), 45.

73 John Calvin, *Commentaries on the Twelve Minor Prophets*, trans. John Owen (Grand Rapids: Baker, 1979) on Haggai 2:1-5.

이다. 그런데 칼빈은 언약이 아브라함 때에 처음 나타난 것은 아니라고 말한다. 하나님은 언약의 하나님으로 인간과 처음부터 언약을 통해 관계를 맺으셨음을 상기시킨다. 그것은 하나님께서 아담과 노아와 맺으신 언약관계에서 나타난다. 하나님은 아담에게 명령을 하셨고, 그것은 순종 여부에 따라 축복과 저주가 갈라지는 언약적 성격을 띠고 있었다. 이것이 언약인 것은 하나님께서 언약의 징표로 주신 생명나무를 통해서 드러난다. 하나님은 아담과 하와에게 생명나무를 순종의 경우에 얻을 영생과 불멸의 보증으로 주셨다. 보증물의 역할은 순종 후 생명나무의 열매를 먹으면 영생을 얻는다는 것을 확신시켜 주는 것이었다(창 2:9; 3:22).

노아의 경우도 유사했다. 하나님은 노아에게 다시는 땅을 홍수로 멸하지 않겠다고 언약하시고 그것의 증거물로 무지개를 주셨다(창 9:13-16). 흥미롭게 칼빈은 생명나무와 무지개가 성례의 역할을 하는 것으로 해석했다. 성례는 언약의 징표라는 것이 칼빈의 생각이었기 때문이다. 생명나무 자체가 신비한 능력이 있어서 영생을 가져다주는 것도 아니고, 무지개가 홍수를 막는 물리적 역할을 하는 것도 아니다. 그것들은 단지 성례로서 하나님께서 언약하신 말씀의 내용을 보증해 주는 징표의 역할을 하는 것이다. 이 징표가 하나님 언약의 증거이고 인(印)이 된 것이라고 칼빈은 가르쳤다. 생명나무라고 일컫는 나무도 항상 있었던 나무이고 무지개도 과거에 존재했던 것이다. 하나님의 말씀으로 말미암아 항상 있던 것들에 새로운 의미가 새겨졌고 새로운 본질이 드리워진 것이다. 칼빈에 의하면, 하나님께서는 아담 및 노아와 언약을 맺으셨고 언약의 징표를 주셨으며, 그것은 성례로 이해되

었다.[74]

하나님과의 언약은 하나님의 약속과 그 약속에 대한 인간의 반응을 포함한다. 하나님 말씀에 대한 믿음을 확신시키기 위해 하나님께서는 언약의 징표를 주셨다는 것이다. 이것이 하나님께서 언약을 맺는 당신의 백성들을 다루시는 방법이라고 칼빈은 말한다. 언약 백성의 믿음을 지키시고 강화하시려는 하나님의 자비와 친절이 나타나는 부분이다.[75] 칼빈은 이것을 은혜언약으로 보았고 언약에 점진적 성격이 있음을 말했다.[76] 그러나 은혜언약의 본격적인 내용은 하나님께서 아브라함과 맺으신 언약이었다.[77]

칼빈은 창세기 17장에 나타난 아브라함과의 언약에서 언약 개념을 더 명확하게 소개한다. 먼저 하나님께서는 언약을 맺으시며 당신이 어떤 하나님인지를 밝힌다. 전능하신 하나님이라는 것이다(창 17:1). 아브람이 자신과 언약을 맺으시는 분이 어떤 분이신지를 알도록 하고 그분에게 신뢰를 갖도록 하는 것이다. 하나님은 아브람에게 약속을 하신다. 내용은 하나님께서 복을 주시되 그를 번성케 하고 그를 열국의 아비가 되게 하신다는 것이다(창 17:2, 4). 그런데 중요한 것은 약속과 함께 약속의 성취를 위한 조건이 있다는 것이다. 그것은 "너는 내 앞에서 행하여 완전하라(창 17:1)"는 순종의 요구였다. 이 순종의 의미는 무엇인가? 칼빈은 그것을 오직 하나님에게만 헌신하라는 것으

74　*Institutes*, 4:14:18.

75　John Calvin, *Commentary* on Genesis 9:12.

76　*Institutes*, 4:14:6,18.

77　*Institutes*, 3:21:7, Calvin, *Commentary* on Genesis 12:3; 17:1ff.

로 해석했다. 아브람의 중심이 순수하게 하나님만 바라보고 하나님만 섬길 것을 언약의 조건으로 세우신 것이다.[78]

칼빈은 이것을 교회에 적용했다. 하나님은 교회와 언약을 맺으셔서 은혜의 약속을 근거로 교회를 부르시고 당신의 백성을 양자로 삼으신다는 것이다. 언약관계에 들어간 교회는 하나님의 언약 백성으로서의 위치와 명예를 얻는다. 그런데 언약의 축복에는 조건이 있다. 하나님을 향한 믿음과 신뢰, 그리고 충성스러운 삶을 사는 것이다. 온 마음과 정성을 바쳐 하나님께 의존하며 경건하고 의롭게 사는 것을 하나님은 언약관계를 통해 요구하신다.[79]

아브라함 언약에는 두 가지 내용이 있다. 첫째는 "행복한 삶의 약속이 첨부된 은혜의 약속"이고 또 하나는 "의로움을 신장하기 위한 진지한 노력"이다. 하나님은 아브람에게 빚을 지신 것도 없고 은혜의 약속을 하셔야 하는 의무도 없다. 하나님은 당신의 주권을 근거로 일방적으로 아브람에게 거룩한 삶과 의로움을 명령하실 수 있었다. 그러나 하나님은 아브람을 부르시고 은혜로 그와 언약관계에 들어가셨다. 축복을 약속하시고 은혜를 주셔서 "아브람에게 하나님을 향한 경외심과 의로움의 신장이 그의 삶과 마음에 형성되도록 더욱 노력하게" 하셨다.[80]

아브라함 언약에서 하나님은 언약의 징표를 두셨다. 그것은 할례였

---

78 Calvin, *Commentary* on Genesis 17:1.
79 Ibid.
80 Calvin, *Commentary* on Genesis 17:2.

다. 칼빈은 하나님이 언약을 아브라함의 육신에 새기셨고, 그것을 양자 삼음을 기념하는 것으로 보았다. 이 언약을 기억하고 축하하기 위해서이다. 칼빈에 의하면 할례는 신약에서 성례가 된다. 성례는 서약으로 하나님과 인간의 양심을 연결하는 중재적 역할을 한다. 성례는 가시적 말씀이고 하나님의 은혜를 상징적으로 보여주는 것이다.

따라서 칼빈은 할례가 언약의 가시적 상징으로 하나님의 언약을 환유(metonymy, synecdoche)의 방법으로 나타내신다고 보았다. 할례를 통해 언약의 전체를 다 볼 수 있다는 것이다. 즉, 하나님의 은혜의 약속, 인간의 믿음과 순종의 서약이 있다. 성례에 참여한 자가 정작 하나님에게 가지 않고 충성스러운 삶을 살지 않으면 성례를 망령되게 하는 것처럼, 할례도 준엄한 것으로 언약의 조건인 믿음과 순종을 충성스럽게 이행하지 않으면 축복은 이루어지지 않는다는 것을 보여주는 준엄한 징표인 것이다.[81]

칼빈은 아브라함 언약의 영원성을 주장한다. 할례라는 외적 표현 방식은 예수 그리스도가 오심으로 중단되었고, 언약의 징표는 세례로 변경되었다. 세례가 할례를 대치한 것이다. 신약시대에 아브라함의 후손들은 그리스도와 함께 죽고 다시 사는 의미를 가진 세례를 통해 영적으로 할례를 받는 것이다.[82] 하나님께서 당신의 약속을 언약이라 부르시고(창 6:18; 9:9; 17:2), 성례를 언약의 징표라고 부르신다.[83]

---

81 Calvin, *Commentary* on Genesis 17:9.
82 Calvin, *Commentary* on Genesis 17:13.
83 *Institutes*, 4:14:6.

성례는 세례와 성찬으로, 세례는 하나님과 언약을 비준하는 것이고, 성찬은 비준한 언약을 갱신하는 것이다. 언약의 갱신은 언약 백성으로 하여금 언약을 기억하게 하고 그들의 믿음을 강화시키는데 목적이 있다. 성찬에 참여함으로 그리스도의 죽음의 능력이 우리 안에 생명을 주는 효력으로 발휘되기 때문이다.[84] 성례는 하나님의 은혜의 약속을 양심에 인치고 연약한 우리의 믿음을 지켜주시기 위함이다. 이것을 통해 우리는 하나님을 향한 충성과 사랑을 만민 앞에서 증거한다. 성례는 우리를 향한 하나님의 은혜의 증거임과 동시에 하나님을 향한 우리 사랑의 증거로 상호간의 증거를 입증하는 외적 징표이다.[85]

왜 언약에 징표가 필요한가? 칼빈은 목회적 차원에서 성도들의 연약함을 생각하며 그 필요성을 주장했다. 육신에 속해 있는 우리의 연약함 때문에 물질적인 것을 통해 영적 진리를 보여주고 기억하게 하며 격려하는 것이다. 하나님 말씀과 약속의 내용을 우리 심령에 더 확신시키고 가르치고 인도하시기 위함이다. 성례는 가시적 말씀이다. 하나님의 약속이 눈에 보이게 나타나고 이미지를 통해 우리 육신 앞에 보이도록 한 것이다.[86]

그러므로 하나님 언약에 문제가 있거나 말씀의 능력이 부족해서가 아니다. 우리 믿음이 문제이다. 하나님께서는 자비로 친절을 베푸사 자신을 우리 수준으로 낮추신 것이라고 가르친다. 우리는 너무도 육

---

84 *Institutes*, 4:17:1.
85 *Institutes*, 4:14:1.
86 *Institutes*, 4:14:6.

신적이고 물질적이기 때문에 하나님께서는 세상적 요소로 우리를 당신에게로 이끄시는 것이다. 칼빈은 언약의 징표를 통해 성도들이 왜 거룩한 삶을 살아야 하고 어떻게 성화를 진작시킬 수 있는지 보여주려고 했다.[87]

● 하나님의 주권 ●

언약을 통해 하나님의 은혜와 인간의 거룩한 삶의 책임을 제시한 칼빈의 언약 개념은 칼빈의 다른 신학적 부분과 상충되어 보이는 문제를 안고 있었다. 그것은 칼빈의 예정론이었다. 루터에게 이신칭의가 성화를 진작하는 데 어려움을 끼친 것이라면, 칼빈에게는 예정론이 성화 진작에 어려움을 가져다준 것으로 평가할 수 있다. 성화 부진의 문제가 있음을 알면서도 루터가 이신칭의를 추호도 양보할 수 없었던 것처럼, 칼빈도 예정론이 성화 부진의 문제를 가져올 수 있다는 생각을 하면서도 예정론을 왜곡시킬 수는 없었다. 성경에 충실할 수밖에 없다고 생각했기 때문이다.

그러면 칼빈은 예정론과 언약의 문제를 어떻게 다루었는가? 칼빈의 예정론이 인간을 무기력하게 만들고 성화의 추구에 결정적 방해가 된다고 사람들은 생각한다. 논리적으로는 그렇게 보일 수 있다. 하나님께서 주권을 가지고 구원하실 자들을 다 정해놓으셨다면, 인간의

---

87 *Institutes*, 4:14:2.

노력과 행동은 의미가 없어 보이기 때문이다. 그러므로 이 논리대로라면, 그것은 인간을 나태하게 만들 수밖에 없을 것이다.

사실 추후 개신교회에서 나타나는 반율법주의 현상은 칼빈의 예정론을 극단적으로 끌고 갈 때 논리적으로 불가피하게 나타나는 현상으로 보인다. 반율법주의를 경계하는 자들은 예정론을 반율법주의의 근원이라고 의심했다. 일리가 있는 의심이다. 즉, 예정론이라고 하면, 경건의 추구와 율법순종을 향한 열심은 나올 수 없을 것으로 보여짐으로써 칼빈의 성화 추구 노력과는 상반되는 것으로 여겨졌다.

칼빈은 예정을 언약과 연결시킴으로써 이 문제를 해결하려 했다. 예정은 하나님의 일방적인 처사로 보이지만, 언약은 하나님의 약속과 더불어 인간의 반응과 그것에 따르는 책임이 수반된다. 언약과 예정이 같이 갈 수 있을까? 언약은 쌍방적 성격을 가지고 있고, 예정은 일방적 성격을 가지고 있다. 언약은 하나님과 인간 사이의 상호관계 가운데 조건과 책임을 가지고 있는 반면, 예정은 하나님께서 일방적으로 인간의 운명을 결정하시는 것이 아닌가? 그러나 흥미롭게도 칼빈의 언약 개념은 예정론과 관계를 맺고 있음이 드러난다.

칼빈의 예정론은 이중예정이다. 하나님의 기쁘신 뜻에 따라 어떤 사람은 하나님의 자녀로 택함 받아 영원한 생명을 얻기로 정해졌고, 어떤 사람은 영원한 멸망으로 정해졌다는 것이다. 전자를 선택된 자, 후자를 유기된 자라고 말한다. 이와 같이 하나님은 각각의 사람에 대해 어떻게 하실지 영원한 작정을 하셨는데, 이것을 예정이라고 부른다. 흥미로운 것은 하나님께서 선택받은 자를 자녀 삼기로 작정하실 때 하나님은 그렇게 언약하셨다고 칼빈은 말한다. 누구와 언약하셨다는 말인가? 하나님께서는 가장 먼저 스스로와 언약하셨음을 말하고

있다. 삼위 내에서 언약이 있었음을 추측할 수 있는 대목이다.[88]

칼빈은 예정으로 이루어진 하나님의 구원 계획을 '생명의 언약'이라고 불렀다. 이 생명의 언약은 모두에게 똑같이 전해지지도 않을 뿐더러, 전해 받은 사람들 간에도 동일한 반응으로 나타나지 않다는 것이다. 이 모든 다양한 반응은 하나님의 주권 하에서 인간을 구원하시기 위해 나타나는 결과이다. 이러한 현상은 하나님께서 예정 하에 구원을 이루시는데 있어서 언약의 결실이 맺어지는 다양한 과정이 있음을 의미하는 것이다.[89] 칼빈에 의하면 언약이 이루어지는 과정은 단순하지 않다. 하나님께서는 이스라엘 백성을 집단적으로 택하셔서 그들과 언약을 맺으시고 그들과의 언약관계 가운데 구원을 이루어 나가심과 동시에, 그 안에서 개인적으로 선택받아 예정된 자들과 언약을 맺으시어 당신의 구원 계획을 이루어 나가셨고, 언약의 중재자 되시는 그리스도가 오시어 그 언약을 성취하셨다.

칼빈은 언약이 예정의 수단으로 구원을 이루어 나가는 방법임을 보여주고 있다. 먼저, 하나님의 예정이다. 선택을 통해 구원을 이루는 예정은 성경에 두 단계로 나타난다. 하나는 집단적 선택으로 하나님께

---

88 "We call predestination God's eternal decree, by which he compacted with himself what he willed to become of each man. (predestinationem vocamus aeternum Dei decretum, quo apud se constititum habuit quid de unoquoque homine fieri vellet.) For all are not created in equal condition; rather, eternal life is foreordained for some, eternal damnation for others. Therefore, as any man has been created to one or the other of these ends, we speak of him as predestined to life or to death." Institutes, 3:21:5.

89 Institutes, 3:21:1.

서 구약 이스라엘 백성을 선민으로 택하신 것이고, 또 하나는 개인적 선택으로 영생을 주시는 것이다. 집단적 선택은 개인적 선택을 위한 하나의 모형이었다. 하나님께서는 다른 백성을 버리시고 이스라엘을 택하시어 예정의 모형을 보여주셨다. 아브라함과 그 후손을 통해 이스라엘이라는 선민을 만들어 선별하시어 예정으로 구원하시는 하나님의 구원 방식을 보여주신 것이다.[90]

하나님은 아브라함과 언약을 맺으셨다. 아브라함과 그 후손을 당신의 백성으로 삼으시고 당신이 그들의 하나님이 되겠다고 집단적으로 언약하셨다. 그들과 하나 됨을 선언하시며 언약을 체결하신 것이다. 그러나 그 속에는 개인적 선택의 의미가 상징적으로 포함되어 있었다. 하나님은 언약을 확증하는 징표를 주셨다. 그것이 할례이다. 구원을 위해 선택을 하시고 선택을 통한 구원을 집행하시기 위해 언약이란 방법을 사용하셨다. 언약은 하나님께서 구원을 이루시는 수단으로 예정이 구원으로 결실이 맺어지도록 하는 구체적인 수단이었다. 이스라엘 백성 내에는 집단적 선택에만 해당하는 자들이 있었고, 집단적 선택과 함께 개인적 선택에도 포함된 자들이 있었다.

칼빈은 예정의 본질적 의미가 개인적 선택과 관련된 개인 구원에 있다고 보았다. 이스라엘 백성을 택하신 집단적 선택은 본질을 미리 보여주기 위한 하나의 본보기였다는 것이다. 그러므로 언약의 본질도 하나님께서 이스라엘과 집단적으로 맺은 언약이 아니고 개인적으로 맺은 개인적 언약에 있다고 보는 것이다. 집단적 언약은 영원한 언약이 아니

---

90 *Institutes*, 3:21:5.

다. 이스라엘이라는 집단 공동체는 붕괴되었고, 이들이 하나님과 맺은 언약은 깨어졌다. 집단적 언약으로만 하나님과 언약관계를 맺은 이스라엘 백성들 가운데 많은 사람들이 언약에서 끊어져 나갔다.

언약이 깨어지고 끊어지는 것은 집단적 언약의 성격이고 그것은 일반적 선택(general election)의 속성이다. 이스라엘의 선택은 일반적 선택으로 그것은 거듭나 하나님의 자녀가 되고 영생을 얻는 특권을 누리는 것과는 상관이 없는 것이다. 이스라엘 백성의 선택과 언약은 개인적 선택과 언약의 보형이었다.[91] 언약이 원래의 의도대로 영원히 지켜지는 것은 집단적 선택이 아니고 개인적 선택이며, 그것이 진정한 의미에서 하나님의 예정과 관련되는 것이다. 칼빈은 사도 바울의 말을 근거로 집단적으로 택함 받은 이스라엘 백성 가운데 진정한 영적 후손이 따로 있음을 말한다. 그들이 진정한 의미에서 하나님의 예정 하에 선택받은 자들이고, 하나님과 영원한 언약을 맺은 자들이며, 영생의 구원을 받은 자들이라고 말한다.[92]

● **인간의 역할** ●

칼빈이 예정을 집행하는 수단으로 언약을 보았다면, 언약은 하나님의 주권 하에서 진행되며 인간 측면에서는 어떤 자발적 의미도 없는 것인가? 언약 하에서의 인간의 반응과 태도는 하나님의 의도와 주권

---

91 *Institutes*, 3:21:7.
92 Ibid.

으로 진정한 의미가 없는 것인가? 칼빈은 그렇게 보지 않았다. 칼빈은 언약과 관련하여 인간의 반응이 다르게 나타나고 그 결과도 다를 수밖에 없음을 말했다. 하나님께서는 인간으로 하여금 언약에 대한 반응을 나타내 보이게 하는 생명의 언약이 인간에게 선포되게 하셨다. 생명의 언약은 모든 사람에게 동등하게 선포되는 것이 아닐 뿐더러, 언약 선포를 받은 사람도 동일한 반응을 보이는 것이 아니라고 칼빈은 말한다.[93]

이 언약 선포는 설교를 말한다. 하나님께서 인간에게 생명의 언약을 전달하시는 방법은 설교라는 것이다. 칼빈은 선포되는 이 언약을 "생명의 언약(covenant of life, Inst. 3:21:1)", "영생의 언약(covenant of eternal life, Inst. 3:21:7)", "의의 언약(covenant of righteousness, Inst. 3:14:18)", "자비의 언약(covenant of mercy, Inst. 3:14:18)"이라고 말했다. 이것은 인간을 향한 하나님의 은혜언약으로 하나님의 예정에서 발원한다.[94]

인간의 입장에서는 이 생명 언약의 선포가 설교로 전달되고 확인되는 것이다.[95] 설교는 교회의 사역이다. 칼빈은 교회의 표지를 말씀과 성례로 보았고, 그 표지를 언약으로 설명했다. 말씀은 언약의 선포이고, 성례는 언약의 징표라는 것이다. 성례는 세례와 성찬을 일컫는 것으로, 칼빈은 세례를 언약 체결로 보았고, 성찬은 언약 갱신으로 보았

---

93 Ibid.
94 *Institutes*, 3:21:5.
95 *Institutes*, 3:24:1.

다. 교회는 말씀과 성례라는 두 가지 사역을 통해 구원사역을 하는 것이다. 즉, 설교를 통해 언약을 전달하고 성례를 통해 언약을 확증하는 것이다.

인간은 말씀이 선포될 때 반응을 보인다. 하나님의 언약 제시에 대한 반응이 나타나는 것이다. 그리고 하나님은 그 반응에 따라 언약 비준의 여부를 결정하신다. 하나님의 언약은 인간을 구원하기 위한 하나님의 주권적이고 은혜로운 방법이다. 하나님의 영원한 작정인 예정에 입각하여 언약을 통해 영생을 약속하셨다. 그러나 칼빈은 이 언약이 인간의 반응을 요구하고 있다는 사실에 큰 의미를 부여한다. 하나님의 사랑과 은혜에 대한 인간의 반응으로 언약 안에서 지켜야 할 의무와 책임이 있다는 것이다. 이 거룩한 행함의 의무가 지켜지지 않는다면 언약은 깨어지는 것이다.

칼빈은 하나님께서 언약을 통해 먼저 자신을 스스로 인간에게 결속시키셨고,[96] 인간도 언약에 의해 하나님에게 결속되었다고 말한다. 인간을 향한 하나님의 결속은 사랑과 은혜로 나타나고, 하나님을 향한 인간의 결속은 경외와 순종으로 나타난다. 하나님께서는 심령에서 우러나오는 사랑과 순종을 요구하시며 언약의 상대인 인간을 자신에게 결속시키는 것이다.[97] 결속은 책임을 수반한다. 인간이 하나님에게 결

---

96 Calvin, *Commetary* on Exodus. 6:5; Calvin, *Commentary* on Jeremiah 33:8.
97 Inst. 4:14:19. 이 결속은 인간의 자유를 빼앗아가는 것처럼 보이지만 사실상 우리는 하나님에게 결속되어 있음으로 더 감사해야 된다고 칼빈은 말한다. 우리는 많은 좋은 은사들을 받았는데, 우리가 받은 모든 은사들은 우리 것이 아니고 하나님께서 우리를 당신에게 언약으로 인도하신 결과로 나타나는 유익이기 때문이라는 것이다. Calvin, *Commentary* on. Malachi 2:4.

속되었다는 것은 언약의 조건을 이행해야 할 의무가 있다는 것이다. 결속의 책임과 언약 조건 의무는 율법주의적 책임 이행을 의미하는 것이 아니라, 하나님의 사랑과 은혜에 대한 반응을 요구하는 것이다.

구체적 내용은 하나님이 거룩하신 것처럼 우리도 거룩하라는 말씀이다. 우리가 의로워져야 하는 이유도 이 말씀에 입각해 있다. 하나님의 은혜로 그리스도를 믿어 언약관계에 들어가야 하기 때문이다. 즉, 언약 안에서 거룩한 삶을 사는 것이다. 칭의와 성화가 거룩함을 의미하는 것이다. 칭의와 성화를 통해 하나님과 우리를 언약으로 연결시켜 주는 것이 거룩함이다. 이때 유의해야 할 것은 이 거룩함이 율법주의적인 외형적 거룩함이나 스스로 쟁취하려는 공로적 성격의 거룩함이 아니라는 것이다. 이 거룩함은 그리스도를 믿고 그와 연합하여 그의 거룩함을 받아 그의 부르심을 따라가는 것을 의미한다.[98]

구약의 이스라엘은 하나님과의 언약이 어떤 것인지, 하나님이 요구하시는 순종이 무엇인지, 그들의 순종 여부에 따른 언약의 결과는 어떤 것인지 잘 보여준다. 이스라엘은 모형으로 우리에게 주어졌기 때문이다. 하나님은 언약을 지키지 못하는 이스라엘에 대해 감사할 줄 모르고 목이 곧은 백성이라고 책망하셨다. 이에 반해, 하나님은 우리에게 당신을 경배하고 율법에 순종하여 언약의 축복을 받으라고 말씀하신다. 이것이 은혜언약에 입각하여 그리스도를 믿는 자들에게 주시는 하나님의 명령이고 우리의 임무라는 것이다.[99]

---

98 *Institutes*, 3:6:2.
99 *Instiues*, 3:17:6.

언약에는 쌍방 간에 지켜야 할 것이 있다. 하나님은 약속을 지키시고, 인간은 순종을 해야 하는 의무가 있는 것이다. 하나님은 아브라함과 언약을 맺으시던 때부터 이와 같이 해오셨다. 하나님은 아브라함에게 축복을 약속하셨으며, 아브라함은 순종함으로 하나님과 완전히 동행하는 것이었다. 이 언약은 아브라함 이후 그의 후손들에게도 동일한 효력이 발생하는 것이라고 칼빈은 말했다.[100]

인간에게 언약의 조건으로 주어진 거룩함과 순종의 행위를 우리는 제대로 지킬 수 있는가? "너는 내 앞에서 행하여 완전하라"는 하나님의 요구 수준에 우리는 도달할 수 있는가? 우리가 언약관계에 있으나 우리의 행위가 완전한가? 이러한 질문에 대한 우리의 답변은 "그렇지 않고, 그럴 수도 없다"이다. 그러면 칼빈이 말하는 것은 무엇을 의미하는가? 성령의 역사가 있고 마음의 할례를 받아도 우리의 선행 자체는 하나님께서 요구하시는 율법적 완전의 수준에 미치지 못한다. 그러나 하나님께서는 당신의 자녀가 된 믿는 자의 부족한 선행을 완전한 것으로 여겨주시어 언약 조건을 만족시킨 것으로 수용하신다고 칼빈은 주장한다. 어떻게 이것이 가능한가? 그것은 하나님께서 우리를 구원하시고 양자 삼으심으로 우리를 당신 것으로 구별하셨기 때문에 가능할 수 있게 되었다. 하나님은 당신의 영으로 우리를 새로 낳으셨고, 또한 당신의 영으로 우리를 채우셨다. 하나님께서 믿는 자들의 행위를 받아주실 때에는 그 행위 자체를 보시는 것이 아니라, 그 행위의 근원이신 당신 자신을 보시기에, 우리의 행위가 부족함에도 불구

---

100 Calvin, *Commentary* on Jeremiah 14:22.

하고 관대함으로 받으신다는 것이다.[101]

하나님과 진정한 언약관계에 있는 자, 그리스도를 진정으로 믿어 구원받은 자의 선행은 선행 자체로 선한 것이 아니다. 하나님의 은혜로 임하는 성령의 역사로 말미암아 믿는 자의 선행이 선하게 되는 것이다. 그것이 하나님의 사역이기 때문이다. 은혜언약에서 성화는 칭의와 불가분의 관계에 있고 칭의와 동시에 나타나는 유익이라고 칼빈은 말한다. 성화는 언약의 조건으로 율법에 대한 완전한 순종이 그 내용으로 되어 있다. 그러나 이 언약에는 죄 사함과 성화의 영이 함께 존재하고 있다.

언약에서 우리의 서약은 용서의 간구와 도움의 요청을 함께 포함하고 있다.[102] 주기도문에 나타난 우리를 위한 기도 부분에 이러한 것들이 잘 반영되어 있다. 우리를 시험에 들지 말게 하시고 우리 죄를 용서해 달라는 기도가 이것을 말한다. 우리의 행위는 아무리 잘한다 할지라도 항상 부족할 수밖에 없으므로 하나님의 용서와 도우심이 필요하다는 것을 인정하고 겸손하게 하나님 앞에 나아가며 최선을 다해야 한다는 것이다. 하나님께서는 이 모든 것을 종합적으로 보시며 은혜언약의 요구조건이 완전히 이루어진 것으로 여겨주시고 받아주시는 것이다.

칼빈은 이신칭의를 확고하게 믿었다. 이신칭의에 입각해 칼빈은 하나님 앞에서 행하는 인간의 선행이 어떤 것인가를 명백히 밝혔다. 인

---

101 *Institutes*, 3:17:5.
102 *Institutes*, 4:13:6.

간의 선행은 아무리 선해 보여도 항상 불결한 것이 묻어있다. 하나님의 공의에 의하면, 모든 인간의 모든 행위는 받아들일 수 없는 것이다. 그러나 하나님은 은혜언약에 들어와 있는 믿는 자들의 행위를 공의로 보지 아니하시고 자비와 친절로 보신다. 그것을 마치 완전히 순결한 것으로 수용하신다는 것이다.

그러므로 우리는 어떤 것도 공로로 얻을 수는 없다. 오직 하나님의 은혜로 이 세상의 축복과 아울러 영생이라는 영원한 유익을 보상으로 받는 것이다. 영생의 대가는 믿음만으로 얻은 것이 아니라, 믿음과 선행의 대가라고 칼빈은 의도적으로 주장한다.[103] 하나님의 "수용적 은혜"에는 믿는 자의 영원한 상급이 믿음과 함께 열심 있는 노력으로 주어진 것이라는 개념이 포함되어 있다.[104] 우리의 부족함에도 불구하고

---

103 *Institutes*, 3:15:4.
104 칼빈은 중세 신학자들이 주장하는 선행의 공로 개념은 명백하게 거부했다. 그러나 칼빈은 하나님의 백성들의 행위(선행)를 향한 하나님의 관대함을 인정하는 중세 유명론 신학자들의 언약 개념은 수긍했다. 중세 유명론 신학자들도 사람들의 행위 자체를 순수히 하나님께서 공로로 인정하지는 않으신다고 믿었다. 그럼에도 하나님은 선행을 사랑으로 받아주시고 인정하신다는 것이다. 그 행위 자체로는 하나님께서 받으실 만한 가치가 없다. 그 모든 행위들이 아무리 선하게 보여도 죄와 타락의 흔적이 묻어있기 때문이다. 그럼에도 하나님께서 그것을 받으시는 것은 그 부족한 행위에 대해 은혜를 베풀어 인정해 주시기 때문이라는 것이다. 행위의 가치가 하나님께서 수용하시는 은혜로 말미암아 받아들여진다는 중세 유명론 신학자들의 가르침은 옳다고 칼빈은 생각한다. 칼빈은 이러한 하나님의 관대함을 "부성애"와 "수용적 은혜"라고 부른다. Inst. 3:17:15. 비록 칼빈이 중세의 언약 개념을 일부 수용했지만, 전체적으로는 중세 신학자들과 동의할 수 없는 중대한 이유가 있었다. 그것은 하나님께서 왜 관대함을 베푸시는가 하는 것이었다. 중세 신학자들은 하나님의 관대함의 가장 중요한 원인인 이신칭의와 죄 사함을 가르치지 않았다. 부족한 행위가 하나님의 관대함으로 말미암은 언약에 의하여 인정을 받으려면, 이신칭의가 선행되어야 한다는 사실을 그들은 인식하지 못하고 있었던 것이다. 행위가 하나님에게 받아들여지려면 이신칭의로 말미암은 죄 사함

언약은 유지된다. 언약의 중재자 되시는 예수 그리스도의 보혈과 우리 대신 이루신 그분의 완전하신 선행공로 때문이다. 그리스도의 공로로 말미암아 하나님께서는 그리스도를 믿는 자들과 언약을 맺으시고 관대함을 베푸시어 언약의 조건을 완전하게 지키지 못하는 우리의 행위를 완전한 것으로 받아주셨다. 그리고 그렇게 언약관계는 유지되는 것이다.[105]

칼빈은 하나님의 "수용적 은혜" 개념을 통해 인간의 행위를 이신칭의와 합류시킬 수 있었다. 이 수용은 이신칭의에 종속적인 것으로 보았고, 이신칭의와 상충되지 않는 것으로 칼빈은 판단했다. 칼빈은 언약 개념에 입각하여 은혜언약에 속해 있는 믿는 자의 부족한 선행을 언약의 조건을 만족시키는 것으로 이해했던 것이다.

● 언약의 경고 ●

칼빈의 "수용적 은혜" 개념이 하나님의 은혜를 남용하게 만들고 성화에 방해가 되게 하는 것은 아닌가? 앞서 이미 살펴본 바와 같이 언약은 인간의 의무와 책임을 강조한다고 했는데, 부족한 선행을 완전한 것으로 여겨주신다면 열심히 선행을 하려는 동기 부여에 오히려 장애가 되는 것이 아닌가? 칼빈이 말하는 언약의 조건성과 쌍방성은 무슨 의미가 있는가? 이러한 질문들은 인간이 과연 언약을 깰 수 있는

을 통하여 행위마저도 묻어있는 죄로부터 깨끗함을 받아야 한다는 것이다. *Institutes*, 3:17:3.

105 Calvin, *Commentary* on Luke 17:7-10.

가 하는 질문과 연결된다. 인간의 불순종과 언약 조건의 불이행이 언약을 깨뜨리고 축복 대신 저주가 발생하는 경우가 있어야 언약의 준엄함이 나타나는 것이라는 생각인 것이다. 부족해도 다 받아주신다고 하면 언약이 인간에게 주는 부담은 사라지고 언약의 경고는 의미를 상실하기 때문이다.

애초에 하나님을 거부하고 그리스도를 믿지 않으면 은혜언약 관계는 형성되지 않는다. 여기서는 하나님과 은혜언약 관계에 들어간 사람들을 대상으로 말한다. 이 경우 칼빈은 수용석 은혜 개념에도 불구하고 인간은 언약을 깰 수 있다고 말한다. 모형으로 주어진 이스라엘의 언약 파기 본보기는 신약 성도들에게도 그런 문제가 있을 수 있음을 시사한다. 은혜언약의 중재가가 되시는 그리스도께서 오신 신약시대에도 백성들은 감사치 않음으로 언약에서 벗어날 수 있고 하나님의 은혜를 저버릴 수 있다고 칼빈은 말한다.[106] 새 언약에도 언약 파기가 있다는 말이다. 한 가지 유의할 점은 언약 파기에 있어서 집단적 언약의 경우와 개인적 언약의 경우에 차이가 있다는 것이다.

칼빈은 먼저 집단적 언약의 경우를 말한다. 바울이 언약 파기를 말할 때 집단적 언약 부분을 집중적으로 말하기 때문이다.[107] 구약 이스라엘 경우에 이것은 명백했다. 이스라엘은 언약공동체 차원으로 언약 파기가 일어났고 그 결과 하나님의 진노가 임하여 나라가 몰락하고 하나님으로부터 버림을 받아 이방의 포로가 되었다. 칼빈은 이와

---

106 Calvin, *Commentary* on Romans 11:22.
107 *Institutes*, 3:2:22; 3:21:5-7.

같은 집단적 언약 상황을 그가 살고 있던 종교개혁 시대의 로마 가톨릭교회에 적용했다. 로마 가톨릭교회는 하나님과 집단적 언약관계에 있었으나 그들의 배교로 말미암아 언약 파기에 이르게 되었다는 것이다. 즉, 하나님이 그들을 버리셨다는 것이다. 다시 말해, 교회가 붕괴되고, 종교개혁으로 큰 타격이 로마 가톨릭교회에 가해진 것을 의미했다.[108]

개인적 언약 파기는 어떻게 발생하는가? 칼빈은 새 언약에서 주어지는 언약의 경고도 가상적인 경고가 아니라, 진정한 경고라고 말한다. 이것은 구체적으로 무엇을 말하는가? 개인이 어떻게 하나님과의 언약관계에 들어갔다가 언약에서 끊어질 수 있는가? 칼빈은 개인이 언약으로 들어가는 세 가지 방법을 다음과 같이 진술한다. 모태신앙, 위선적 믿음, 진정한 회심이다. 그러나 칼빈은 이 방법들 중 두 가지는 언약 파기로 인해 언약에서 끊어질 가능성이 있음을 경고한다. 첫째는 모태신앙의 경우 유아세례를 받은 언약 자녀가 성인이 되어 신앙을 고백하지 않고 약속을 거부하며 감사치 않음으로 언약이 파기되는 경우이다. 둘째는 교회 내에서 위선자들이 하나님의 말씀을 파괴하고 불순종의 삶을 살 때에 언약으로부터 끊어지는 것이다.[109] 이들은 애초에 하나님과 진정한 언약을 맺지 않은 것이 아닌가? 내용적으로 그렇다. 하나님은 이것을 아신다. 그러나 사람들은 누구도 애초부터 그들의 언약의 진정성과 견인성을 알 수 없다. 그들 모두 세례 받고 교회의

---

108 Calvin, *Commentary* on Hosea 2:4-5

109 Calvin, *Commentary* on Romans 11:22.

일원이 된 자들이다. 공식적으로 하나님과 언약관계에 들어간 자들이다. 그러나 그들이 신앙고백을 하지 않거나 배교를 하고 지속적으로 반항과 불순종의 삶을 살 때 그들은 공식적으로 언약을 파기하는 것이다. 그리고 그들에게는 하나님의 진노와 저주가 임한다. 언약에 주어진 하나님의 경고가 실제로 임하는 것이다.[110]

언약의 경고는 진정으로 회개한 택함 받은 자들에게도 적용이 된다. 이들은 하나님과 은혜언약 관계를 맺은 자들로 사실상 은혜언약에서 떨어져 나갈 수 없다. 이들에게는 수용적 은혜가 주어진다. 그러나 이들은 하나님의 은혜를 남용하지 않는다. 언약 밖에 있는 자들에 비해 행위 면에서도 훨씬 더 도덕적이고 윤리적이다. 그러나 그들의 행위도 완전하지는 않다. 하나님은 그것을 수용적 은혜로 받아주시는 것이다.

그런데 당사자들은 자신의 죄성 때문에 투쟁하면서 언약의 경고를 무시할 수 없게 된다. 그들도 육신의 정욕이 있고 시험에 들고 유혹에 빠질 수 있다는 것을 알기 때문에 인간적 관점에서 언약을 파기할지도 모른다는 생각을 하게 된다. 하나님의 택함을 받은 자들은 결론적으로 성도의 견인으로 하나님의 언약을 파기할 수 없다. 언약의 중재자가 되시는 그리스도의 은혜와 그분의 보혈로 그들은 안전하게 지켜지는 것이다. 그러나 그들은 유혹과 투쟁하며 자신의 정체에 혼란을 겪기도 하며 언약의 경고로 도움을 얻는 것이다.[111]

---

110 Calvin, *Commentary* on Leviticus 26:40.
111 Calvin, *Commentary* on Romans 11:22.

신약시대의 교회에도 구약시대의 이스라엘 백성과 유사한 면이 있다. 새 언약에도 넓은 의미의 선택, 또는 넓은 의미의 언약이 있으며, 진정으로 성령으로 거듭난 하나님의 자녀, 또는 진정으로 하나님과 언약관계를 맺은 자들이 따로 있다는 것이다. 차이점은, 신약시대에는 훨씬 더 많은 택함 받은 자들, 또는 진정한 은혜언약 관계를 맺은 자들이 있다는 점이다. 실질적인 적용보다는 넓은 범위를 가지고 있는 언약의 성격 때문에 구약에서와 같이 신약에서도 마찬가지로 언약 파기는 가능하다. 그러므로 언약의 경고는 지극히 현실적이라는 것이다.[112]

칼빈은 목회적 차원에서 현실적으로 나타나는 언약 파기의 경우를 실감나게 묘사한다. 이것은 성화를 경시하고 윤리 도덕적으로 심각한 문제를 안고 있는 우리에게 큰 도전을 준다. 칼빈은 교회 안에 있는 유아세례자들과 위선자들을 가리켜 이들을 언약의 중도적 입장이라고 묘사한다. 우리는 그들이 앞으로 어느 방향으로 나아갈지 모르기 때문이다. 유아세례자들이나 위선자들도 뒤늦게 회개하고 돌아설 수 있다. 그러나 현재 이들은 유아세례를 받아 교회에 참여하고 있으나 성인이 되었어도 신앙고백을 못하고 있거나, 성인으로 세례 받고 신앙고백을 했으나 실질적으로 거듭나지 않은 자들이다. 이들에게는 대체로 어떤 모습이 나타나는가? 칼빈은 위선자들이 성령의 사역을 가진 것으로 보이나 궁극적으로 그렇지 않았음이 드러날 것이라고 말한다. 주로 경제적으로 풍요로움이 중단되거나 역경이 심해질 때 드러난다

---

112 Ibid.

고 말한다. 이때 이들은 하나님 경외를 중단하고 하나님께 분노할 것이다. 충성스러운 언약의 백성은 역경에도 불구하고 언약을 지켜나갈 것이나, 위선자들은 언약을 파기하며 하나님과 전쟁을 벌일 것이다. 그들은 하나님이 그들에게 묶여있다고 생각하나, 자신들은 하나님께 묶여있지 않다고 생각한다. 그들은 언약이 일방적이라고 생각하고 그들이 원하는 것을 자유롭게 할 수 있다고 생각한다. 그들은 언약의 상호성을 거부하고 하나님의 은혜를 남용하는 것이다.[113] 이들은 자신이 원하는 이상의 것을 요구하지 않는 언약을 하나님과 맺기 원한다. 언약의 상호성을 망각하고 하나님과의 언약을 자기중심적으로 생각하고 있는 것이다.[114]

칼빈은 언약의 책임과 의무를 저버리면서 언약에 확신을 갖고 있는 자들을 교회가 도전해야 한다고 말한다.[115] 교회는 위선자들에게 언약이 상호적이라는 것을 상기시켜야 한다. 언약의 조건이 만족되지 않으면 언약에 대해 자신감을 가질 수 없다는 것을 교회가 알려주어야 한다는 것이다.[116] 끝내 신앙을 고백하지 않는 유아세례자나 끝내 회개하지 않는 성인 세례자는 하나님의 택자가 아니라고 말할 수 있다.

그럼에도 불구하고 어느 순간에도 우리가 사람들을 놓고 하나님의 예정에 대해 말할 수는 없다. 예정의 비밀이 우리에게는 알려져 있지

---

113 Calvin, Commentary on Joel 2:32, Calvin, Commentary on Jeremiah 22:24.
114 Calvin, Commentary on Hoea 7:2; Calvin, Commentary on Micah 6:6-8; Calvin, Commentary on Ezekiel 3:20.
115 Calvin, Commentary on Isaiah 28:15.
116 Calvin, Commentary on Micah 2:10.

않기 때문이다. 단지 우리가 말할 수 있는 것은 언약 파기자는 그들 자신의 언약에 대한 불순종으로 언약이 파기된 것이고, 이로 인해 하나님의 진노를 받는다는 것이다. 우리는 그들의 미래의 회개 여부에 대해서는 알 수가 없다. 단지 교회가 해야 할 일은 이들에게 믿음과 충성을 요구하는 하나님의 언약 조건을 알려주고 기억하게 하는 것이다.

칼빈은 종교개혁 2세로 루터의 이신칭의를 중심으로 한 종교개혁의 신학적 운동에 보완작업을 시도했다. 성화 부분에서 문제점이 발생했으며, 윤리 도덕 부분에서 개신교회의 약점이 드러나기 시작했기 때문이다. 당시 개혁의 대상이었던 로마 가톨릭교회는 교리 개혁은 거부했고 윤리 개혁에 총력을 기울였다. 그러나 개신교 종교개혁은 단순 윤리 개혁이 아니었다. 종교개혁자들은 개혁에 있어서 더 우선적인 개혁은 교리 개혁이라고 생각했으며, 이러한 바탕 위에서 이신칭의가 그 중심에 있었다.

그러나 이신칭의는 성화 부진이라는 예상치 않은 복병을 만났다. 루터 자신도 이 문제를 안고 고민했으나 당시 복잡한 상황으로 이 문제에 대해 효과적인 대응을 하지 못했다. 이신칭의에 대한 훼손의 우려 때문이었다. 이러한 상황에서 종교개혁의 다음 세대인 칼빈이 나섰다. 그는 성화 진작을 위한 다각적인 노력을 기울였다. 제네바 목회에서 교회법정(Consistory)을 만들어 성도들의 삶에 대한 구체적 점검과 관리를 시도했고, 오랜 시간의 투쟁을 거쳐 제네바 시정부로부터 치리권을 확보했다.

칼빈은 종교개혁자들과 함께 교회개혁을 단행하면서 특별히, 이신칭의에 대한 오해와 남용에 대해 대응했다. 이신칭의를 고수하면서도 율법의 위치를 높이고, 율법과 복음의 불가분의 관계를 주장하며, 성도들의 삶에 율법의 적용 가치를 역설했다. 더욱이 그리스도와의 연합이 칭의와 성화의 공통 근거가 됨을 주장하며 칭의와 성화를 직렬 관계에서 병렬 관계로 변경하여 둘 사이의 철저한 불가분의 관계를 역설했고, 칭의와 성화의 동시성을 주장했다. 또한 언약사상을 통해 구원을 하나님과 인간 사이의 언약관계로 설명했으며, 언약의 조건성과 상호성을 통해 하나님과의 언약관계에서 칭의뿐만 아니라 성화까지 인간 쪽에서 지켜야 할 언약의 조건임을 강조하며, 이에 부합하지 않을 경우 은혜언약도 깨어질 수 있음을 경고했다.

PART 06

반율법주의 대응

알미니안주의와 반율법주의 • 이중칭의 • 부분적 전가 •
언약과 그리스도와의 연합

제 6 부

반율법주의 대응

성화의 부진은 종교개혁 이후 반율법주의의 출현과 발전으로 더욱 심각한 문제로 대두되었다. 그것은 단순히 이신칭의의 오해와 남용 수준을 넘어 나름대로의 신학적 근거와 토대를 바탕으로 한 논리적 전개 하에서 진행되었다. 특히 개혁주의 전통에서 나오는 하나님 절대주권과 이중예정, 그리고 그리스도의 능동적 순종에 근거한 그리스도의 의로움의 전가는 반율법주의 존재의 정당성과 성장의 당위성을 평계로 삼을 수 있는 기반을 형성하는 것처럼 보였다. 이 상황은 성화 부진의 문제 정도가 아니라 성화를 위한 노력의 정당성 자체가 문제가 되는 것이었다. 따라서 개신교회 구원론에 심각한 도전을 안겨주는 사건이었다. 특히, 반율법주의자들의 논리적 전개로 말미암아, 그리스도의 능동적 순종에서 나오는 그리스도의 의로움의 전가는 믿는 자의 삶에서 나타나야 하는 실제적 의로운 행위를 무의미하게 만드는 참담한 결과를 초래하게 했다.

알미니안주의와 반율법주의

종교개혁 신학은 칭의에 죄 사함과 아울러 그리스도의 의로움의 전가 개념을 분명하게 포함시켰다. 우리의 죄가 그리스도에게 전가되고, 그리스도의 의가 우리에게 전가되어 그리스도를 믿는 자는 죄 사함 받고 의인이 된다는 가르침이다. 그리스도의 의로움은 당신의 생애를 걸쳐 완벽한 율법순종을 성취함으로써 이루어진 것으로 이해했다. 십자가 사건 이전의 그리스도의 순종 사역은 그리스도의 고난 사역과 구별되어 자신의 생애에 완벽한 율법순종을 통해 당신 스스로 의를 구축한 부분이 있음을 명시하고자 한 것이었다. 즉, 우리의 칭의를 위한 그리스도의 사역에는 단순히 십자가의 고난 사역만이 아니라, 십자가 사건 이전부터 그리스도의 전 생애를 걸쳐 이루어낸 완전한 율법순종도 포함되어 있다는 것이다.

이러한 개념은 1559년 출판된 칼빈의 『기독교강요』에서도 나타났고, 1577년 루터교회의 화합신조에서도 드러났다.[1] 그리스도의 사역

---

[1] 칼빈 이후 1577년에 루터교회에서 작성한 화합신조(Formula of Concord)를 보면, 1536년에 루터가 작성한 Smalcald Articles와 표현상으로 조금 차이가 나타난다. Smalcald Articles에는 그리스도의 사역이 단순히 그리스도의 죽음과 부활로 기술되었다. 그러나 화합신조에는 율법을 만족시키는 그리스도의 순종이 그리스도의 고난과 부활과 함께 추가로 도입되었다. 그리고 우리 대신 율법을 만족시킨 그리스도의 순종이 우리의 의로움을 위해 전가되었음을 말하고 있다. 이것은 "그리스도의 능동적 의" 개념이다. 그 결과, Smalcald Articles에서는 칭의 개념으로 죄 사함만이 언급되었으나, 화합신조에는 우리의 죄를 사하시는 것뿐 아니라 우리를 의롭다고 여기신다는 내용이 추가되었다. 삶을 통해 율법을 만족시키신 그리스도의 능동적 의가 우리의 의로 전가된다는 개념이 명확하게 나타난 것이다. 1536년 Smalcald Articles에 나타난 루터의 칭의 정의에는, 그리스도의 사역이 죽음과 부활로만 표현되었고 그리스도를 믿

에 대한 이러한 구분으로 말미암아 추후 그리스도의 수동적 순종과 능동적 순종이라는 표현과 아울러 그리스도의 수동적 의와 능동적 의라는 표현이 나오게 되었다. 이런 식의 표현이 언제 시작되었는지는 분명하지 않지만 개념 자체는 칼빈에게 분명하게 존재하고 있었다.

16세기 말 그리스도의 사역에 대한 이러한 이해에 논쟁이 벌어졌다. 그것은 그리스도의 능동적 순종과 수동적 순종의 역할에 대한 의견 차이로 나타났다. 1599년 헤브론 아카데미(Hebron Academy) 교수인 독일 신학자 요한네스 피스카토르(Johannes Piscator, 1546-1625)가 그리스도의 능동적 순종을 대속 사역에서 제외시킨 것이 발단이 되었다. 그는 그리스도의 죽음만이 대속적 사역과 관련된 것이라고 주장하며 그리스도의 능동적 사역을 구속 사역에 포함시키지 않았다. 이것은 칭의를 죄 사함으로만 정의하는 것으로, 그는 능동적 순종으로 분류되던 그리스도의 순종적 삶은 대속의 역할이 아니고 중재자의 자격을 갖추는 역할을 한 것으로 간주했다. 그러나 실제 인간의 칭의를 위한 대속적 중재 사역은 그리스도의 수동적 순종인 그의 죽음이라는 주장이었다.

피스카토르의 이런 주장은 이미 루터교회 내에서 진행되고 있던 성

음으로 얻는 우리의 유익이 죄 사함으로만 언급되었던 것이, 1577년 화합신조에는 그리스도의 사역이 고난과 부활뿐 아니라 순종이 포함되었고 그리스도를 믿음으로 얻는 유익이 죄 사함뿐만 아니라 그리스도의 의 전가 개념이 별도로 추가되어 명확하게 제시되었다. 그것은 1559년 출판된 칼빈의 기독교강요와 동일한 내용으로 볼 수 있는 것이다. Martin Luther, "The Smalcald Articles," in *Concordia: The Lutheran Confessions* (Saint Louis: Concordia Publishing House, 2005), 289, Part Two, Article 1. *Formula of Concord*, III, 14-16. http://bookofconcord.org/sd-righteousness.php.

화 부진과 관련되어 있었다. 이신칭의의 몰이해와 왜곡으로 말미암은 성화 부진에 대한 염려는 개신교 내에 전반적인 양상으로 번지고 있었다. 이러한 현상에 대한 한 가지 대안으로 나타난 것이 그리스도의 능동적 순종을 대속적 역할에서 제외시키는 것이었다. 그리스도의 능동적 순종의 전가가 그리스도인들에게서 순종의 삶에 대한 동기를 빼앗아 가기 때문이었다.[2]

그리스도의 능동적 순종을 대속 사역에서 제외시켜야 한다는 피스카토르의 주장은 1618년 화란 개혁교회에서 시작된 예정론 논쟁에서 형성된 알미니안주의를 뒷받침해 주는 중요한 요소가 되었다. 피스카토르는 알미니안주의자가 되었고, 알미니안주의자들은 그리스도께서 잡혀가시기 전까지의 삶은 그리스도의 구속 사역과는 상관이 없는 것으로 결론을 내렸다. 그리스도의 구속 사역에서 그리스도의 능동적 순종은 제외시키고, 죄 사함을 가져다주는 수동적 순종인 고난만을 포함시킨 것이다. 알미니안주의는 칭의를 죄 사함만으로 보는 입장이 된 것이다. 알미니우스 자신도 구속 사역을 그리스도 비하의 출발점인 빌라도의 고난으로 시작하여 음부에서 끝나는 것으로 보았고, 그리스도의 율법순종은 인간을 위한 대속과는 무관한 것으로 판단했다.[3]

---

2 Johannes Piscator, *A Learned and Profitable Treatise of Mans Justification* (London, 1599), 2, 5-6, 13, 105-106. Cf. Carl Trueman, *John Owen: Reformed Catholic, Renaissance Man* (Burlington, VT: Ashgate Publishing Co., 2007), 104-105.

3 Jacob Arminius, *The Works of James Arminius*, trans. James Nichols (Grand Rapids: Baker, 1991), 2:386-88.

화란에서 일어난 알미니안주의의 파장은 영국에 영향을 미치기 시작했다. 17세기 전반 영국은 왕정을 중심으로 한 성공회가 청교도를 탄압하던 시기였다. 특히, 청교도들을 극심하게 탄압하던 찰스 1세(Charles I)가 즉위한 1625년부터 개혁주의 전통으로 내려오던 영국교회에 신학적 혼란이 나타나기 시작했다. 이 신학적 혼란은 성공회에 의해 의도된 것으로 청교도들을 탄압하기 위한 근거를 마련하기 위한 것이었다.

1633년 찰스는 청교도들을 탄압하기 위해 악명 높은 윌리암 로드(William Laud, 1573-1645)를 캔터베리(Canterbury)의 대주교로 세웠고, 그는 청교도들을 탄압하기 위해 반-칼빈주의 정서를 불러일으켰으며 영국의 칼빈주의에 타격을 주기 시작했다.[4] 로드는 은근히 로마 가톨릭 정서를 부활시키며 교황 비난을 금지하고 로마 가톨릭과 유사한 예배 형식을 도입했다. 청교도들은 이에 로드를 은밀한 로마 가톨릭주의자로 비판했다.[5] 문제는 이 혼란 와중에 알미니안주의가 영국에 잠입하여 영향을 미치기 시작한 것이다. 알미니안주의자들은 로마 가톨릭 칭의론은 거부하면서도 이중예정론을 가르치는 전통적 칼빈주의가 필연적으로 내포하고 있는 인간의 무기력함과 성화의 부재를 공격하고 그리스도인의 삶에 선행의 필요성을 강조하

---

4 Nicholas Tyacke, *Anti-Calvinists: The Rise of English Arminianism, 1590-1640* (New York: Oxford University Press, 1987)를 참조하시오. Cf. Jeffrey K. Jue, "The Active Obedience of Christ and the Westminster Standards," in *Justified in Christ: God's Plan for Us in Justification*, ed. K. Scott Oliphant (Scotland, UK: Christian Focus Publications, 2007), 106.

5 Jue, 107.

며 설득하기 시작했다.

이러한 상황에서 영국 성경학자 조세프 미드(Joseph Mede, 1586-1639)는 이중칭의 개념을 소개하여 혼란을 가중시켰다. 그는 칭의를 초기칭의(initial justification)와 최종칭의(final justification)로 나누어 칭의에 속해 있는 인간의 의에 전가된 의(imputed righteousness)뿐만 아니라, 본유적 의(inherent righteousness)도 포함되어야 한다고 주장했다. 그는 칭의에 이중 구도를 제시하여, 초기칭의는 그리스도의 의로움의 전가로 이루어지는 것으로 죄 사함을 의미하며, 최종칭의는 초기칭의에 입각한 선행이 삶을 통해 나타나고 그것이 하나님 앞에 받아들여져야 한다는 가르침이었다.

미드는 죄 사함과 영생을 분리했다. 현재의 죄 사함은 초기칭의로 가능하지만, 그것은 이 세상에서의 혜택일 뿐이고 영생은 최종칭의로 얻어질 수 있다는 것이다. 칭의의 열매인 성화가 삶 가운데 맺어지고 하나님 앞에 수용되어야 한다고 가르쳤다.[6] 이런 영향으로 알미니안주의가 그리스도의 능동적 순종을 구속 사역에서 제외시키고 인간의 순종을 성화 차원으로 칭의에 포함시킴으로 말미암아, 영국은 전통적 개혁주의 칭의 교리를 유지하는 데 어려움을 겪게 되었고, 이로써 큰 혼란을 경험하게 되었다.

영국이 알미니안주의로 혼란스러운 가운데 반율법주의가 나타났다. 그것이 알미니안주의 때문인지는 확실하지 않으나, 알미니안주

---

6   Joseph Mede, *The Works of the Pious and Profoundly-Learned Joseph Mede*, 4th (London, 1677), 155. Cf. Jue, 108.

의와 반율법주의는 신학적으로 공존할 수 없는 관계임에는 분명했다. 반율법주의는 1640년대 초 청교도 혁명이 발발하기 직전부터 런던을 중심으로 퍼져나갔다.7 하나님의 주권과 은혜를 강조하는 반율법주의는, 하나님의 자녀가 된 그리스도인은 율법과는 상관이 없다고 가르쳤고, 성경의 윤리법과 도덕법을 그리스도인의 삶과는 무관한 것으로 여겼다.

앞서 살펴본 바와 같이, 알미니안주의는 이것과는 상반되는 입장으로, 그리스도의 능동적 순종의 선가를 거부하고 칭의를 위한 선행까지 포함시켜, 그리스도인에게 삶에서 성화에 대한 동기를 부여하고자 했다. 이에 반해, 반율법주의는 율법준수 명령으로 이해되는 선행의 요구는 그리스도인에게는 의미가 없다고 주장했다. 하나님의 은혜 안에 있는 그리스도인은 율법의 명령과 순종의 의무 사슬에 얽매이지 않는다는 이들의 논리 때문이었다. 율법은 그리스도인에게 더 이상 그런 역할을 할 수는 없다고 반율법주의자들은 단언했다.8

반율법주의는 개혁주의와 연관이 있는 것으로 비쳐지기 시작했다. 반율법주의는 그리스도의 능동적 의와 수동적 의의 전가를 신학적 근거로 내세웠고, 그것은 개혁주의와 동일한 신학적 내용이었다. 그러나 반율법주의는 성화와 관련하여 알미니안주의뿐만 아니라 청교도주의와도 스스로를 차별화했다.

---

7   David Como and Peter Lake, "Puritans, Antinomians and Laudians in Caroline London: The Strange Case of Peter Shaw and Its Context," *Journal of Ecclesiastical History* 50, no. 4 (October 1999): 684-715. Cf. Jue, 109.

8   Como and Lake, 695. Cf. Jue 110.

1640년대 초 반율법주의 지도자, 존 이톤(John Eaton)은 그리스도 의의 전가가 예수 믿는 자를 죄로부터 자유롭게 하여 완전하고 거룩하게 만든다는 '자유칭의(free justification)' 개념을 소개했다.9 '자유칭의'는 하나님께서 의로워진 자의 죄는 보지 않으신다는 입장이었다. 그것은 선행이 칭의의 한 원인이라고 주장하는 알미니안주의와 성화를 칭의의 증거라고 가르치는 청교도의 입장을 거부하며, 믿는 자는 선행과 성화의 요구로부터 자유로워졌다는 내용이다. 이톤은 청교도의 비일관성을 비판했다. 그리스도의 능동적 의의 전가를 가르치면서 어떻게 칭의의 증거로 선행을 요구하느냐 하는 것이었다. 반율법주의는 이와 같은 청교도적 비일관성이 그리스도 사역의 불완전성을 의미하는 것이라고 주장했고, 그것은 믿는 자가 자신의 율법순종을 통해 그리스도에 의해 완성되지 못한 부분을 스스로 채워야 하는 모양새가 되는 것이라고 비판했다.10

이톤은 반율법주의가 그리스도인의 선행을 부정적으로 보는 것이 아니라고 역설했다. 다만, 선행은 두려움이나 개인적 유익을 얻기 위해 하는 것이 아니라, 구원의 기쁨과 하나님에 대한 감사에서 나오는 순종이어야 함을 강조했다. 아울러 그는 율법의 역할에 대해서도, 율법은 이미 의로워진 그리스도인을 억압하는 것이 아니라, 율법으로부터 자유케 하신 하나님의 은혜를 기억하고 찬미하게 하는 것이라고

---

9   Eaton, *The Discovery of the Most Dangerous Dead Faith* (London, 1642), 183. Cf. Jue, 112.
10 David R. Como, *Blown by the Spirit*, 189-190. Cf. Jue, 112.

주장했다.¹¹

17세기 개신교는 그리스도의 의로움의 전가 교리에 대한 혼란을 경험했다. 그리스도의 의로움의 전가를 칭의의 원인으로 받아들이는 것에는 동의했으나, 그리스도의 능동적 의로움과 수동적 의로움의 전가에 대한 의견 차이는 쉽게 해결되지 않았으며, 이것은 웨스트민스터 회의(Westminster Assembly, 1643-47)에서 중요한 쟁점으로 부상되었다. 이는 영국에 영향력을 발휘하던 반율법주의에 대한 경계심 때문이었던 것으로, 심지어 칼빈주의자인 윌리암 트위스(William Twisse)와 토마스 가타커(Thomas Gataker)까지 반율법주의를 의식하며 그리스도의 능동적 의로움의 전가 위험성을 인식했다. 그들은 결국 그리스도의 수동적 의로움의 전가만 인정했다.¹²

이러한 사실은 반율법주의가 웨스트민스터 회의에서까지 심각한 영향을 미치고 있었다는 것을 방증하는 것이다. 가타커는 반율법주의자 존 살트마쉬(John Saltmarsh)를 특별히 경계했으며, 그 위험성에 민감하게 반응했다. 그는 살트마쉬가 구원을 위한 그리스도의 사역을 지나치게 강조한 나머지 그리스도인이 성화를 위해 가져야 할 책임과 의무를 무의미하게 만들고 있다고 생각했다. 특히, 그리스도인의 삶에 중요한 부분인 회개까지도 그리스도께서 대신 다 하셨다는 가르침은 성화를 위해 중요한 역할을 하고 있는 핵심 부분까지 그리스도인으로부터 빼앗아 버리는 심각한 오류를 범하고 있다고 판단했다. 반

---

11 Eaton, *The Discovery of the Most Dangerous Dead Faith*, 76-77. Cf. Jue, 113.

12 Carl Trueman, *John Owen: Reformed Catholic, Renaissance Man* (Burlington, VT: Ashgate Publishing Co., 2007), 104.

율법주의자들은 이러한 살트마쉬의 가르침을 전적으로 수용하면서, 그리스도인들에게는 윤리법이 불필요하다는 주장을 하기에 이르렀다.[13]

많은 논란 후 웨스트민스터 회의는 신앙고백서의 칭의를 다루는 11장의 최종 문구에 그리스도의 의로움의 전가에서 능동적, 수동적 의 세분화를 명기하지 못했다. 1647년에 최종적으로 완성된 웨스트민스터 신앙고백서의 전반적인 신학적 분위기는 그리스도의 능동적 의로움과 수동적 의로움의 전가를 다 인정하고 포함한 것이었으나, 반율법주의에 대한 경계와 논란이 그것을 명확하게 드러내지 못하게 만들었던 것이다.[14]

반율법주의의 파장은 심각했던 것으로 보인다. 그리스도의 사역을 다루는 부분에서 1643년 웨스트민스터 회의 초기에는 그리스도의 능동적 의로움과 수동적 의로움을 다 포함하려는 의도를 가진 "전체 그리스도의 순종(the whole obedience… of Christ)"이라는 표현이 웨스트민스터 신앙고백서에 절대다수로 채택되었다. 그러나 1647년 최종 신앙고백서 문헌에는 11장 칭의 부분에서 두 가지 순종을 다 말하는 "전체"란 용어도 누락되었다.[15]

웨스트민스터 회의 참여 목사들은 전반적으로 개혁주의 신학을 가

---

13 Thomas Gataker, *Antinomianism Discovered and Confuted: and Free-Grace as it is held forth in Gods Word* (London, 1652), 32-33. Cf. Trueman, 107, n27.
14 자세한 논의와 전개를 위해서는 Jue, 126-128을 보시오.
15 Van Dixhoorn, "Reforming the Reformation," 1.293, 3.77, 1.321. Cf. Jue, 115, 125. G. I. Williams, *Westminster Confession of Faith*, XI, I, (Philadelphia: Presbyterian and Reformed Publishing Co., 1980), 103.

지고 있었다. 토마스 굿윈(Thomas Goodwin), 다니엘 피틀리(Daniel Featly), 찰스 허를(Charles Herle), 윌킨슨(Wilkenson), 라자러스 시먼(Lazarus Seaman) 등은 반율법주의의 부담에도 불구하고 그리스도의 능동적 순종의 전가를 주장했다. 그러나 웨스트민스터 회의 참여 목사들 가운데는 반율법주의에 대한 경계심으로 매우 민감하게 반응하는 자들이 있었다. 리차드 바인즈(Richard Vines)와 토마스 가타커 등은 그리스도의 능동적 순종의 전가를 경계했고, 심지어 알미니안주의와 매우 흡사한 방향으로 입장이 전개되었다.[16] 그러나 회중교회 청교도 신학자로 명성을 떨치던 존 오웬(John Owen)은 그리스도의 능동적 의로움의 전가와 수동적 의로움의 전가 둘 모두를 수용했고, 웨스트민스터 신앙고백서에서 세분화해 명기하지 못한 그리스도의 능동적, 수동적 순종의 전가를 1658년 회중교회 신앙고백서, 사보이 선언(Savoy Declaration)에서 명확하게 표현했다.[17]

이중칭의

성화를 강조하는 칼빈의 영향은 영국 청교도들에게 전수되었다. 그

---

16 Jue, 121-126.
17 *A Declaration of the Faith and Order Owned and Practiced in the Congregational Churches in England Agreed upon and and Consented unto Their Elders and Messengers in Their Meeting at the Savoy, October 12, 1658* (London: Printed by John Field, and are to be sold by John Allen, 1659), 20-21.

들은 칼빈의 그리스도와의 연합 개념과 언약사상을 받아들여 청교도 개혁운동에 적극적으로 활용했다. 특히, 청교도 목회에서 나타난 그들의 설교는 칼빈의 이 두 가르침이 얼마나 많은 비중을 차지하고 있는지를 잘 보여준다. 16세기에 영국 청교도들에게 전수된 칼빈의 영향은 17세기에 청교도 후대들에게 지속되었다.[18]

17세기 영국은 반율법주의가 성행하는 것을 보게 되었다. 영국 청교도 후기 인물인 리차드 백스터(Richard Baxter, 1615-1691)는 반율법주의자들의 가르침과 그들의 영향에 경악을 금할 수 없었다. 17세기 후반에 영국에 나타난 반율법주의는 16세기 루터교회에서 문제가 되었던 반율법주의와는 비교가 안 될 정도로 진전되고 과격해져 있었다. 당시 반율법주의를 주동적으로 가르치던 인물인 살트마쉬(Saltmarsh)는 상당한 추종을 받고 있었다. 그는 성도들이 그리스도로 말미암아 자신의 믿음과 회개에 대해 추호의 의혹도 가질 필요가 없고 가져서도 안 된다고 가르쳤다. 그리스도께서 우리를 위해 회개하셨고 우리 대신 믿음을 가졌기 때문이라는 이유에서였다.[19]

백스터는 반율법주의에 대한 접촉이 있은 후, 그 위험성을 인식하고 강력하게 대응해야 할 필요를 느꼈다. 백스터가 이해한 당시 영국의 반율법주의는 윤리법을 폐지하고 율법과 복음을 분리한 16세기

---

18 자세한 내용을 위해서는 원종천, 『칼빈과 청교도 영성』(서울: 도서출판 하나, 1994) 및 원종천, 『청교도 언약사상: 개혁운동의 힘』(서울: 대한기독교서회, 1998)을 보시오.

19 Richard Baxter, *A Treatise of Justifying Righteousness* (London: Printed for Nevil Simons and Jonath. Robinson, 1676), 22.

루터교회 반율법주의와 유사하면서도 더 과격해진 면을 지니고 있었다. 그것은 하나님의 예정에 의해 선택받은 자는 회개하고 믿기 전에, 심지어 태어나기도 전에 이미 의로워졌다는 내용을 포함했다. 그들은 하나님의 예정으로 택함 받은 자들이기 때문에 죄를 범하기 전에 이미 죄 사함을 받았고, 그리스도의 구원사역으로 말미암아 그리스도 안에서 이미 고난을 받았으며, 모든 율법을 성취했다는 것이다. 그리스도의 사역은 모두가 우리를 위한 것이고, 하나님은 그것을 그분 안에 있는 우리가 다 한 것으로 여기신다는 주장이었다. 그렇다면 우리를 의롭게 하는 믿음은 우리가 그리스도로 말미암아 죄 사함을 받았고 의로워졌다는 것을 단순히 믿는 믿음이라는 것이다. 그러므로 우리가 해야 할 일은 우리의 구원을 의심하지 말고 이 사실을 믿고 우리가 의로워졌음을 확신해야 한다는 것이다.[20] 백스터는 반율법주의의 가르침은 믿음을 하나님 사랑에 대한 설득 정도로 변질시켰다고 생각했고, 이것을 반율법주의의 핵심으로 보았다.[21]

반율법주의는 백스터에게 큰 충격이었다. 반율법주의는 인간을 완전히 수동적 대상으로 전락시킴으로써 인간이 구원을 위해서 할 수 있는 일은 아무 것도 없는 존재로 만들었다. 또한 구원을 위한 인간의 어떤 참여도 인정하지 않았다. 반율법주의자들에 의하면, 회개와

---

20 Baxter, *Christian Directory: or, a Sum of Practical Theology, and Cases of Conscience* (London: Printed by Robert White for Nevill Simmons, 1673), 1:58.

21 Baxter, *Aphorismes of Justification* (London: Printed for Francis Tyton, 1649), Appendix, 276.

믿음까지도 그리스도께서 우리 대신 다 하셨다고 한다. 그러나 이들의 주장대로라면 우리의 회개와 믿음은 아무런 의미가 없는 것이 되고 만다. 이에 백스터는 반율법주의 논리대로라면 실제적으로 우리는 회개와 믿음 없이 구원받는다는 결론에 도달할 수밖에 없다고 생각했다. 따라서 반율법주의는 성경의 가르침과는 부합하지 않는 것이었다. 믿음과 회개는 모두 우리 자신이 하는 것이고 우리의 반응이라고 백스터는 생각했다. 백스터는 반율법주의의 참담함과 위험성을 인식하고 맹공격하기 시작했다.[22] 구원은 하나님의 은혜로 되는 것이고 하나님의 선물이다. 그러나 그 선물을 받기 위해 인간은 믿음이 필요하다. 믿음은 하나님의 은혜와 구원의 선물을 받기 위한 필수조건이라고 백스터는 생각했다. 믿음 자체가 가치가 있어서가 아니라, 그리스도 때문이다. 그리스도 없는 믿음은 아무런 의미가 없으며, 그리스도의 사역만이 구원을 위해 충분하다는 것을 백스터는 잘 알고 있었다. 그럼에도 우리의 믿음과 회개 없이는 그리스도의 사역이 우리 것이 될 수 없고, 은혜의 선물을 받을 수 없다는 것이 복음의 진리라고 그는 믿고 있었다.[23]

---

22 "they err half do dangerously as Saltmarsh, and such antinomians, do in this one point, when they say That Christ hath repented and believed for us; meaning it of that faith and repentance which he hath made the conditions of our salvation. And that we must no more question our own faith, than we must question Christ the object of it." Baxter, *The Right Method for a Settled Peace of Conscience and Spiritual Comfort* (London: Printed for T. Underhil, F. Tyton, and W. Raybould, 1653) in *The Practical Works of Richard Baxter*, vol. II (London: George Virtue, 1838), 965.

23 Baxter, *Of Justification* (London: Printed by R.W. for Nevil Simmons, 1658), 277-278.

흥미로운 사실은 백스터가 반율법주의의 원인으로 칼빈주의에 대한 의혹을 가지기 시작했다는 점이다. 그는 교리적 원인을 탐구했고 대안을 찾는 데 몰두했다. 백스터는 칼빈주의에 대한 보완을 하기 시작했는데, 그 결과는 '두 칭의(double justification)' 교리로 나타났다. 반율법주의에 대한 효과적 대응으로 백스터는 마태복음 25장의 마지막 심판 내용을 가지고 두 칭의 개념을 내놓았다. 두 칭의 개념은 기존 개신교 칼빈주의 정통교리와는 달리 칭의를 두 단계로 나누는 것이었다. 첫 칭의는 일반적으로 알려진 칭의로, 회개하고 그리스도를 구세주로 믿고 죽기까지 그를 순종하겠다는 마음을 가질 때 의로워지고 하나님의 양자가 되는 것이라고 말했다. 여기에 백스터는 두 번째 칭의를 첨부했다. 그것은 끝까지 인내하여 마지막 심판 날에 다시 한 번 의롭다고 판단되는 것으로, 최종적으로 지옥 불에서 구원받고 영화된다는 것이다.[24]

백스터는 왜 이렇게까지 칼빈주의 정통교리에서 벗어나는 것으로 보이는 교리를 주장했는가? 그것은 사람들이 일반적으로 말하는 믿음에 대한 의혹 때문이었다. 첫 칭의는 회개와 믿음으로 이루어진다. 이신칭의를 말하는 것이다. 그러나 백스터는 일반인들이 언급하는 이신칭의와 관련된 믿음에 대해 의혹을 가지고 있었다. 반율법주의 영향 때문이었다. 그는 많은 사람들이 가짜 믿음을 가지고 있다고 생각했고, 구원에 이르는 진정한 믿음은 가짜 믿음과 구별되어야 한다고

---

24 Baxter, *Universal Redemption of Mankind by the Lord Jesus Christ* (London: Printed for John Salusbury, 1694), 53.

주장했다. 진정한 믿음이란 생명의 능력을 가지고 있고 당연히 이해와 의지가 결합된 것이라고 그는 믿었다.[25] 구원에 이르는 믿음은 항상 선행으로 그 열매가 맺어지는 것이고, 예수 그리스도를 믿는 자라면 선행은 필히 나타나는 것이라고 백스터는 주장했다.

백스터는 구주 예수 그리스도의 직분을 가지고 이것을 설명했다. 그리스도는 단지 우리를 위해 제사장 직분만을 가지신 것이 아니라고 말했다. 제사장은 우리의 죄와 허물을 짊어지시고 대신 피 흘려 돌아가셨지만, 그것만 생각해서는 안 된다는 것이다. 그리스도는 제사장임과 동시에 우리를 위한 선지자이고 왕이시다. 우리의 잘못을 책망하시고 우리를 통치하시는 분이라는 것이다. 우리가 믿음의 대상이신 그리스도를 바라볼 때, 우리의 잘못을 용서만 해주시는 분이 아니라 그분은 우리를 나무라시고 다스리시는 분임을 알아야한다고 경고했다.[26] 그리스도를 이런 믿음으로 바라보지 않는다면 우리는 그리스도와 상관이 없는 것이고 선행이 없는 믿음을 낳을 것이며 그것은 죽은 믿음이라고 백스터는 말했다.[27]

아울러 백스터는 두 번째 칭의에 대해 강도 높은 발언을 했다. 마지막 날에 나타날 심판적 의미의 칭의를 말하는 것이다. 일생 동안의 선행이 판단 기준이 되는 두 번째 칭의가 궁극적이고 완전한 칭의임을

25　Baxter, *The Practical Works of Richard Baxter*, vol. III (London: George Virtue, 1838), 652.

26　Baxter, *Of Justification*, 300.

27　Baxter, *An End of Doctrinal Controversies* (London: Printed for John Salusbury, 1691), 229.

주장했다. 그는 이렇게 말했다.

> 이것이 믿는 자의 완전한 칭의 날이다. 그들은 과거에 의롭다고 만들어졌고 의롭게 여겨졌으며, 율법에 의해 믿음으로 칭의 되었다. 그리고 이것은 그들의 양심에 증거로 나타났다. 그러나 이제 그들의 의로움은 유지되고 변증되어야 하며, 동시에 실제로 의롭다고 판결에 의해 심판자 자신의 살아있는 목소리로 선포되어야 한다. 이것이 가장 완전한 칭의이다.[28]

백스터는 이 두 번째 칭의를 진정한 의미의 칭의라고 생각하여 가장 탁월한 칭의라고 불렀다. 이것은 반율법주의에 대한 반응이었다. 많은 사람들이 같은 믿음으로 출발하는 것 같으나, 마지막 심판에서 두 번째 칭의 조건인 선행이 없는 자들이 있다는 것이다. 백스터에 의하면, 첫 번째 칭의에서 믿음을 가진 것으로 보였으나 실제로는 그것이 회심이 없는 믿음이었고, 결국은 두 번째 칭의에서 드러나 하나님 은혜에서 떨어져 나갔기 때문이다. 첫 번째 칭의와 두 번째 칭의는 시작과 결말의 관계이고 그 중간에는 선행의 고리가 있다는 것이다. 시작의 진위 여부는 결말에 드러나는데, 그것은 중간에 선행이라는 증

---

28 "This is the day of the believers' full justification. They were, before, made just, and esteemed just, and by faith justified in law; and this, to some, evidenced to their consciences. but now they shall both, by apology, be maintained just; and by sentence, pronounced just actually, by the lively voice of the judge himself, which is the most perfect justification…" Baxter, *The Practical Works Of Richard Baxter*, III: 32.

거가 심판의 기준이 된다는 것이다. 두 번째 칭의는 첫 번째 칭의를 확인하는 역할을 하는 것이다.[29]

백스터의 관심은 두 번째 칭의였다. 마지막 심판에서 첫 번째 칭의의 진위가 가려지기 때문에 두 번째 칭의를 중시하는 것이다. 백스터의 이런 생각은 반율법주의에 대한 경계 때문이었다. 그들이 말하는 것처럼 예수 그리스도께서 우리의 모든 행위를 대신하신 것이 아니고, 우리의 행위에 대해 우리가 책임져야 할 것을 말하려는 의도였다. 그러므로 마지막 심판은 그리스도의 행위를 심판하는 것이 아니고, 우리가 진정으로 의로워졌는가를 심판한다는 것이다. 그리스도를 진실로 믿어 그분과 하나 됨으로 율법 언약에서 복음 언약으로 전환되었는지, 복음에 의해 의로워지는 조건을 사실상 갖추지 못한 것인지 심판한다는 것이다.

그는 우리를 대신하는 그리스도의 회개와 믿음을 확인하는 것이 아니고, 그리스도에 대한 우리의 믿음과 회개를 선행을 통해 입증하는 것이라고 주장했다.[30] 백스터의 이러한 접근 방법의 동기는 자명했다. 반율법주의에 대항하여 선행의 중요성을 강조하려는 것이었다. 즉, 마지막 심판 날에 두 번째 칭의로 성공적으로 인도해 주는 지속적 선행의 필요성을 말하려는 것이었다.

반율법주의에 대응하려는 백스터 발언의 동기는 이해가 되고 취지도 납득이 되지만, 그의 이중칭의 개념은 종교개혁의 가르침이나 정

---

29 Baxter, *Of Justification*, 129.
30 Baxter, *Of Justification*, 135.

통 개혁주의 입장과는 달랐다. 정통 개혁주의는 하나의 칭의를 가르쳤다. 칭의는 믿음을 갖는 순간 이루어지는 것이고, 그것으로 칭의는 종식되는 것이다. 선행은 믿음의 결과로 믿음과 함께 나오지만, 본질적으로 칭의에 속해 있는 한 부분으로 되어 있지는 않다.[31]

앞서 살펴본 바와 같이, 칼빈은 이신칭의를 철저하게 고수하면서도 선행을 칭의의 종속적 원인이라고까지 부각시키며 성화를 강조했다. 언약 개념을 소개하며 성화를 칭의와 함께 언약의 조건으로 포함시켜 구원에 성화가 포함되어 있음을 분명히 함으로써 개신교의 성화 부진 문제에 대응했다. 그러나 여전히 칼빈에게도 칭의는 그리스도를 믿음으로써 얻게 되는 한 가지 사건이었다.

백스터는 마지막 심판을 두 번째 칭의라고 부르고 선행을 심판의 기준으로 삼았다. 그는 두 번째 칭의는 첫 번째 칭의를 확인하는 것이고, 첫 번째 칭의는 믿음을 근거로, 두 번째 칭의는 선행을 근거로 삼는 이중구조를 만들었다. 두 번째 칭의는 최종 칭의로서 칭의에 대한 궁극적 판단을 하는 것으로, 여기서는 선행이 판단 기준이 된다. 선행이 믿음의 결과이기 때문에 결과를 가지고 본질을 평가한다는 것인데, 이 선행은 평생 동안의 선행 업적을 보는 것이다.

문제는 이것을 어떻게 객관적으로 평가할 수 있는가 하는 데 있다. 완전한 선행을 말하는 것인가? 그것이 아니라면, 하나님의 심판을 통과할 수 있는 선행은 무엇인가? 선행을 자극하는 방법은 되지만, 구

---

31 *Institutes*, 3:11:1-4. Cf. 리차드 B. 개핀, "칭의와 그리스도와의 연합", 『칼빈의 기독교강요 신학』 (서울: 기독교문서선교회, 2009), 323-346.

원에 대한 확신을 가져다주기에는 곤란해 보인다. 백스터는 마지막 날 성도가 보여주어야 하는 순종을 '복음적 의로움'이라고 말하며 완전 선행의 요구를 피해가려고 했다. 그러나 그 모호성은 해소되지 않았다.

백스터의 이중칭의 체계는 정통 개혁주의는 아니었다. 종교개혁 전통과 개혁주의는 하나의 칭의를 말하고 있고, 그것은 마지막 날의 심판을 말하는 것이 아니라, 진정으로 예수 그리스도를 믿고 회개하여 의로워지는 것을 말하고 있다. 한편으로는 백스터 주장의 내용이 개혁주의의 이러한 입장과 별다른 차이가 없는 것으로 보이는 면이 있다. 두 번째 칭의는 단순히 첫 번째 칭의의 진위 여부를 확인한다는 점이 그것이다. 즉, 첫 번째 칭의를 가져다 준 믿음이 참 믿음인지, 가짜 믿음인지를 두 번째 칭의에서 가려준다는 것이다.

그러나 신학 작업에서 용어는 항상 조심스럽게 사용해야 한다. 많은 혼란과 오해를 불러일으킬 수 있는 소지가 있기 때문이다. 마지막 날 심판에 칭의라는 용어를 사용하는 것에 무리가 있다는 말이다. 백스터의 구도는 마치 한 번 의로워졌어도 그 이후의 행위 여부에 따라 칭의를 상실할 수도 있다는 뉘앙스를 풍기기 때문이다. 백스터가 반율법주의를 경계하고 성도들의 성화를 중시하여 성도들로 하여금 책임 있는 삶을 살게 하기 원하는 심정은 이해가 되나, 칭의를 이중체계화시키는 작업은 또 다른 문제를 야기할 수 있다. 그러므로 칭의는 한 번이고 마지막 심판은 그것을 확인하는 것일 뿐이라고 말하는 것이 옳을 것이다.

부분적 전가

반율법주의로 말미암아 백스터를 괴롭힌 또 하나의 쟁점은 그리스도의 공로와 믿는 자와의 관계였다. 기본적으로 백스터는 개혁주의 입장을 따르고 있었다. 그는 인간이 자신의 의로움으로는 의로워질 수 없다는 것을 잘 알고 있었다. 그리스도의 공로는 인간의 구원을 위해 필수적인 것이기 때문이다.[32] 백스터는 그리스도의 공로가 없으면 우리가 의를 위해 스스로 완전한 공로를 세워야 하는데, 그것은 불가능하다는 것을 잘 알고 있었다. 이에 백스터는 그리스도의 공로와 믿는 자 사이에 전가 개념을 받아들였다. 그리스도의 공로의 전가는 믿는 자의 죄 사함의 근거와 원인이 된다고 생각했다. 여기까지는 전통 개혁주의의 입장과 다를 바가 없다.

그러나 반율법주의에 대한 백스터의 염려는 개혁주의로부터의 이탈로 보이는 혼선을 불러일으켰다. 그리스도의 공로와 그것의 전가와 죄 사함만으로 우리의 칭의 관련 가르침을 종식시키면, 반율법주의를 막을 길이 없다고 생각했던 것이다. 이에 그는 반율법주의에 대한 대항으로서 칭의가 그리스도의 의로움만으로 된 것이 아니라고 가르쳤던 것이다. 물론, 그는 그리스도의 의로움의 전가와 인간의 거룩함이 합해져서 칭의를 이룬다는 개념은 거부했다.[33] 그것은 개신교의 범주를 벗어나 로마 가톨릭주의로 가는 것이기 때문이다. 다만, 그리스도

32　Baxter, *A Treatise of Justifying Righteousness*, 25.
33　Baxter, *An End of Doctrinal Controversies*, 260.

의 공로 전가 가르침만으로 일관하면 인간의 믿음과 거룩한 삶을 위한 노력을 무의미한 것으로 만들어버리는 반율법주의에 대한 두려움이 백스터에게 있었던 것이다. 이것을 피하기 위해 백스터는 로마서 4:3을 활용했다. 아브라함이 어떻게 의로 여기신바 되었는가? 하나님을 믿는 그 믿음이 그에게 의로 여기신바 되었다는 것이다. 그리스도의 의로움의 전가를 인정하면서도, 우리의 믿음도 칭의를 위한 근거에 포함시키는 전략을 사용한 것이다.[34]

그러나 백스터의 이러한 입장은 믿음을 칭의를 위한 수단 또는 도구로 말하는 칼빈과 전통 개혁주의 입장과는 일치하지 않는 내용이었다. 칼빈과 개혁주의 입장은 믿음 자체에 공로적 성격이나 가치를 부여하지 않았다. 칭의를 의한 공로가 추호도 인간에게 오지 않도록 하기 위한 것이었다. 오직 그리스도의 의로움과 공로에만 칭의를 위한 가치를 두고 인간의 믿음은 그리스도의 가치를 받아들이는 도구의 역할을 하는 것으로만 간주했던 것이다. 그러나 반율법주의에 대한 우려 때문에 백스터는 이러한 전통적 입장을 그대로 수용할 수 없었다.

백스터의 칭의 교리가 그리스도의 의로움의 전가를 포함하고는 있지만, 자세히 보면 이것도 부분적인 양상을 띠고 있다. 전통적 개혁주의에 의하면, 그리스도의 의에는 두 가지 측면이 있다. 첫째는 고난과 십자가의 죽음을 통한 그리스도의 수동적 순종에 의한 수동적 의로움이고, 둘째는 평생 하나님의 율법을 전적으로 만족시키는 완전한 선

---

34 Baxter, *Imputative Righteousness Truly Stated* (London: Printed by J. D. and are to be sold by Jonathan Robinson, 1679), 88.

행을 통한 능동적 순종에 의한 능동적 의로움이다. 그리고 그리스도의 수동적 의와 능동적 의가 둘 다 전가되어 우리에게 유익을 주는 것으로 되어 있다.

여기서 백스터는 그리스도의 두 종류의 순종은 수용했으나, 전가는 그리스도의 수동적 의로움의 영역으로 국한시켰다. 그리스도의 능동적 의로움의 전가를 수용하면 우리 스스로 율법을 지키려는 노력은 의미가 없어진다고 생각했기 때문이다. 전가된 그리스도의 능동적 의로움으로 말미암아 믿는 자의 삶에서 능동적으로 의를 행하고 율법을 준수하려는 동기부여와 책임감을 빼앗아 버린다고 생각했던 것이다. 그렇게 주장한 백스터에게도 고민의 흔적은 있었다. 자칫 그리스도의 능동적 의의 전가를 거부하는 것이 인간 스스로의 의로움을 칭의를 위한 공로로 비쳐지게 되지나 않을까 매우 조심스러워 했던 것이다.[35]

그럼에도 백스터는 반율법주의자들에 대한 경고를 잊지 않았다. 앞서 이미 살펴본 바대로 백스터의 해법은 당신의 의로움을 믿는 자에게 전가하신 그리스도의 삼중직에 대한 호소였다. 반율법주의자들은 그리스도의 제사장직만을 우리에게 적용시키지 말고 우리를 책망하시고 우리의 삶을 통치하시는 그리스도의 선지자직과 왕직도 적용해야 한다고 주장했다. 우리 자신을 내려놓고 그리스도의 통치를 받으며 그에게 순종하는 것에 대해 백스터는 칭의를 위한 선행이라는 표현을 쓸 수 있다고까지 말했다.[36]

---

35 Baxter, *A Treatise of Justifying Righteousness*, 24-25.

36 "If you would but grant me, that Justifying faith, as faith, is an Accepting of Christ for King, and Prophet as well as for a Justifier, and consequently that

칼빈을 비롯한 칭의와 관련된 전가에 대한 전통적 개혁주의 입장은 이중전가이다. 즉, 우리의 죄가 그리스도의 죄로 전가되는 것이고, 그리스도의 의가 우리의 의로 전가되는 것이다. 전가는 "여겨진다" 또는 "간주한다"는 의미로 우리의 죄를 그리스도의 죄로 간주하고, 그리스도의 의를 우리의 의로 간주한다는 말이다. 다시 말하자면, 우리의 죄를 그리스도의 죄로 간주하고 십자가 고난을 통한 그리스도의 수동적 순종으로 대신 죄 값을 치르시어 우리는 죄 사함을 받은 것이고, 율법순종을 통한 그리스도의 능동적 순종으로 얻은 그리스도의 능동적 의로움을 우리의 의로 간주하여 그리스도의 의가 우리의 의로 전가된 것이다.

백스터는 반율법주의에 대항하는 일부 과격파처럼 전가 개념을 전면적으로 부인하는 것을 경계했다. 그렇다고 전통적인 이중전가 개념을 수용하지도 않았다. 백스터는 그리스도의 두 가지 의로움은 수용했지만, 이 두 가지가 단지 죄 사함만을 위해 전가되었다는 입장을 취했다. 그리스도의 모든 순종 사역은 죄 사함을 위한 원인이라고 주장했다. 결국 백스터는 그리스도의 의가 우리의 의로 전가된다는 부분은 거부했다. 이것은 반율법주의를 의식한 결과였다. 백스터는 그리스도의 두 종류의 순종과 두 종류의 의로움은 수용했으나, 전가에 있어서는 단지 한 가지만을 인정했다. 이렇게 함으로써만이 그리스도의 공로의 전가에도 불구하고 우리로 하여금 여전히 거룩함과 순종에 매

---

it is a resigning ourselves to be ruled by him, as well as to be saved by him, I shall then be content for peace sake to lay by the phrase of Justification by works, though it be God's own phrase." Baxter, *Of Justification*, 249.

진하라는 권면이 의미를 발할 수 있다고 생각한 것이다.37 즉, 그리스도의 의로움이 우리에게 전가된다면 우리는 더 이상 의와 거룩한 삶을 위해 노력하고 매진하려는 동기가 주어지지 않는다고 판단한 것이다.

백스터는 그리스도의 순종이 우리에게 전가되는 것은 사실이지만, 그것으로 우리의 거룩함과 의로움을 완전히 성취한 것은 아니라고 보았다. 우리는 우리의 의로운 행실로 우리의 의를 보이도록 노력해야지, 그리스도의 의로움이 전가되어 우리의 거룩함과 순종의 노력을 의미 없는 것으로 만들어서는 안 된다고 생각한 것이다. 백스터는 반율법주의로 인해 그리스도의 능동적 의의 전가에 대해서는 반대하는 입장에 섰다.

백스터는 칭의를 위해 지나치게 하나님의 주권과 은혜를 강조한 나머지 인간의 선행이 추호도 구원을 위해 아무런 역할을 하지 못한다는 반율법주의 입장에 문제의식을 가지고 있었다. 그것은 성경이 가르치는 인간의 책임 부분을 정당화시킬 수 없다는 생각이었다. 물론 백스터도 선행이 인간을 구원에 이르게 할 수는 없다는 것을 잘 알고 있었다. 그러나 백스터는 선행이 나타나지 않는 인간을 구원받았다고

---

37 "they heinously err, who deny Christ's Righteousness to be so far imputed to us, as to be reputed the meritorious Cause of our Pardon and Right to Life. … And they heinously err, and subvert the Gospel, who say, that Christ's Righteousness is so imputed to us. … [that God] reputeth us to have been perfectly holy, righteous, or obedient in Christ, as our Representer, and so to have our selves fulfilled all righteousness in and by him, and in him to have satisfied Justice, and merited Eternal Life." Baxter, *An End of Doctrinal Controversies*, 260.

말할 수 없다고 생각했으며, 그것은 선행 없이 인간은 구원받지 못한다는 것과 동일한 의미라고 생각했다.

전가 개념과 연결시키면, 그리스도의 능동적 순종 때문에 우리의 능동적 순종이 무의미하게 되는 것은 있을 수 없다고 본 것이다. 이것은 그리스도의 능동적 순종이 추후 나타나야 하는 인간의 능동적 순종을 면제하거나 대치할 수 없다는 것을 의미했다. 백스터는 이런 식으로 설명했다. "그리스도의 의로움은 우리에게 전가되었다. … 그리스도의 의로움은 효력, 용도, 목적에 관해 우리 것이다. 그리고 시간, 정도, 순서에서는 그분에 의해 결정된다. 그러나 그것이 그분의 것인 것과 동일한 의미로 우리 것은 아니다. 그분의 품격과 우리의 인격은 같지 않기 때문이다."[38]

반율법주의의 경계로 말미암아 그리스도의 의로움이 우리의 의로움으로 전가되는 것을 반대하는 백스터의 입장을 강력하게 뒷받침하는 가르침이 있었다. 1599년 요하네스 피스카토르는 그리스도의 대속 사역은 십자가 죽음만이 효력을 발생하는 것이라고 주장했던 것이다. 십자가 사건 이전에 나타난 그리스도의 능동적 사역인 순종의 삶은 중재자로서의 신분을 갖추는 데 소용되는 것이고, 실질적 대속 사역은 그리스도의 수동적 순종인 십자가의 죽음뿐이라는 가르침이었다.[39] 흥미롭게도 이 가르침은 17세기 초반에 나타난 알미니안주의

---

38 Baxter, *An Appeal to the Light* (London: Printed for Nevil Simmons, 1674) 1-2.
39 Johannes Piscator, *A Learned and Profitable Treatise of Mans Justification* (London, 1599), 2, 5-6, 13, 105-106. Cf. Carl Trueman, *John Owen: Reformed Catholic, Renaissance Man* (Burlington, VT: Ashgate Publishing Co., 2007), 104-105.

와 같은 맥락의 사상이었다. 알미니안주의자들은 잉태로부터 겟세마네 동산에서 위정자들에게 체포되는 순간까지의 그리스도 사역을 주님의 공식 구속 사역에서 제외했다. 알미니우스는 구속을 위한 그리스도의 비하가 빌라도의 핍박으로부터 음부까지인 것으로 보았다. 이 기간 동안의 그리스도의 고난만을 우리를 위한 대속 사역으로 보았으며, 그 전에 행해졌던 그리스도의 순종의 삶은 인간 구원을 위한 공적 사역에서는 제외시켰다.[40]

알미니안주의 논쟁이 종식된 17세기 중엽, 그리스도의 의로움의 전가는 칭의의 근거로 개신교회에 의해 대체적으로 받아들여졌다. 그러나 문제는 세분화된 그리스도의 의로움에 대한 의견 차이로 나타났다. 그리스도의 의로움이 능동적 순종과 수동적 순종을 근거로 한 능동적 의로움과 수동적 의로움으로 분리되어 있었기 때문이다. 그리스도의 의로움의 전가에 있어서 능동적 의로움과 수동적 의로움 둘 모두를 포함할 것인지, 수동적 의로움만을 포함할 것인지에 대한 의견 차이는 논쟁으로 파급되었고, 쉽게 결론이 내려지지 않았다. 이 분쟁은 앞서 살펴본 바대로, 1640년대 청교도 운동 당시 칼빈주의자들이 중심을 이루고 있던 영국 웨스트민스터 회의에서도 표출되었다.[41] 이것은 당시 반율법주의가 칼빈주의자들에게도 얼마나 큰 두려움의 대상이었는지 짐작케 하는 사건이었다.

백스터는 반율법주의에 대해 매우 민감하게, 그리고 지극히 적극적

---

40 Jacob Arminius, *The Works of James Arminius*, trans. James Nichols, 3 vols (Grand Rapids: Baker, 1991), 2:386-88.
41 Trueman, 104.

으로 대응했다. 이 반율법주의로 인해 그리스도인의 거룩한 삶에 대한 동기부여가 무력화되고 윤리적 삶이 파괴되는 결과를 초래할 수 있다는 절박감 때문이었다. 영국 청교도 시대에 반율법주의 논란은 정통 칼빈주의자들의 모임인 웨스트민스터 회의를 통해서도 잘 드러났다. 웨스트민스터회의는 반율법주의 대응책에 대한 의견의 불일치로 말미암아, 결론적으로 그리스도의 능동적 순종과 수동적 순종의 전가와 관련해 명확한 표현을 회피했다. 반면, 앞서 살펴보았듯이, 백스터는 반율법주의에 대해 적극적인 경계태세를 갖추고 대응해 나갔다. 그의 반율법주의에 대한 극심한 경계는 이중칭의, 즉 선행을 근거로 하는 마지막 칭의 및 그리스도의 능동적 순종의 전가를 거부하는 것으로 나타났고, 이것은 결국, 청교도들이 유지해 오던 정통 개혁주의의 입장을 이탈하는 분위기를 드러냈다.

언약과 그리스도와의 연합

반율법주의는 백스터와 가타커 등으로 하여금 그리스도의 능동적 순종의 전가에 대해 부정적 입장을 취하게 했으며, 이 부분은 알미니안주의와 동일한 입장이 되는 것이었다. 반율법주의는 반작용을 통해 이들에게 알미니안주의를 활성화시키는 결과를 초래했고, 1647년 웨스트민스터 신앙고백서에서조차도 이러한 성향의 움직임을 확실하게 막아내지 못했다. 그러나 존 오웬은 달랐다. 그는 반율법주의에 대해 동일한 경계심을 가지고 있었지만, 정통 개혁주의 입장을 훼손하는 대응책은 옳지 않다고 생각했다. 그는 정통 개혁주의 입장인 그리스도의 수동적 및 능동적 의로움의 전가를 인정하는 입장이었던 것이다. 이에 오웬은 웨스트민스터 신앙고백서에서 드러난 그리스도의 능동적 의로움의 전가 회피에 대한 대응책을 내놓았다. 결국, 오웬은 1658년에 있은 사보이 선언(Savoy Declaration)에서 그리스도의 수동적 및 능동적 순종의 전가 내용을 추가했으며, 그리스도의 능동적 의로움의 전가를 명확하게 인정했다.[42]

반율법주의를 경계하면서도 정통 개혁주의를 고수하려는 오웬의 입장에서는, 그리스도의 능동적 순종의 전가를 수용하면서도 그것이 거룩한 삶의 추구 상실과 도덕적 해이로 진행되는 가능성을 차단해야 했다. 오웬은 언약사상으로 대응했다. 그리고 그리스도의 율법순종의 삶에 대한 대속적 의미를 부인하려는 입장에 대해 반문을 제기했다. 이는 오웬의 입장에서는 그리스도의 능동적 의로움을 만들어 내는 완전한 율법순종이 대속이나 칭의와 무관하거나 직접적 관계가 없다는

---

[42] "Those whom God effectually calleth, he also freely justifieth, not by infusing righteousness into them, but by pardoning their sins, and by accounting and accepting their persons as righteous, nor for any thing wrought in them, or done by them, but for Christ's sake alone; nor by imputing Faith itself, the act of believing, or any other Evangelical obedience to them, as their righteousness, but by imputing Christs active obedience unto the whole law, and passive obedience in his death for their whole and sole righteousness, they receiving and resting on him and his righteousness by Faith; which Faith they have not of themselves, it is the gift of God." *A Declaration of the Faith and Order Owned and Practiced in the Congregational Churches in England Agreed upon and Consented unto Their Elders and Messengers in Their Meeting at the Savoy, October 12, 1658* (London: Printed by John Field, and are to be sold by John Allen, 1659), 20-21.

것은 받아들일 수 없었기 때문이다. 그렇다면 반율법주의의 가르침대로 그리스도께서 자신을 위해서 하신 것인가? 자신의 율법순종을 통해 종말에 스스로 성부 하나님으로부터 상을 받기 위해 일을 하신 것인가? 이것도 전혀 말이 안 되는 것이었다.

그러면 무엇인가? 여기서 오웬은 로마서 5장의 내용을 통해 그리스도를 믿는 자들의 언약적 대표로 오신 언약의 중재자로 답을 제시했다. 그것은 아담과 예수 그리스도를 인류의 언약적 대표로 취급하는 내용으로, 아담이 온 인류의 대표이기에 그의 범죄로 말미암아 모든 인류가 정죄되었던 것처럼, 예수 그리스도 한 분의 의로운 행위로 말미암아 그를 믿는 모든 사람이 의롭게 된다는 내용이다(롬 5:12-21).

첫 아담이 순종에서 실패했기에 그리스도께서 두 번째 아담으로 오셔서 첫 아담이 지키지 못한 것을 대신 해내신 것이다. 아담 안에서 인간이 하나님과 맺고 있던 행위언약은 아담의 불순종으로 파괴되었고, 두 번째 아담이 오셔서 파괴된 하나님과 그리스도를 믿는 자들과의 관계를 은혜언약으로 회복시킨 것이라고 주장했다.[43] 아담과 그리스도는 인간과 언약적 대표 관계를 맺고 있음을 확인했고, 아담의 불순종이 아담과 언약관계에 있는 인간을 범죄자로 만든 것처럼, 그리스도의 순종이 그리스도와 언약관계에 있는 자를 의인으로 만든다는 것이었다. 그렇다면 그리스도의 순종은 우리의 칭의와 밀접하고 직접적인 관계가 있는 것이 된다. 이는 로마서 5장을 통해 아담의 죄가 인

---

43 John Owen, *The Works of John Owen*, ed. William H. Goold (Edinburgh: the Banner of Truth Trust, 1966), vol 5, 261-262.

간에게 전가된 것처럼 그리스도의 의가 그를 믿는 자에게 전가된다는 대칭적 관계를 볼 수 있기 때문이라고 오웬은 주장했다.

오웬에게 있어서 그리스도의 완전한 율법순종은 인간의 구원을 위해 절대적으로 필요한 사건이었고, 칭의와 직접적인 관계를 가지고 있는 사역이었다. 오웬에 의하면, 첫 번째 아담의 실패로 오신 두 번째 아담인 그리스도의 첫 번째 임무는 하나님의 말씀을 순종하지 못한 인류의 언약적 대리인, 즉, 아담을 대신하여 율법에 순종하여 성부 하나님의 요구를 만족시키고 책임을 완수하는 것이었다. 두 번째 임무는 그리스도께서 언약적 대리인으로 오셔서 죽으심으로 그를 믿는 자들의 형벌을 대신 치르는 것이었다. 오웬은 갈라디아서 3:13, 로마서 8:3, 창세기 2:17을 통해 이것을 주장했다. 첫 아담이 하나님과 맺은 행위언약을 깨뜨렸기에 두 번째 아담으로 오신 그리스도가 언약의 중재자로서 죽음의 형벌을 치르셔야 했다.

오웬은 여기서 그리스도의 언약적 대리인 신분을 강조하며, 그분의 능동적 순종과 수동적 순종이 왜 필요한지를 설명했다. 첫 아담이 실패한 결과로, 두 번째 아담은 첫 아담이 하지 못한 일을 해야만 하는 율법준수의 능동적 순종과 택자를 대신해 형벌을 받아야 하는 수동적 순종을 다 해내셔야만 했다는 정통 개혁주의의 입장을 고수했다.[44]

그러나 백스터는 오웬의 이러한 주장과 대응에 만족할 수 없었다. 백스터는 이것이 당시 문제가 되고 있던 반율법주의에 효과적인 치료약이 되지 않는다고 생각했다. 오웬이 대응책으로 전달하고 있는 정

---

44   Owen, *Works*, 10, 448.

통 개혁주의 입장은 반율법주의의 '영원한 칭의' 개념을 확실하게 벗어날 수 없다고 보았다. 반율법주의자 토바이아스 크리스프(Tobias Crisp)는 '영원한 칭의' 사상을 주장하며 칭의의 시간 개념에 초점을 맞추었고, 언약 개념을 활용했다. 이것을 위해 크리스프도 오웬이 언급한 은혜언약과 그리스도의 언약적 대리 개념을 소개했다.

크리스프는 구원을 위한 하나님과 하나님 백성 사이의 은혜언약을 이미 체결된 성부 하나님과 성자 그리스도 사이의 '구속적 언약'에 입각하여 이루어진 것으로 보았다. 아울러 그리스도를 믿고 구원받은 자는 그리스도를 담보로 '구속적 언약'에 참여하게 된 것이라고 가르쳤다. 하나님과 은혜언약을 맺고 구원받은 자는 그리스도와 동일시되고, 사실상 성부와 성자 사이의 구속적 언약에 참여하는 것으로 보아야 한다는 것이다.[45] 그러므로 크리스프는 언약을 사실상 그리스도 안에서 객관적으로 이미 다 성취된 것으로 생각했다. 따라서 그는 우리가 어느 시점에서 그리스도를 믿어 구원받는다는 그 믿음이란, 단지 이런 사실을 인지하고 밖으로 표출하는 것이라고 주장했다. 칭의는 이미 영원 전에 이루어졌다는 말이다.[46]

성부와 성자 사이의 구속적 언약 개념으로 하나님과 인간 사이의 은혜언약을 함몰시키고, 은혜언약에 포함된 인간 쪽의 믿음과 반응을 무력화시키는 크리스프의 이러한 주장은 성경의 윤리적 명령을 무의미하게 만들고, 그리스도인의 거룩한 삶을 위한 동기를 빼앗는 것으

---

[45] Tobias Crisp, *Christ Alone Exalted* (London, 1643), 171-177. Cf. Trueman, 115.
[46] Ibid., 168, 198-199. Cf. Trueman, 115.

로 비판받았다. 이에 웨스트민스터 회의는 '영원한 칭의' 교리를 반율법주의로 평가하고 받아들이지 않았다.[47]

백스터는 오웬을 크리스프와 연결시키려 했다. 백스터는 오웬의 말대로 그리스도께서 당신의 사역을 통해 우리의 죄 값을 실제로 지불하셨다면, 빚은 청산되고 우리의 죄는 그 시점에서 사함 받아 의로워진 것이 아니냐는 의문을 제기했다. 그렇다면 추후에 갖게 되는 믿음이란 단지, 그 사실을 우리의 지각적 기능을 통해 어느 시점에서 인지하는 것이 될 뿐이라고 생각했던 것이다. 이 논리에 입각하면 이신칭의의 개념이 하나님께서 이루어 놓으신 본질적 칭의를 말하는 것이 아니라, 이미 이루어진 칭의를 믿음이란 깨달음을 통해 인지하게 된다는 결론에 도달하게 되는 것이라는 점에서 백스터는 불만을 토로했다.[48] 백스터는 칭의에 대한 오웬 및 정통 개혁주의의 가르침이 이런 식으로 반율법주의의 가르침에 토양을 제공하고 있다고 비판했다.[49]

하지만 이러한 백스터의 비판에 대해 오웬은 칭의 시점을 놓고 반박했다. 그리스도의 죽으심은 택자가 그 시점에서 칭의된 것을 의미하지는 않는다고 주장했다. 즉, 이것은 마치 외국에서 투옥된 자가 벌금이 지불되면 법적으로는 자유로운 신분을 가지게 되지만, 그 소식이 그에게 전달되기 전까지는 실제적으로 자유를 누릴 수 없는 것과

---

[47] Samuel Rutherford, *A Survey of the Spirituall Antichrist* (London, 1648); Stephen Geree, *The Doctrine of the Antinomians by Evidence of Gods Truth Plainly Confuted* (London, 1644); John Benrigge, *Christ Above All Exalted as in Justification so in Sanctification* (London, 1645). Cf. Trueman, 114.

[48] Baxter, *Aphorismes of Justification*, Appendix, 146-59.

[49] Baxter, *Aphorismes of Justification*, Appendix, 155-57.

같은 것임을 비유로 들어 설명했다.50 그러나 백스터는 오웬의 이런 설명에 만족할 수 없었다. 백스터는 소유와 그것의 인지를 구별했다. 소유와 인지는 만날 수 없는 경우도 있을 수 있고, 만난다 하더라도 지식과 소유는 엄연히 다른 것이며, 지식은 소유를 가져다주지 않는다고 하면서, 지식의 열등성을 지적하고 비유의 부적절함을 피력했다.51

오웬은 구원과 칭의에 대한 이런 사변적인 구도에서 벗어나려고 했다. 언약에 대해서는 조건을 이행하고 그것에 따라 유익을 얻어내는 계약적 또는 상업적 의미로 보는 것이 아니라, 하나님의 사랑의 의지 표현으로 보기 원했던 것이다. 언약 자체가 왜 나왔는가? 당신의 백성을 구원하시려는 하나님의 사랑에서 나온 것이다. 언약이 체결되기 전에, 그리고 그리스도께서 성부 하나님의 만족을 위해 그 어떤 행동도 취하시기 전에 하나님은 당신의 백성을 사랑하신 것이다. 그 사랑에 입각하여 구속적 언약이 이루어졌고, 구속적 언약에 입각하여 그리스도의 구속 사역이 실행된 것이다.52 즉, 하나님의 사랑에서 우러나온 구속적 언약에 입각하여 그리스도는 죽으시고 우리의 죄 값을 지불하신 것이다.53

칭의의 시점과 믿음의 성격을 놓고 사변적 접근을 추구하는 것은, 정작 더 중요하고 구원계획의 근원이 되는 하나님의 사랑에서 우러나오는 하나님의 구원의 의지를 놓치는 과오를 범하게 된다고 오웬은

---

50 Owen, *Works*, 10, 269.
51 Baxter, *Aphorismes*, Appendix, 156-157.
52 Owen, *Works*, 10, 455-456.
53 Owen, *Works*, 10, 458.

가르쳤다. 반율법주의 논란과 백스터의 비판에 대해, 오웬은 구원을 객관적이고 기능적인 논리와 계획으로만 보는 것보다는 하나님의 주권적 의지와 사랑의 실현으로 보아야 한다고 대응했다.[54]

'영원한 칭의' 개념에 대해 오웬은 언약적 구도로 답을 추구했다. 그리스도의 속죄 사역은 구속적 언약에 입각하여 은혜언약의 체결을 위해 이루어졌고, 믿음을 통해 체결된 은혜언약의 유익이 개인에게 적용되어 칭의가 주어진다는 것이다. 즉, 개인에게 실제로 주어지는 칭의는 믿음을 통해 이루어지는 은혜언약의 결과이지, 구속적 언약과 직결된 것으로 볼 수 없다는 주장이다. 칭의 문제를 구원의 서정 관점으로 본다고 해도, 그리스도와의 연합을 가져다주는 믿음이 성부 하나님의 뜻에 의해 결정된 시간에 실제적으로 주어진 것으로 보아야지, 그것을 구속적 언약에 함몰시킴으로써 믿음의 역사적 시점과 칭의의 실제성을 훼손해서는 안 된다고 주장했다. 따라서 은혜언약이야 말로 하나님과 개인 사이에 맺은 언약으로서 칭의의 시간, 상황, 체험 등 개인이 누리는 유익과 혜택이 현실적으로, 그리고 구체적으로 주어지는 것으로, 인간의 칭의와 구원을 위해 우리에게 직접 적용되는 하나님과의 관계라고 역설했다.[55]

백스터는 오웬의 가르침에 의하면, 그리스도의 죽음 순간에 택자가 칭의되었다는 결론에 도달할 수밖에 없으므로, 이는 반율법주의에 대응하기보다는 오히려 도움을 주는 것이라는 비판을 가했는데, 백스터

---

54 Ibid.
55 Owen, *Works*, 12, 608.

의 이러한 비판에 대해서, 오웬은 칭의 사건의 역사적 현실성을 강조할 수 있는 은혜언약에 칭의의 초점을 맞추었다. 즉, 칭의를 위해 발생하는 우리 죄의 전가와 그리스도 의의 전가는 은혜언약에 의해 실제적으로 이루어지는 것으로서, 그것을 위한 은혜언약의 체결은 믿음을 통한 그리스도와의 연합으로 이루어진다는 것이다.[56] 은혜언약의 체계 하에 이루어지는 그리스도와의 연합은 회심이란 현상으로 나타나는데, 이것은 인간의 삶에서 구체적인 시간 속에 실제로 체험되는 인간의 경험적 사건이라고 주장했고, 그 회심의 시점이야말로 믿는 자가 칭의되었다고 말할 수 있다고 역설했다.[57]

반율법주의의 심각한 현실적 문제는 하나님의 주권적 구원, 그리스도의 전적인 구원사역 및 영원한 칭의 등과 같은 결과로 나타나는 성화 부재 현상이었다. 즉, 하나님이 내 구원을 모두 계획하시고, 그리스도께서 나 대신 구속 사역을 다 이루셨으니, 이로써 내가 이미 영원 전부터 의로워진 자라면, 나 자신이 거룩한 삶을 위해 열심히 노력해야 할 이유가 없다는 것이다. 오웬은 반율법주의가 소홀히 취급할 수밖에 없는 성화 부분을 언약사상으로 대응했다. 오웬은 성화가 언약의 조건이고 결과라고 주장했다. 오웬에 의하면, 하나님과 언약관계에 있는 우리에게는 그 관계를 형성케 하신 성령님의 사역으로 거룩한 삶이 열매로 나타나고, 동시에 그 성화는 인간이 지켜야 하는 언약의 조건으로 주어져 있다. 은혜언약 관계에 있는 하나님 백성은 성령

---

56 Owen, *Works*, 5, 217-218.
57 Owen, *Works*, 3, 297-337.

의 역사로 성화가 나타나며, 동시에 인간에 주어진 언약 조건의 이행을 위해 부단한 노력을 해야 하는 것이다. 이것을 위해 오웬은 우리의 죄 죽임을 위한 노력에 큰 관심을 가지고 있었고, 성도들이 이것을 현실적으로 어떻게 성취해 가야 하는지를 가르쳤다.[58]

언약의 조건으로 주어진 성화의 필요성은 메마르고 강제성을 띤 계약적 이행조건의 성격을 말하는 것이 아니다. 그것은 정상적인 언약 관계에 있는 자라면 하나님의 사랑에 의해 맺어진 언약 하에서 주님의 은혜와 자비를 체험하며 그분을 향한 열정으로 나타나는 필연성을 말한다. 하나님의 사랑의 의지로 말미암아 시작되어 구속적 언약과 은혜언약을 거쳐 인간의 삶 속에서 그리스도와의 연합을 통해 구체적인 체험적 현실로 나타나는 회심과 성화는 단순한 외적 윤리갱신이 아니다. 오웬에 의하면, 그것은 강력한 성령님의 역사이며, 우리 심령 속에 하나님의 은혜와 사랑이 주입된 결과로 맺어지는 아름다운 열매인 것이다.[59]

오웬은 반율법주의에 대응하는 백스터의 방법을 비판하며 정통 개혁주의 입장을 고수했다. 한 가지 신학적 오류를 피하기 위해 다른 신학적 오류를 범할 수는 없다는 입장이었다. 오웬에게 있어서는 인간의 책임 부분을 훼손하는 반율법주의에 대한 백스터의 대응은 하나님의 주권을 훼손하는 결과를 초래하는 것으로 비쳐졌다.

요컨대, 오웬은 구원론에서 하나님의 주권과 인간의 책임 사이에

---

58 Owen, *Works*, 3, 369.
59 Owen, *Works*, 3, 307-310.

서 균형을 잃지 않으려고 노력했고 그것을 언약의 상호성과 조건성에서 찾았다. 그것은 정통 개혁주의 내에서 하나님의 주권을 보호하면서 경건주의를 발전시키기 위해 인간의 자발적 참여와 책임의 중요성을 강조한 청교도 언약신학의 결과였다.[60] 오웬은 아담과 그리스도의 언약적 대리 역할을 소개하며 반율법주의에 대항하는 백스터와 알미니안주의의 오류를 지적했고, 칭의를 위한 그리스도의 능동적 순종의 절대적 필요성을 주장했다. 칭의를 가져다주는 은혜언약의 체결은 그리스도인의 삶과 역사적 시간 내에서 이루어지는 것으로, 그것은 성령의 역사로 말미암아 그리스도와의 연합을 통해 회심이라는 체험적 사건임을 부각시켰다. 그는 인간의 믿음과 회개를 '영원한 칭의'로 말미암아 무의미한 것으로 만들어버리는 반율법주의를 강력하게 비판했다. 반율법주의가 소홀히 한다고 백스터가 우려하는 선행 부분에 있어서도, 칭의와 성화를 분리하여 초기칭의 및 최종칭의의 이중칭의 구도를 만들어 칭의된 자에게 공포 분위기를 조성하여 성화를 부추기는 백스터의 대응책을 비판하고, 성령의 역사로 말미암아 은혜언약 체결로 이어지는 그리스도와의 연합을 통해 심령의 변화와 주님을 향한 사랑과 열정으로 성화의 열매가 맺어지는 언약적 구도를 제시했다. 이는 만일 이러한 거룩한 삶의 변화가 나타나지 않는다면, 그것은 언약이 체결되지 않은 것으로, 즉, 애초에 칭의가 이루어지지 않은 것으로 보아야 한다는 결론에 도달하게 한 것이다.

---

60 청교도 언약신학에 대한 포괄적인 연구를 위해서는 John von Rohr, *The Covenant of Grace in Puritan Thought* (Atlanta, George: Scholars Press, 1986)를 보시오.

존 웨슬리

전가 거부 • 전가 수용 • 부분적 수용 • 이중칭의

존 웨슬리

17세기 영국의 반율법주의 논쟁에서 알미니안주의는 반율법주의에 대한 대응의 한 축을 형성했다. 반율법주의가 하나님의 주권과 은혜를 강조한 나머지 결과적으로 인간의 책임과 역할을 무의미하게 만들었다면, 알미니안주의는 하나님의 은혜를 주장하면서도 칼빈주의 예정론에 동의하지 못하며 하나님의 주권보다는 인간의 책임과 역할에 더 의미를 두었다. 반율법주의에 대한 대응에서, 백스터는 반율법주의와 칼빈주의의 연결을 의심했고, 오웬은 백스터와 알미니안주의의 유사성을 의심했다. 17세기 초 칼빈주의에 도전한 알미니안주의는 반율법주의에 대한 대응의 성격을 가지고 있었다.

알미니안주의의 태동은 1610년 화란 개혁교회의 예정론 논쟁에서 비롯되었다.1 이 논쟁은 기존 칼빈주의 예정론과 이를 반대하며 나온 알미니우스(Arminius)의 대립으로 불거지며 많은 혼란이 증폭되었다. 결국 이 논쟁은 1618년 도르트 회의(Synod of Dort)에서 알미니안주의의 정죄와 칼빈주의의 승리로 종식되었다.2 그러나 이 과정에서 나온 알미니우스의 가르침을 5가지로 요약하여 제시한 내용(Five Points of Remonstrance)으로 인해 알미니안주의의 기반이 형성되게 되었다. 알미니안주의는 도르트 회의에서 공식적으로 정죄되어 당시 화란에서 추방당했지만, 얼마 후 화란정부는 알미니안주의 교회를 허용했고, 이로 인해 알미니안주의는 소생할 수 있는 기회를 얻게 되었다.

그러나 실질적으로 알미니안주의가 힘을 얻으며 번창하게 된 것에는 18세기 존 웨슬리(John Wesley, 1703-1791)의 공헌이 컸다. 알미니안주의의 5가지 가르침의 내용과 동일하지는 않지만 웨슬리는 완전성화의 새로운 교리를 첨가하고 하나님의 은혜를 강조하여 새로운 구도로 영국에 부흥을 일으키며 돌풍을 불러왔다. 그 후 알미니안주의는 웨슬리안주의 형태로 소개되며 개신교에 많은 교회를 일으켰고, 복음주의 내에 개혁주의와 더불어 쌍벽을 이루는 신학적 조류를 형성했다. 개혁주의와 알미니안주의의 신학적 대립은 현재 진행 중이며,

---

1 알미니안주의 논쟁의 배경을 위해서는 Louis Praamsma, "The Background of Arminian Controversy" in *Crisis in the Reformed Churches*, ed. Peter Y. De Jong (Grandville: Reformed Fellowship Inc., 2008), 39-56을 보시오.

2 Fred H. Klooster, "The Doctrinal Deliverances of Dort" in *Crisis in the Reformed Churches*, 73-120.

이에 대한 다양한 신학적 주제들이 다루어지고 있다.[3]

전가 거부

최근 그리스도의 의로움의 전가 개념이 다시 화두에 올랐다. 칼빈주의와 알미니안주의 양대 캠프에서 과거에 일었던 논란이 다시 대두된 것이다. 칭의에서 그리스도의 의로움의 전가를 포함하고 있는 칼빈주의 입장과 그것을 제외하는 알미니안주의 입장이 다시 충돌되는 양상이다. 개신교회에서 도덕성 문제가 심각하게 제기되는 상황에서, 그리스도의 의로움의 전가는 성도들의 윤리의식을 저하시킨다고 생각하는 알미니안주의 입장과 신학적으로 그리스도의 의로움의 전가는 성경적 진리라고 주장하는 칼빈주의의 입장이 대립된 것이다. 알미니안주의는 칭의에 죄 사함만을 인정하고 있으며, 칼빈주의는 죄 사함과 의 전가를 모두 포함시키고 있다. 물론 양쪽 모두 성경을 근거로 주장하고 있으나 해결점은 쉽사리 나오지 않고 있다.[4]

---

3 가장 최근에 나타난 칼빈주의-알미니안주의 논쟁의 예로는 Michael Horton, *For Calvinism* (Grand Rapids: Zondervan, 2011)과 Roger Olsen, *Against Calvinism* (Grand Rapids: Zondervan, 2011)을 보라.

4 이것은 Robert H. Gundry의 "The Nonimputation of Christ's Righteousness"와 D.A. Carson의 "The Vindication of Imputation: On Fields of Discourse and Semantic Fields"의 논쟁에 잘 나타나 있다. Mark Husbands and Daniel J. Treier, ed., *What's at Stake in the Current Debates: Justification* (Downers Grove: InterVarsity Press, 2004), 17-78.

알미니안주의의 소생에 결정적 역할을 한 18세기 영국의 부흥사 존 웨슬리는 그리스도의 의로움의 전가에 대해 어떤 입장을 취했는가? 웨슬리는 그리스도인의 성화 부분에 큰 관심을 가지고 있었고, 심지어 완전성화까지 가르친 입장이었기에 이 부분에 대한 그의 생각은 개신교의 칭의와 성화의 관계 문제에 흥미로운 도전을 줄 것으로 기대가 된다. 영국 성공회 신학자 피터 툰(Peter Toon)과 엘리스터 맥그래스(Alister McGrath)는 웨슬리가 그리스도의 의로움의 전가 개념을 수용하지 않았다고 판단했다.5 그러나 하랄드 린드스트롬(Harald Lindstrom)은 웨슬리가, 구체적인 부분에서는 칼빈주의와 다르지만, 그리스도의 의로움의 전가는 수용했다고 주장했다.6

칼빈과 웨슬리는 모두 성경을 근거로 칭의 교리를 구축하려고 했으나, 그들은 각각 다른 시대에 다른 상황에서 다른 투쟁의 대상을 생각하며 칭의 교리를 전개했다. 16세기 칼빈의 주요 투쟁의 대상은 중세 로마 가톨릭교회의 오류였고, 18세기 웨슬리의 투쟁 대상은 반율법주의 문제였다. 웨슬리는 그리스도의 의로움의 전가에 대한 자신의 입장에 변화를 나타냈다. 주로 설교를 통해 입장 표명을 드러낸 웨슬리는 당시의 상황과 시대적 분위기에 민감하게 반응했던 것이다. 이러한 상황은 현대 학자들로 하여금 웨슬리의 견해에 대해 다른 의견

---

5   Peter Toon, *Justification and Sanctification* (Westchester, Ill: Crossway Books, 1983), 106. Alister E. McGrath, *JUSTITIA DEI: A History of the Christian Doctrine of Justification*, 3rd edition (Cambridge: Cambridge University Press, 2005), 293-294.

6   Harald Lindstrom, *Wesley and Sanctification* (Grand Rapids: Francis Asbury Press, 1980), 74.

들을 내놓게 만들었다. 그러나 한 가지 일관성 있게 웨슬리의 마음을 지배한 것은 성화에 대한 관심이었고, 그것은 반율법주의와 그것의 신학적 저변에 자리 잡고 있다고 생각한 칼빈주의에 대한 고민과 이에 대한 심각한 우려였다.

웨슬리의 칭의론은 기본적으로 전통적인 종교개혁의 개신교 교리를 따르고 있다. 인간의 타락을 말하고 있고, 그리스도의 속죄 사역과 아울러 이신칭의를 성경적 가르침으로 받아들이고 있는 것이다. 즉, 칭의를 성화와 구별함으로써 중세 교회가 근본적으로 가지고 있던 칭의론에 대한 오류를 피하고 개신교의 전통에 서 있었던 것이다.[7] 그럼

---

[7] "In consideration of this, that the Son of God hath 'tasted death for every man', God hath now 'reconciled the world to himself, not imputing to them their' former 'trespasses.' And thus, 'as by the offence of one judgment came upon all men to condemnation, even so by the righteousness of one the free gift came upon all men unto justification.' So that, for the sake of his well-beloved Son, of what he hath done and suffered for us, God now vouchsafes, on one only condition, (which himself also enables us to perform,) both to remit the punishment due to our sins, to reinstate us in his favour, and to restore our dead souls to spiritual life, as the earnest of life eternal. This, therefore, is the general ground of the whole doctrine of justification. By the sin of the first Adam, who was not only the father, but likewise the representative, of us all, we all fell short of the favour of God; we all became children of wrath; or, as the Apostle expresses it, "judgment came upon all men to condemnation." Even so, by the sacrifice for sin made by the Second Adam, as the Representative of us all, God is so far reconciled to all the world, that he hath given them a new covenant; the plain condition whereof being once fulfilled, "there is no more condemnation" for us, but "we are justified freely by his grace, through the redemption that is in Jesus Christ." But what is it to be 'justified' What is 'justification' This was the Second thing which I proposed to show. And it is evident, from what has been already observed,

에도 웨슬리는 성화를 강조함으로써 이신칭의의 세부적 부분에서는 의견 차이를 보였으며, 개신교 전통을 벗어나는 새로운 내용을 가지고 있었다. 첫째는 선재은총 개념으로 인간은 타락했지만, 태어나기 전에 하나님께서 은총을 내려주셔서 타락에서 벗어나 스스로 하나님께 반응할 수 있는 능력을 가지고 태어났다는 교리이고, 둘째는 성화의 과정에서 의도적으로는 죄를 짓지 않는 완전의 단계에 도달할 수 있다는 완전성화의 교리이며, 셋째는 그리스도의 의로움의 전가를 부정하는 입장이었다.[8] 선재은총 교리는 구원 문제에 있어서 인간에게 분명한 책임을 주는 역할을 하고, 완전성화 교리는 성도들로 하여금 성화에 매진할 수 있도록 도전과 자극을 가능하도록 한 것이었으며, 그리스도의 의로움의 전가를 부정하는 입장은 성화의 노력을 무력화

---

that it is not the being made actually just and righteous. This is 'sanctification'; which is, indeed, in some degree, the immediate fruit of justification, but, nevertheless, is a distinct gift of God, and of a totally different nature. The one implies what God does for us through his Son; the other, what he works in us by his Spirit. So that, although some rare instances may be found, wherein the term 'justified' or 'justification' is used in so wide a sense as to include 'sanctification' also; yet, in general use, they are sufficiently distinguished from each other, both by St. Paul and the other inspired writers." John Wesley, *The Works of John Wesley*, Third Edition, Complete and Unabridged, vol. 5, First Series of Sermons (1-39), a Life of John Wesley (Peabody, Mass.: Hendrickson Publishers, 1984), Reprinted from the 1872 edition issued by Wesleyan Methodist Book Room, London. Sermon V. "Justification by Faith", 55-56.

8 웨슬리의 신학 전반을 위해서는 그의 원자료를 주제별로 발췌 편집한 Robert W. Burtner and Robert E. Chiles, ed., *John Wesley's Theology* (Nashville: Abingdon Press, 1982)를 보라.

시키는 반율법주의에 대한 반발로 전통적 이신칭의 교리의 한 부분을 부정하는 것이었다.

이러한 웨슬리의 교리는 18세기 계몽주의 상황으로 말미암아 합리적 사고를 추구하는 분위기에서 예정론의 어려움을 극복하고 성화를 강조하기 위해 전통적 개신교 칭의론에 신학적 보완 작업을 한 것이다. 그러나 이처럼 하나님의 은혜를 인정하면서도 인간의 책임과 역할을 강조하고 인간의 노력을 극대화하려는 웨슬리의 구원론은 결과적으로 알미니안주의를 돕는 역할을 하게 되었으며, 칼빈주의와는 각을 서게 하는 입장이었다. 그 중심 내용에는 웨슬리의 성화에 대한 무한한 관심과 반율법주의에 대한 엄중한 경계가 자리 잡고 있었다.

웨슬리는 1738년 회심체험을 했고 회심 직후부터 성도들의 거룩한 삶에 대해 지대한 관심을 가지고 있었다. 그러던 중 1739년 함께 동역하고 있던 조지 휫필드(George Whitefield)와 신학적 의견 차이를 드러내게 되었다. 차이의 핵심은 성도의 성화에 방해가 된다고 생각하는 칼빈주의 예정론과 반율법주의에 대한 경계였다. 조지 휫필드는 칼빈주의 감리교의 입장으로 예정론을 신봉하고 있었고, 웨슬리는 칼빈주의 예정론이 성도들의 선행 노력을 무력화하고 성화의 의미를 무의미하게 만드는 반율법주의와의 불가분적 관계를 가지고 있다고 보았다. 예정론과 반율법주의가 서로 동일한 것은 아니지만, 후자는 전자를 근거로 하고 있고 전자는 후자를 수용할 수 있는 신학적 요소가 충분히 있다고 생각했던 것이다. 성화의 신학자로 불리던 웨슬리

는 이것을 수용할 수 없었다.⁹

웨슬리는 그의 사역 초기에, 전가 개념에 대해 부정적인 입장을 가지고 있었다. 1739년에서 1746년 사이에 있었던 그의 설교 "이신칭의(Justification by Faith)"에서 드러난 이 입장은 반율법주의에 대한 경계가 원인이었고, 내용적으로는 그리스도의 의로움의 전가를 부정하는 것이었다. 이 시점에서 웨슬리는 매우 강하게 전가 개념을 거부했다. 그러면서 하나님께서는 실제의 모습을 말씀하시지, 그런 것으로 여겨주고 간주해주는, 당사자의 실제 모습이 아닌 것을 그렇다고 하실 수가 없고, 타인의 의로움을 근거로 내가 의로워진다는 것은 있을 수 없고 성경적이지도 않다고 역설했다.

> 하나님께서는 당신이 의롭다 하신 자들에게 결코 속지 않으신다. 그들이 사실이 아닌 것으로 그들을 생각하지 않으신다. 하나님은 실제로 그렇지 않은 것을 그렇다고 여기지 않으신다. 하나님께서는 결코 우리에 대해 진정한 본질에 맞지 않게 판단하지 않으신다는 말이다. 우리를 실제보다 더 낫게 보시는 것도 아니고, 의롭지 않은데 의롭다고 믿으시는 것도 아니다. 절대 그러실 수 없다. 지혜로우신 하나님의 판단은 항상 진실에 입각해 있다. 다른 자가 의롭기 때문에 내가 죄가 없다거나 의롭다거나 거룩하다고 생각하는 것은 실수가 없으신 하나님의 지혜와 일치되지 않는다. 하나님께서 이 일에 있어서

---

9   Albert C. Outler, ed., *The Works of John Wesley*, Bicentennial ed., "Free Grace" (1739), *Sermons* (Nashville: Abingdon Press, 1986), III: 548-50.

더 이상 나를 다윗이나 아브라함과 대치시킬 수 없는 것처럼 그리스도와도 그렇게 하실 수 없다. 하나님으로부터 이해를 얻은 자는 편견 없이 판단하도록 하라. 그는 칭의에 대한 그런 개념이 이성이나 성경에 맞지 않는다고 말할 수밖에 없을 것이다.10

웨슬리의 "이신칭의" 설교는 종교개혁이 가르친 기본 칭의 개념의 두 요소인 죄 사함과 의 전가에서 그리스도의 의로움의 전가 부분은 제외시켰다. 이것은 개혁주의 입장을 부정하고 알미니안주의 입장을 따르는 것이었다. 웨슬리도 하나님의 의로움을 말했으나, 그 의로움은 그리스도의 십자가 사역에 피 흘림으로 나타난 하나님의 의로움을 말하는 것으로 하나님의 자비를 의미했고, 그리스도의 생애에 나타난 율법순종과는 상관없는 것이었으며, 죄 사함은 하나님께서 과거의 죄를 덮고 그것을 죄로 여기지 않으시는 것을 의미하는 것이었다.

그는 이 죄 사함이야말로 하나님께서 주신 복이고 우리는 죄 사함 때문에 하나님의 심판을 받지 않는다고 말했다. 웨슬리는 우리의 칭의를 위한 주님의 사역을 말할 때, 그리스도의 고난에만 집중했다. 그리스도의 피 흘리심이 하나님과 우리 사이에 화합을 가져오고 우리가 죄를 짓지 않은 것으로 여겨주신다는 전가 개념만 인정했고, 그리스

---

10 John Wesley, *The Works of John Wesley*, Third Edition, Complete and Unabridged, vol. 5, First Series of Sermons (1-39), a Life of John Wesley (Peabody, Mass.; Hendrickson Publishers, 1984), Reprinted from the 1872 edition issued by Wesleyan Methodist Book Room, London. Sermon V. "Justification by Faith," 57. 필자번역.

도의 순종 사역을 통한 의로움의 전가는 찾아볼 수 없었다.[11]

마침내, 웨슬리는 1740년 칼빈주의의 가르침인 예정론 및 성도의 견인 교리에 동의할 수 없음을 천명했고, 1752년 『예정론에 대한 고찰』(Predestination Calmly Considered)에서 예정론에 대한 반대 입장을 기술했다. 웨슬리에게 있어서 무조건적 선택은 받아들일 수 없는 것이었다. 즉, 인간은 하나님이 주신 조건의 이행 여부에 따라 구원을 받거나 멸망한다는 것이다. 그 조건은 믿음이었다. 웨슬리는 무조건적 선택을 무조건적 심판과 불가분의 관계로 보았고, 무조건적 선택은 하나님의 공의를 무너뜨리고 인간의 책임과 역할을 무의미하게 만든다고 가르쳤으며, 불가항력적 은혜도 인간이 가져야 하는 믿음이라는 조건과 함께 이해해야 한다고 주장했다.[12]

이러한 웨슬리의 그리스도의 의로움의 전가에 대한 부정적인 입장

---

11 "칭의에 대한 평이한 성경적 개념은 죄 사함이다. 그것은 성부 하나님의 행위로, 성자의 피로 이루어진 화해를 위해 '지나간 죄의 사함으로 당신의 의로움(또는 자비)을 보여주신 것이다.' … 그는 이렇게 말한다. '죄를 사함 받은 자, 그리고 죄가 덮어진 자는 복이 있다. 주께서 죄를 죄로 여기지 않는 자는 복이 있다.' 의로워진 자 또는 용서를 받은 자에게 하나님은 죄를 죄로 여겨 정죄하지 않으신다. 하나님은 그런 이유로 이 세상에서나 저 세상에서 그를 정죄하지 않을 것이다. 그의 죄, 생각, 말, 행동으로 나타난 모든 과거의 죄가 덮어지고 정결케 되며, 마치 없었던 것처럼 기억되지도 않고 언급되지도 않을 것이다. 하나님은 죄인에게 마땅히 받아야 할 고통을 가하지 않을 것이다. 사랑하시는 아들이 그를 위해 대신 고통을 받았기 때문이다. 우리는 '사랑하시는 자를 통해 받아들여진 시점부터', '그의 피로 하나님과 화합되었고', 그는 영원히 우리를 사랑하시고 축복하시고 돌보신다. 마치 우리가 전혀 죄를 짓지 않은 것처럼 말이다." Ibid. 필자번역.

12 John Wesley, *Predestination Calmly Considered*, Works (J), 10:210, 220. Cf. 박창훈, "존 웨슬리와 존 플렛처의 성결론", 『역사신학논총』 제8집, (한국복음주의역사신학회, 2004), 100-102.

은 1740년대와 1750년대를 거치는 기간 동안 지속되었다. 이 기간 동안 웨슬리는 알미니안주의의 입장과 매우 흡사하게, 예정론과 그리스도의 의로움의 전가는 인간의 책임과 역할을 무의미하게 만들고 성화의 노력을 무력화시키는 상호관계를 가진 것으로 생각했다. 1744년 연회회의록은, 칭의를 위한 믿음의 전가에 대해 웨슬리가 성경에서도 그리스도의 의로움의 전가는 발견할 수 없다고 진술한 것으로 기록하고 있다.13

1756년 허비(Hervey)에게 보낸 편지에서 웨슬리는 그리스도의 의로움의 전가가 거룩한 삶에 대한 추구를 무의미하게 만들어 성도들의 삶을 무너뜨린다고 말했다. 그리스도께서 우리를 위해 율법을 완벽하게 다 만족시켰다면 우리는 율법을 지켜야 할 필요가 없다고 생각할 수밖에 없다는 것이었다. 이러한 견해는 17세기 영국에서 반율법주의에 대항하여 나타난 백스터나 알미니안주의자들과 동일한 것이었고, 사실상 웨슬리도 반율법주의를 의식하며 이런 입장을 밝힌 것이다.

실제로 웨슬리는 반율법주의자들이 그리스도의 의로움을 수동적 의로움과 능동적 의로움으로 분리하여, 전자는 죄 사함을, 후자는 영

---

13 "그리스도의 의로움이 어떤 의미로 모든 인류에게 또는 믿는 자들에게 전가된다는 것인가? … '의를 위해' '믿음이 우리에게 전가된다'는 것을 찾을 수는 있을지언정, 하나님께서 그리스도의 의로움을 누구에게 전가하신다는 내용은 성경에서 확인할 수 없다." John Wesley, *The Works of Rev. John Wesley*, ed. Thomas Jackson, (London: Wesleyan Methodist Book Room, 1829-31, reprinted (Grand Rapids: Baker Book House, 1978), vol 8, 277. 필자번역.

생을 준다는 주장을 격렬하게 비판했다.[14] 웨슬리는 1757년 사무엘 펄리(Samuel Furley)에게 보낸 편지에서 그리스도의 의로움의 전가는 성경에서 찾을 수 없고 그분의 고난만이 공로가 되어 우리가 구원을 얻게 된 것이라고 말했다.[15] 웨슬리는 그리스도의 의로움의 전가 개념이 반율법주의자들에 의해 남용되는 것을 두려워했다.[16] 웨슬리의 이런 반응과 입장 표명 때문에 피터 툰과 엘리스터 맥그래스는 웨슬리가 루터와 칼빈과 같은 전통적 종교개혁 입장을 따르지 않고 그리스도의 의로움의 전가를 거부했다고 말했던 것이다.[17]

---

14 John Wesley, *The Letters of the Rev. John Wesley*, ed. John Telford, vol. 3 (London: Epworth Press, 1931), 386.

15 "성경에 '그리스도의 의로움이 우리에게 전가된다'는 그러한 주장은 없다. 그러나 그것이 '그리스도의 공로로 또는 그분이 우리를 위해 하신 것이나 고난 받으신 것 때문에 우리가 받아들여졌다'는 것을 의미한다면, 그것은 거부하지 않을 것이다." John Wesley, *The Letters of the Rev. John Wesley*, ed. John Telford, vol. 3 (London: Epworth Press, 1931), 230. 필자번역.

16 웨슬리는 이렇게 말했다. "나는 그것의 사용을 스스로 조심한다. … 반율법주의가 요사이 극심하게 가증스러운 것들을 정당화하기 위해 그것을 사용하기 때문이다." John Wesley, *The Works of Rev. John Wesley*, ed. Thomas Jackson, vol. 10, 315.

17 "Wesley did not include the idea of the imputation of the perfect righteousness of Christ to the believer as part of the Father a declaration of justification. Justification is only forgiveness and acceptance. Probably the reason why he rejected this Lutheran and Calvinist emphasis was that he believed that it savoured of doctrinal antinomianism. In the 1690s there had been a bitter controversy over the doctrine of grace, and by some this doctrine of imputed ritheousness was seen as a way of escaping from the demands of the life of holiness. 'Such a notion of justification, wrote Wesley, is neither reconcilable to reason nor Scripture.'" Peter Toon, *Justification and Santification* (West Chester: Marshall Morgan & Scott, 1983), 106. Alister E. McGrath, *JUSTITIA DEI: A History of the Christian Doctrine of Justification*, 3rd

전가 수용

웨슬리에게 그리스도의 의로움의 전가에 대한 입장 변화가 생겼다. 그것은 1760년대에 들어서서 나타난 현상이었다. 1765년에 출판된 웨슬리의 설교, "주 우리의 의로움(The Lord Our Righteousness)"에서 웨슬리는 1740년대와 1750년대에 걸쳐 고수해 오던 자신의 입장을 뒤집은 것이다. 이 상반된 표현은 일시적이거나 지나가는 형태의 것이 아닌, 단호하고 강한 의지가 들어있었으며, 자신을 보호하려는 모종의 의도가 있는 것처럼 보였다. 자신을 로마 가톨릭의 입장과 분리시킴으로써 자신이 종교개혁의 개신교 노선에 서 있음을 강하게 피력하려는 의도를 보인 것이다.[18] 이에 따라 웨슬리는 그리스도의 의로움을 그리스도의 수동적 순종과 능동적 순종, 이 둘 모두를 포함하는 것으로 말했고, 전가를 통해 우리는 모든 축복과 유익을 얻는다는 변화된 입장을 내놓았다. 즉, 우리는 우리의 의로움이 아니라, 그리스도의 의로움으로 의로워진 것이라고 주장하기에 이르렀다.

그리스도가 행동하고 말한 모든 것들은 모든 상황에서 정확하게 옳

---

edition (Cambridge: Cambridge University Press, 2005), 293-294.

18 John Wesley, *The Works of John Wesley*, Third Edition, Complete and Unabridged, vol. 5, First Series of Sermons (1-39), a Life of John Wesley (Peabody, Mass.; Hendrickson Publishers, 1984), Reprinted from the 1872 edition issued by Wesleyan Methodist Book Room, London. Sermon XX. "The Lord Our Righteousness." Preached at The Chapel in West-Street, Seven Dials, On Sunday, Nov. 24, 1765), 242.

은 것이다. 그의 순종의 전체와 아울러 모든 부분은 완전하다. "그는 모든 의로움을 성취했다." 그러나 그의 순종은 이 모든 것 이상을 함축한다. 그것은 행하는 것뿐만 아니라 고난 받는 것을 포함한다. 그가 세상에 오신 때로부터 "나무에서 자신의 몸으로 우리의 죄를 짊어지셨을 때"까지 그는 하나님의 모든 뜻을 고난으로 인내하셨다. 그들을 위해 모든 속죄를 치르실 때까지, "그는 머리를 숙이시고, 영혼을 버리셨다." 이것을 보통 그리스도의 수동적 의로움이라고 부른다. 전자는 능동적 의로움이라고 부른다. 그러나 그리스도의 능동적 의로움과 수동적 의로움이 사실상 절대로 분리되지 않는 것처럼, 우리는 말할 때나 또는 심지어 생각할 때에도 그것들을 분리할 필요가 없다. 이 두 가지를 함께 고려하여 예수는 "주 우리의 의로움(the Lord Our Righteousness)"이라고 불리는 것이다.[19]

놀랍게도 웨슬리는 이 부분에서 의도적으로 칼빈과의 일치를 언급하며, 그리스도의 수동적 의로움과 능동적 의로움이 모두 칭의의 공로적 원인임을 밝히면서, 믿음으로 그리스도의 의로움이 우리에게 전가됨을 명시했다. 그는 또다시 다음과 같이 말했다.

---

19 John Wesley, *The Works of John Wesley*, Third Edition, Complete and Unabridged, vol. 5, First Series of Sermons (1-39), a Life of John Wesley (Peabody, Mass.; Hendrickson Publishers, 1984), Reprinted from the 1872 edition issued by Wesleyan Methodist Book Room, London. Sermon XX. *The Lord Our Righteousness*. Preached at The Chapel in West-Street, Seven Dials, On Sunday, Nov. 24, 1765), 236-237. 필자번역.

만일 그리스도 의로움의 전가라는 표현이 능동적 순종과 수동적 순종을 포함한 그리스도의 의로움을 하나님이 우리에게 주시고 그것으로 특권, 축복, 그리고 유익을 얻는다는 것이라면, 믿는 자는 그리스도 의로움이 전가되어 의로워진다고 말할 수 있다. 그 의미는, 하나님께서 그리스도의 의로움 때문에 믿는 자를 의롭다고 하시는 것이지 인간 자신의 의로움 때문이 아니라는 것이다. 마찬가지로 칼빈도(『기독교강요』 1:2:17) 다음과 같이 말했다. "그리스도께서 자신의 순종으로 우리를 위하여 성부 하나님으로부터 은혜를 공로로 얻어내셨다." 아울러 이렇게 말했다. "그리스도는 당신의 순종으로 우리를 위해 의로움을 사셨거나 얻어내신 것이다." 그리고 다음과 같이 말했다. "다음과 같은 이런 모든 표현들-우리는 하나님의 은혜로 의로워졌다, 그리스도는 우리의 의로움이시다, 의로움은 그리스도의 죽음과 부활로 우리를 위해 얻어졌다-이 모든 것은 결국 같은 것을 의미한다. 즉, 그리스도의 의로움, 그의 능동적, 그리고 수동적 의로움 모두가 우리의 칭의를 위한 공로적 원인이고, 우리를 위해 하나님의 손으로 얻어진 것이다. 우리가 믿을 때, 그분에 의해 우리는 의롭다고 여겨지는 것이다."[20]

---

20 John Wesley, *The Works of John Wesley*, Third Edition, Complete and Unabridged, vol. 5, First Series of Sermons (1-39), a Life of John Wesley (Peabody, Mass.; Hendrickson Publishers, 1984), Reprinted from the 1872 edition issued by Wesleyan Methodist Book Room, London. Sermon XX. "The Lord Our Righteousness." Preached at The Chapel in West-Street, Seven Dials, On Sunday, Nov. 24, 1765, 240. 필자번역.

그렇다면, 웨슬리가 반율법주의에 대한 우려를 중단한 것인가? 반드시 그런 것은 아니었다. 여전히 웨슬리는 성화의 중요성을 놓치지 않았고, 그리스도의 의로움의 전가가 선행의 노력을 무력화시키는 것은 원치 않았다. 웨슬리는 성화를 말하며, 그것을 본유적 의로움으로 묘사했다. 의로움은 나 자신에게서 나와야 하고, 그러한 의로움이야말로 하나님 앞에서 인정받는 의로움이라는 것이다. 그는 여전히 반율법주의를 의식하고 있었으나, 그럼에도 이 시점에서 웨슬리는 칼빈주의 또는 종교개혁 신학에 가까이 가려고 부단히 노력했다.

그는 본유적 의로움이 하나님에게 인정받는 것이기는 하지만, 그렇다고 그것이 하나님 앞에서 의로워지는 근거는 아니고 하나님께서 의롭게 받아주신 후에 나타나는 열매이며, 전가된 의로움의 결과라고 말했다. 나아가 종교개혁의 원칙에 따라 칭의와 성화를 구별함과 동시에, 칼빈과 동일하게 예수 그리스도는 칭의뿐만 아니라 성화를 위해 우리에게 주어졌다는 표현까지 사용하며 칭의와 성화의 불가분 관계를 선언했다.

그러나 당신은 본유적 의로움을 믿지 않는가? 그렇다. 단, 그것의 적절한 위치에서 그렇다고 믿는다. 그것이 하나님께서 우리를 받아주시는 근거로서가 아니고, 그것의 결과로서이다. 전가된 의로움의 위치가 아니고 전가된 의로움의 결과로 그렇다. 즉, 나는 하나님께서 의로움을 전가하신 모든 자에게 의로움을 심으신다고 믿는다. 나는 '하나님께서 우리를 위해 예수 그리스도를 의로움뿐만 아니라 성화로도 만드셨다'고 믿는다. 또는 하나님은 그리스도를 믿는 모든 자를 의롭게 하실 뿐만 아니라 성화를 이루게도 하신다고 믿는다. 그리스도의 의로움이 전가된 자들은 그리스도의 영으로 의롭게 만들어지고 하나님의 형상으로 다시 새로워진다. 창조된 형상을 따라 의로움과 진정한 거룩함으로 그렇게 되는 것이다.[21]

웨슬리는 그리스도의 의로움의 전가 및 성화의 강조에서 칼빈을 따라가는 것으로 보였다.[22] 그리고 웨슬리는 1765년의 설교 "주 우리

---

21 John Wesley, *The Works of John Wesley*, Third Edition, Complete and Unabridged, vol. 5, First Series of Sermons (1-39), a Life of John Wesley (Peabody, Mass,; Hendrickson Publishers, 1984), Reprinted from the 1872 edition issued by Wesleyan Methodist Book Room, London. Sermon XX. "The Lord Our Righteousness." Preached at The Chapel in West-Street, Seven Dials, On Sunday, Nov. 24, 1765, 241. 필자번역. 이것은 그리스도와의 연합이 칭의와 아울러 성화를 동시에 가져다준다는 칼빈의 성화 강조에서 나타난 표현과 매우 유사하다. 칼빈은 이렇게 말했다. "그리스도는 우리에게 의로움이 되셨다. 그러나 마찬가지로 그는 우리에게 거룩함이 되셨다(고전 1:30). 그리스도께서 자신 안에 우리를 하나님 아버지에게 데리고 갔기 때문이다. 그러므로 우리는 그의 영으로 진정한 거룩함을 위하여 새롭게 될 수 있는 것이다." Calvin, *Commentary* on John 17:19.

22 칼빈은 이렇게 말했다. "[우리의] 접붙임은 단지 그리스도의 본을 따르는 우리의 순종만을 상징하는 것이 아니라 우리가 그와 더불어 자라는 비밀스런 연합까지 상징한다. 그러한 방식을 통해 그는 우리를 그의 영으로 소생시키며 그의 능력을 우리에게 전해주시는 것이다." 그러므로 칼빈은 우리의 삶은 그리스도의 삶의 유형을 따라야 한다고 강조한다. 우리는 그와 연합함을 통해서 성화의 능력을 받기 때문이다. "그리스도께서 죄에 대해 단번에 죽으시고 하나님에 대해서 영원히 사시는 것"처럼, 우리도 살아가는 동안 그리스도의 모습을 따라 죄를 단념하며 "그리스도의 은혜로 받은 믿음으로 살아가는 방법"을 배워야 한다는 것이다. 칼빈은 이렇게 말했다. "당신의 경우를 생각해 보라. 그리스도께서 죄를 멸하려는 목적으로 단번에 죽으심 같이 당신도 단번에 죽었다. 그러므로 미래에 당신은 죄의 삶을 중단하게 될 것이다. 그렇다. 당신은 매일 당신 안에서 이미 시작된 죄를 이기는 역사를 따라 살아가야 한다. 그러므로 당신은 하나님의 은혜로 거듭나게 되는 것이다. 이는 당신을 새롭게 한 성령의 능력이 영원하며 동일하게 역사하는 한, 거룩하며 의로운 삶으로 인도하기 위함이다." Calvin, *Commentary* on Romans 6:5.

의 의로움(The Lord Our Righteousness)"에서 설교한 이런 내용을 2-3년 동안 동일하게 선포했었다고 자신의 일기에 기록했다. 이것은 1760년대에 와서 웨슬리에게 변화가 있었음을 말해준다.[23] 1765년에 이르러서는 다음과 같은 말로, 웨슬리 자신의 칭의 교리가 칼빈과 다를 바가 없다는 것을 분명히 밝혔다. "지난 27년 동안 언제나 그래왔던 것처럼, 그리고 칼빈이 그랬던 것처럼 나는 지금도 칭의에 대해 생각합니다. 칭의에 관한 한 나는 칼빈과 머리카락 하나의 차이도 없습니다."[24]

앞서 살펴본 바와 같이, 웨슬리는 반율법주의에 대한 경계로 1740년대와 1750년대에 걸쳐 칼빈주의의 예정론과 그리스도의 의로움의 전가에 대해 지극히 부정적인 입장을 취했었다. 그러던 웨슬리에게 1760년대에 들어와서 어떻게 이런 변화가 나타난 것인가? 여기에는 상황적인 이유가 있었다. 1762-63년에 웨슬리에게 영향을 주는 한 사건이 있었다. 웨슬리 측근 가운데 일부가 완전성화와 관련하여 심각한 오류를 범하는 문제를 일으켰다. 그들은 상대적 완전성화를 가르치던 웨슬리와는 달리 성화의 절대완전과 시한부 종말론을 주장하

---

23 "1765년 11월 24일 공과 시간에 "우리의 의가 되신 주"(렘 23:6)란 말씀으로 설교하였다. 최근 20개월 동안 설교한 것은 적어도 50번 이상 반복한 말씀인데도 사람들은 전혀 새로운 말씀을 듣는 것 같이 들렸고, 그들은 내 설교집을 출판해 반대자들의 입을 막아 버리자고 졸랐다. 참으로 단순한 사람들! 책을 내고, 설교하고, 온갖 일을 하여도 구실을 찾으려는 자들이 포기할 것으로 알았나?" 존 웨슬리, 『존 웨슬리의 일기』, 김영운 역 (서울: 크리스챤 다이제스트, 1997), 273.

24 John Wesley, *The Works of John Wesley*, Bicentennial ed., ed. Albert Outler, *Sermons*, vol. 3, 505.

다가 감리교에서 추방되었다.25 이 사건으로 웨슬리안들은 칼빈주의 자들에게 심한 공격을 받았고 열광주의라는 비판을 감수해야만 했다. 이것은 웨슬리에게 큰 타격이었다.

웨슬리는 이 시점부터 자신이 주도하고 있던 부흥운동에 성경적 정밀성과 교리적 일관성을 강화시키는 방침을 세웠고, 설교자들에게 설교 내용을 제한하는 조치를 취했다. 이 일은 웨슬리로 하여금 종교개혁 전통의 보수주의 성향으로 나아가게 하는 역할을 했다.26 1765년 그리스도의 의로움의 전가와 관련한 웨슬리의 입장 변화가 나타난 그의 설교 "주 우리의 의로움(The Lord Our Righteousness)"은 이런 시대적 상황에서 선포된 것이다. 칼빈주의자들에게 공격을 받고 있던 웨슬리는 자신이 종교개혁 및 칼빈과 사실상 동일한 입장에 있다고 역설함으로써 당시에 자신이 겪고 있던 어려운 상황을 타개해 나가려고 했던 것으로 보인다.

부분적 수용

여기서 우리는 그리스도의 의로움의 전가를 수용한다고 주장하는

---

25 이것은 순간적이고 절대적인 완전 교리를 주장하는 사건으로 웨슬리를 보좌하던 평신도 설교자 Thomas Maxfield와 왕실 호위병 출신 George Bell이 주동자였다. 그들은 인간이 절대적으로 완전할 수 있다고 가르쳤고, 순간적이고 극단적인 성화를 주장했으며 시한부 종말을 예언했다. 결국 1763년 감리교에서 추방당했다. 스케빙톤 우드, "존 경받는 인물", 『존 웨슬리 총서 3』, 김선도 역 (서울: 유니온 출판사, 1983), 261.
26 박창훈, 『존 웨슬리, 역사비평으로 읽기』 (서울: 기독교서회, 2007), 84-86.

웨슬리의 입장을 좀 더 자세하게 살펴볼 필요가 있다. 1765년에 칼빈과 다를 바가 없다고 밝히며 수용한 웨슬리의 그리스도의 의로움의 전가는, 사실상 칼빈의 입장과 동일한 것은 아니었다. 칼빈은, 앞서 살펴본 바와 같이, 그리스도의 수동적 순종과 능동적 순종을 분리하면서 전자는 죄 사함을 위한 것으로 보았고, 후자는 의 전가를 위한 것으로 보았다. 이러한 칼빈의 전가 개념을 통해서 볼 때, 웨슬리 자신이 칼빈과 다를 바 없다고 주장한 그리스도의 의로움의 전가도, 그리스도의 수동적 순종과 능동적 순종을 포함하여 그것이 공로가 되어 믿는 자에게 전가된다는 개념을 지닌 것으로, 일면 칼빈과 같은 것으로 보였다. 그러나 문제는 그리스도의 수동적 의로움과 능동적 의로움이 믿는 자에게 적용되는 방식에 있었다. 즉, 웨슬리에게 있어서 그리스도의 능동적 순종이 믿는 자에게 전가된다고 보는 것은 여전히 수용할 수 없는 것이었다. 웨슬리는 그리스도의 수동적 순종과 능동적 순종을 모두 죄 사함에만 적용시켰다. 과거 반율법주의에 대한 경계는 여전했고, 그리스도의 능동적 순종이 우리의 의를 위해 전가된다는 개념에는 여전히 부정적인 입장을 취하고 있었다. 웨슬리는 이렇게 말했다.

> 어떤 의미로 이 의로움이 믿는 자에게 전가되는가? 이런 의미이다. 모든 믿는 자들은 죄 사함 받고 용납된다. 자신들 안에 있는 무엇 때문이 아니고, 과거에 있었던 어떤 것 때문도 아니고, 또는 심지어 그들이 할 수 있는 어떤 것 때문도 아니고, 오직 그리스도께서 그들을

위해 하신 것과 고난 받으신 것 때문에 그런 것이다.[27]

칼빈과의 일치를 주장했지만, 웨슬리는 그리스도의 의로움이 전가되어 우리의 의로움을 대신한다는 개념은 결국 수용하지 않았다. 웨슬리는 1765년 이후에도 완벽한 율법순종을 통한 그리스도의 능동적 의로움이 믿는 자의 의로움과 연결된다는 것에 대한 부담을 안고 있었다. 1772년에 웨슬리는 그리스도의 율법 만족은 인정했지만 그것의 구원과의 연관성은 의심했다. 여전히 확실한 것은 그리스도의 죽음이었다. 그리스도의 수동적 순종인 십자가 사역이 구원을 가져다 준다고 생각했던 것이다. 그는 다음과 같이 말한다.

나는 그리스도가 우리를 위해 구속을 얻어내시기 위해 윤리법을 성취하셔야만 했다는 것을 증명할 수 없다. 그분의 고난만으로 율법은 만족되었다. 의심의 여지없이 그렇다. 그러므로 그리스도께서 하나님의 율법을 성취하셨다고 믿지만, 그분께서 우리를 위해 구속을 얻어내셨다는 것을 확인할 수 없다. 이것은 우리 대신에 그분이 죽으심으로 이루어진 것이다.[28]

---

27 John Wesley, *The Works of John Wesley*, Third Edition, Complete and Unabridged, vol. 5, First Series of Sermons (1-39), A Life of John Wesley (Peabody, Mass.; Hendrickson Publishers, 1984), Reprinted from the 1872 edition issued by Wesleyan Methodist Book Room, London. Sermon XX. *The Lord Our Righteousness*. Preached at The Chapel in West-Street, Seven Dials, On Sunday, Nov. 24, 1765, 237. 필자번역.

28 1772년에 출판된 "Some Remarks on Mr. Hill's 'Review of All the Doctrines

그리스도의 의로움의 전가에 관해 웨슬리와 칼빈 사이에 여전히 차이가 있다는 하랄드 린드스트롬의 의견이 이 부분에서 입증된다. 웨슬리가 그리스도의 의로움의 전가를 수용하여 칭의의 한 부분으로 도입하기는 했지만, 칼빈과는 달리 그것이 죄 사함과 관련된 것으로 결론을 내렸기 때문이다. 그리스도의 의로움이 믿는 자의 의로움으로 전가된다는 칼빈의 입장과는 달랐던 것이다. 이유는 여전히 반율법주의에 대한 경계의 필요성 및 성도들의 성화 의지에 대한 무력화 방지에 있었다.29

영국에서 부흥운동을 일으키며 성도의 성화 부분에 특별한 관심을 보이면서 완전성화 개념까지 도입한 웨슬리는, 그리스도의 의로움의

Taught by Mr. John Wesley'에서 웨슬리는 그리스도가 하나님의 율법을 만족시켰지만 그것이 우리의 구속을 위한 것인지는 분명하지 않다고 말했다. 여전히 웨슬리는 우리를 위한 그리스도의 죽음이 우리의 구원을 가져다준 것이라고 말했다. John Wesley, Some Remarks on Mr. Hill's 'Review of All the Doctrines Taught by Mr. John Wesley'" 1772, *The Works of John Wesley*, Bicentennial ed., vol. 10 (Nashville: Abingdon Press, 1975), 386. 필자번역.

29 "Parallel to this view of atonement is Wesley's conception of justification. Here he had to diverge from the orthodox outlook, in which the imputation of Christ's righteousness is involved in justification together with forgiveness and acceptance by God. To Wesley, justification implies the two latter factors only. It is true that he also speaks of the imputation of Christ's righteousness to the believer, but this does not imply more than that by virtue of Christ's righteousness man shall obtain forgiveness and acceptance. In this way Christ's righteousness is regarded only as the meritorious cause or ground of human justification. … he wanted to repudiate a tendency on man to rely on Christ's righteousness imputed to him and to neglect the demand for inherent righteousness." Harald Lindstrom, *Wesley and Sanctification: A Study in the Doctrine of Salvation* (Grand Rapids: Francis Asbury Press, 1980), 74.

전가 개념에서, 본인의 주장과는 다르게, 칼빈보다는 17세기 리차드 백스터의 입장을 따랐다. 백스터는, 웨슬리와 유사하게, 주변 개혁주의 청교도들과의 교제 관계 가운데 있었음에도 불구하고 반율법주의에 대한 경계 때문에 정통 칼빈주의의 입장을 받아들일 수 없었다. 백스터의 해결책은 그리스도의 의로움의 수동적, 능동적 의로움의 전가를 인정은 하되, 그것을 모두 죄 사함으로만 연결시켰다. 성도들의 성화 노력의 의지를 보호하기 위함이었다.

결국, 웨슬리는 자신의 사역 선반부에서는 그리스도의 의로움의 전가를 전면적으로 부인했으나, 후반부에는 상황적으로 종교개혁과 전통적 칼빈주의 입장과의 화해관계가 필요했기에 그리스도의 의로움의 전가를 수용했다. 그러나 세부사항에서는 그리스도의 수동적 순종과 능동적 순종 모두를 죄 사함에만 적용하여, 능동적 순종이 우리의 의로움과 대치할 수 없게 만듦으로써 성도들로 하여금 성화의 의지를 살리려 했다.

이중칭의

웨슬리는 이중칭의(double justification) 개념을 가지고 있었다. 그것은 칭의를 "초기칭의(initial justification)"와 "최종칭의(final justification)"로 나누는 것으로, 그리스도의 의로움의 전가와 죄 사함 부분은 초기칭의를 말하는 것으로 현재구원(present salvation)으로도 언급되며, 믿음으로 죄 사함 받고 새 생명을 얻는 것을 말한다. 최종칭의는 "최종구원"이라고도 불리는데 종말에 선행을 기준으로 하나님이 심판하신다는 것이다. 최종칭의는 믿음이 참 믿음인지 선행을 통해 입증되는 것으로, 심판은 믿음에서 우러나온 선행이 판단의 기준이 되는 것이라고 주장했다. 웨슬리는 칭의의 이중 구도를 통해 다음과 같이 말했다.

> 그리스도의 의로움은 의심의 여지없이 영광에 들어가는 모든 영혼에 필수적이다. 그러나 모든 자에게 개인적 거룩함도 마찬가지이다. 그러나 그것들은 다른 면에서 필수적이라는 것을 꼭 알아야 한다. 전자는 우리가 천국에 들어갈 자격을 갖추는 데(to entitle us) 필요하고, 후자는 우리가 그것을 얻을 자격을 갖게(to qualify us) 해준다. 그리스도의 의로움 없이는 우리는 영광을 얻을 수 없고, 거룩함 없이는 그것을 얻기에 적절하지 않다.[30]

웨슬리의 이중칭의 개념은 그의 사역 초기부터 존재했으나, 사역 후반부에 들어서는 칼빈주의자들과 반율법주의자들로 인해 더욱 강화되었다.[31] 그런데 이중칭의 개념은 앞서 살펴본 바와 같이, 17세기

---

30 Albert C. Outler, ed. *The Works of John Wesley*, Bicentennial ed., vol. 4, *Sermons* (Nashville, Abingdon Press, 1984-87), 144. 필자번역.

31 웨슬리는 이중칭의 개념을 1740년대부터 계속 유지했고 1770년대 와서는 오히려 더 강조했다. 그 이유는 칼빈주의자로 여겨지는 Walter Shirley, Rowland Hill을 위시하여 여러 반율법주의자들과의 논쟁 때문이었다. Wesley의 반율법주의와의 투쟁을 위해 Collins는 다음의 두 연구서를 소개한다. Earl P. Crow, "John Wesley's Conflict with Antinomianism in Relation to the Moravians and Calvinists" (Ph. D. dissertation, The University of Manchester, Manchester, England, 1964); Allan Coppedge, *John Wesley in Theological Debate* (Wilmore, Ky.: Wesley Heritage

영국에서 반율법주의와 투쟁하던 리차드 백스터가 사용한 바로 그 개념이었다.

웨슬리는 자신과 비슷한 상황에 처해 있던 리차드 백스터의 반율법주의 대응 방법을 가져왔다. 시기는 달랐지만, 둘 다 동일하게 반율법주의의 피해를 겪으면서 칭의론을 재정비하고 그들에 대항하여 투쟁했다. 웨슬리와 백스터는 반율법주의 대응 방법에서 종교개혁 신학이나 전통적 칼빈주의에서 찾아볼 수 없는 이중칭의 개념을 사용했다. 초기칭의와 최종칭의로 칭의를 구별하여 마지막 심판의 기준이 되는 최종칭의에 무게를 실으며 일생동안의 선행과 성화가 구원을 위해 얼마나 중요한 것인지를 각인시키려는 노력을 했다. 그리스도의 의로움의 전가에 있어서도 웨슬리는 백스터가 취해온 입장과 같이 그리스도의 의로움의 전가를 부정하는 알미니안주의의 입장을 취하지 않고, 그리스도의 수동적 순종과 능동적 순종의 전가 모두를 수용하는 전통 칼빈주의 입장을 수용하는 것으로 보이는 입장을 취했다.

그러나 세부적으로 들여다보면 여기에는 정통 칼빈주의 입장과는 다소 차이점을 보였다. 웨슬리와 백스터는 모두 그리스도의 수동적 의로움과 능동적 의로움을 죄 사함으로만 국한하여 연결시킴으로써 결과적으로는 알미니안주의자들과 동일한 결론에 도달하게 했다. 그리스도의 능동적 순종이 우리의 의로움을 위한 전가가 되어 성도들로 하여금 순종과 성화의 삶에 대한 의지가 약화될 위험을 심각하게 고

Press, 1988). Kenneth Collins, *The Theology of John Wesley: Holy Love and the Shape of Grace* (Nashville: Abingdon Press, 2007), 322.

려한 것이다. 이들의 이러한 입장은 반율법주의를 경계하고, 성도들에게 성화의 책임과 의무를 경각시키며, 거룩한 삶의 의지가 무의미하게 되지 않도록 하는 노력의 일환이었던 것이다. 백스터와 웨슬리는 17세기와 18세기라는 서로 다른 시기에 살았지만 같은 영국교회 소속이었고 반율법주의 문제와 같은 동일한 대상에 대항해 투쟁했다. 웨슬리는 백스터에 관심을 가지고 그를 연구했다. 웨슬리는 백스터의 저작,『칭의의 경구』(Aphorism of Justification)를 출판했다.[32] 웨슬리가 반율법주의에 대한 대응 방법에서 백스터의 영향을 받은 것이 분명해 보이는 대목이다.

반율법주의는 개신교 역사에서 칭의론에 심오한 영향을 끼쳤다. 16세기 마틴 루터는 루터교회 내에 나타난 반율법주의 논쟁으로 이신칭의를 고수하면서도 뒤늦게 율법준수의 중요성을 강조했다. 17세기 청교도들은 반율법주의의 영향을 막기 위해 오웬과 같은 개혁주의자들을 통해 그리스도와의 연합과 언약사상을 내세웠고, 백스터 같은 학자를 통해서는 그리스도의 능동적 의로움의 부분적 전가 개념과 이중칭의를 주장하며 성화에 대한 대응책을 고민하면서 제시했다. 18세기에 들어서 웨슬리는 칼빈주의와 각을 세우고 알미니안주의와 백스터의 칭의론을 수용함으로써 반율법주의에 대응했다.

종교개혁의 칭의론은 중세 로마 가톨릭의 은혜주입과 선행공로 사상을 배격하고, 하나님과 인간 사이의 관계로 해석했다. 전가 개념은 이 관계를 구체적으로 보여주었다. 그것은 그리스도로 말미암아 죄인

---

32 Kenneth Collins, *Theology of John Wesley*, 175.

을 의인으로 여겨주시고, 의인인 그리스도를 죄인으로 여기시는 하나님의 방법이었다. 종교개혁자들은 은혜를 물질적이 아니라 관계적으로 보았고, 칭의도 실질적인 것이 아니고 관계적인 것으로 이해했으며, 중세 교회가 오랜 기간 동안 가르쳐 온 '주입된 의로움' 개념을 부정했다.[33]

16세기 전반, 마틴 루터로 시작된 개신교 칭의론은 선행을 약화시킨다는 로마 가톨릭과 과격파의 반대에도 불구하고 중세 칭의론의 오류를 중단하고 교회에 바울의 칭의론을 세우기 위해 강력하게 추진되었다. 교회의 분열과 성화의 부진 현상이 나타나기 시작했지만, 마틴 루터는 이신칭의 교리가 이 모든 것을 감수할 만한 가치가 있다고 생각했고, 대부분의 종교개혁자들은 동의했다.

그러나 시간이 지나면서 예상했던 성화 부진의 문제가 점점 더 심각하게 실체를 드러내기 시작했다. 루터는 뒤늦게 이 문제를 해결하기 위해 노력했으나 시간의 부족으로 미처 해결하지 못한 채 생을 마감했다. 16세기 중 후반, 칼빈은 후대 종교개혁자로서 이 문제를 이어받았다. 그는 루터의 이신칭의를 철저하게 고수하면서도 성화 부진 문제를 해결하기 위해 부단히 노력했다. 율법과 복음의 통일, 그리스도와의 연합, 언약사상 등의 가르침을 통해 칭의와 성화의 불가분의 관계 및 성화를 위한 인간의 책임과 의무 등을 가르쳤다.

칼빈의 예정론에 대한 반발로 17세기 초에 나타난 알미니안주의는 인간의 책임과 역할을 강조하며 인간의 역할이 무의미하게 보이던 것

---

33 원종천, "마틴 루터의 그리스도와의 연합"『ACTS 신학과 선교』12 (2011), 261.

에 나름대로의 대안을 제시했다. 루터의 이신칭의가 외쳐지던 종교개혁 초기부터 조짐을 보이던 반율법주의는 시간이 갈수록 확장되었고, 반율법주의에 대한 반발은 예정론과 하나님의 주권을 강조하는 개혁주의 입장을 긴장시켰다.

마침내, 17세기 중반 칼빈주의를 계승해 오던 영국교회에 반율법주의가 나타났고 그것에 대한 대응으로 알미니안주의가 도입되었으며, 17세기 중, 후반 보수적 칼빈주의 입장이던 청교도들 가운데에도 반율법주의를 경계하며 칭의를 죄 사함과 그리스도의 의 전가, 두 요소로 보던 정통 개혁주의 입장을 탈피하는 현상이 나타났다. 정통 개혁주의는 그리스도의 수동적 및 능동적 순종을 인정하고 전자는 죄 사함을 위해, 후자는 의 전가를 위한 그리스도의 사역으로 보았던 것이다. 이에 비해 알미니안주의는 그리스도의 의로움의 전가 자체를 거부하고 그리스도의 수동적 순종인 십자가의 고난 사역만을 그리스도의 공적 사역으로 인정했고, 칭의에는 죄 사함만이 포함된 것으로 판단했다.

17세기 후반 리차드 백스터는 반율법주의를 경계했다. 그는 믿음으로 의로워지는 초기칭의와 선행으로 심판받는 최종칭의를 내용으로 하는 이중칭의 개념을 소개했다. 아울러 그는 그리스도의 수동적 순종과 능동적 순종, 모두를 인정했으나, 이러한 것들은 오직 죄 사함만을 위한 것으로 생각했고, 의 전가는 성도들의 성화 의지를 무력화시키는 것으로 판단하여 제외시켰다. 능동적 순종은 믿는 자에게 의가 전가되도록 하는 역할을 하는 것이 아니고, 그리스도에게 중재자 신분의 자격을 주는 역할을 하는 것으로 판단했다. 알미니안주의와 좀 다르지만 결론은 동일하게 나온 것이다.

존 오웬은 백스터의 견해에 비판을 가하면서, 그리스도의 능동적 순종이 믿는 자의 의로 전가된다고 주장하며 정통 개혁주의 입장을 고수했다. 또한 오웬은 개혁주의 전통에서 내려오던 언약신학을 사용하여 하나님과 인간관계의 상호성과 쌍방성을 강조하며 성화가 언약의 조건임을 주장하고 대안을 제시했다.

18세기에 웨슬리는 칼빈주의 예정론의 어려움을 극복하지 못하고 그의 사역 전반기에는 그리스도 의로움의 전가를 부인했으나, 후반기에 와서 칼빈의 입상과 화해를 표명하고 그리스도의 의로움의 전가를 수용했다. 그러나 결론적으로 칼빈과 동일할 수는 없었다. 그는 백스터와 동일하게 그리스도의 수동적 순종과 능동적 순종을 죄 사함과만 연결시켰고, 백스터가 주장한 이중칭의 개념을 그대로 활용했다. 웨슬리는 칭의론의 세부적인 내용에서 백스터의 가르침을 그대로 수용한 것으로 보인다.

18세기 후, 개신교 복음주의 범주 내의 칭의론은 개혁주의와 알미니안주의의 두 산맥으로 뻗쳐 나아갔다. 18세기 계몽주의와 이신론, 19세기 자유주의 신학, 그리고 20세기 신정통주의와 현대신학은 논외로 여긴다 하더라도, 웨슬리의 감리교회는 19세기에 알미니안주의의 성향으로 파급을 주며 성결운동(holiness movement)을 통해 개신교의 여러 종파와 교단 형성의 기초가 되었으며, 20세기 초 제3세계에 가장 큰 영향을 끼친 오순절교회까지 탄생케 했다.

결국, 장로교회, 개혁교회, 회중교회, 특수침례교회 등은 개혁주의 입장으로 정리가 되었고, 감리교회, 성결교회, 오순절교회, 일반침례교회는 웨슬리안주의 내지는 알미니안주의로 자리를 잡았다. 그러나 20세기 후반에 들어 복음주의 내의 이 양대 산맥은 칭의론을 놓고 다시 격돌하게 되었다. 이는 복음주의 개신교회 내에 성화 부진의 동기에서 발생되었으며, 개혁주의 예정론과 종교개혁의 이신칭의가 다시 도마 위에 올랐다. 알미니안주의는 웨슬리안주의와 더불어 강력한 도전을 하고 있다.

바울에 대한 새관점

E. P. 샌더스 • 제임스 던 • N. T. 라이트 • 김세윤

제8부 바울에 대한 새관점

20세기 후반에 이르러서 종교개혁으로부터 전통적으로 내려오던 복음주의 칭의론은 새로운 도전을 받게 되었다. 그것은 "바울에 대한 새 관점(New Perspectives on Paul)"으로 바울 해석에 대한 새로운 신학적 입장이었다. 종교개혁 이후 역사적으로 칼빈주의, 알미니안주의, 반율법주의 사이에서 혼란과 갈등을 겪던 복음주의 개신교 구원론은 18세기 이후 자유주의 신학, 신정통주의, 현대신학을 거치며 큰 틀 안에서 종교개혁 신학의 전통적 구원론을 힘겹게 지켜왔으나, 현재는 "새 관점"의 입장으로 인해 크게 흔들리고 있다. 이는 20세기 복음주의 개신교가 세속주의, 기복신앙, 성공주의, 현실주의 등으로 빠져들면서 윤리 도덕적 수준이 급격히 낮아진 것이 한 중요한 원인이라고 말할 수 있다.

"바울에 대한 새 관점"은 종교개혁 신학이 가르친 이신칭의로 말미암은 칭의의 법정적 가설 성격을 배제하면서 칭의에 실제적 의를 포함했으며, 성화 부진을 방지하는 이중칭의적 구도를 가지고 있다. 이중칭의란, 예수를 믿어 한 번 의로워지면 영원히 의롭다는 개념을 탈피하여, 첫 번째 예수 믿고 의로워진(칭의) 후에 인생을 어떻게 살았는가(성화)에 따라 심판적 성격을 가진 두 번째 칭의를 얻어야 한다는 개념이다. 이 개념은 "새 관점"의 연구결과에 따른 유대주의 언약론 구도의 영향을 받은 것이다. "바울에 대한 새 관점"에 의하면, 유대주의 언약 개념은 이중 구도를 가지고 있다. 유대인들은 이스라엘 선택을 통해 하나님의 은혜로 언약에 들어가고, 언약 준수의 신실성 여부에 따라 최종적 심판이 결정된다는 것이다.

흥미롭게도 이것은 백스터 및 웨슬리의 이중칭의와 동일한 개념적 구도를 가지고 있다. 요사이 성화 부진으로 칼빈주의가 알미니안주의에 강한 도전을 받으면서 이중칭의론이 새롭게 힘을 얻고 있는 가운데, "바울의 새 관점"은 그 힘을 더욱 강화하는 역할을 하는 것으로 보인다. 더욱이 "새 관점"은 이 결론에 도달하기 위해 방대한 연구를 통해 얻어낸 1세기 유대주의 배경 하에서 바울 서신을 면밀하게 검토하여 결과를 내놓았음을 자랑한다. 백스터와 웨슬리의 이중칭의 사상은 상황적으로 반율법주의에 대한 반발 성격이 중심에 있었지만, "새 관점"은 바울 자신의 학문적 배경이며 바울 서신이 기록될 당시 시대적 배경인 유대주의를 연구하여 바울의 기독교적 가르침과 유대주의 가르침을 비교 검토하여 결론을 내렸다. 그러므로 "새 관점" 구원론은 큰 틀에서 보면 바울과 유대주의를 하나로 묶은 것이다.

"바울에 대한 새 관점"이라고 일컫는 이 입장은 바울을 1세기 유대주의 배경을 토대로 연구하여 바울의 칭의론을 새롭게 이해한 것이다. 바울 자신이 유대주의 배경을 가지고 있었던 것은 사실이고 동시에 바울 서신들에 이신칭의를 설명하며 나타난 유대주의적 표현과 그것과의 갈등 내용들이 유대주의와의 연관성을 역설적으로 보여주며 이것에 설득력을 불어넣고자 시도했다. 이에 따라 "새 관점"의 1세기 이스라엘 유대주의 연구에서는 종교개혁 신학이 유대주의를 잘못 이해하여 바울의 칭의론 이해에 오류를 범하게 했다고 주장하면서, 바울의 구원론과 유대주의 구원론의 유사성과 차이점을 비교하며, 정통 개신교 신학이 이해한 바울의 이신칭의 개념은 근본적으로 잘못된 것이라고 주장했다. 그러면서 큰 틀에서 보면 바울의 구원론은 유대주의 구원론과 동일하며, 그것은 하나님과의 언약관계 내용 여부로 궁극적 구원과 심판이 갈라진다는 것이다.

더욱이 "새 관점"에 의하면, 바울은 유대주의를 버린 것이 아니고 유대주의 틀 안에서 기독교를 이해하며 메시야 예수 그리스도를 믿는 믿음으로 유대인과 이방인이 하나 되는 공동체를 형성하려는 새로운 사명을 가지게 되었다는 것이다. "새 관점"은 바울을 재해석하여 그의 칭의론의 중심이 전통적으로 이해하던 개인적 차원보다는 집단 공동체적 차원이었다고 주장했다. 즉, 칭의론에 대한 관점을 개인의 구원보다는 유대인과 이방인이 공동체로 하나 되는 것을 중심으로 보아야 한다는 것이다.

"바울에 대한 새 관점" 이론은 1970년대를 시작으로 샌더스(E. P. Sanders), 던(James D. G. Dunn), 그리고 라이트(N. T. Wright)가 중심이 되어 바울의 신학을 전통적 입장과는 다른 관점으로 재조명하여 칭의 개념을 유대교의 "언약적 율법주의(covenantal nomism)" 틀로 이해하는 새로운 칭의론을 내놓았다.[1] 이들은 "바울에 대한 새 관점" 이론에서 개신교 종교개혁의 칭의론은 바울을 잘못 이해한 것에서 비롯된 것이라는 주장을 폈다. 샌더스는 전통적 개신교가 유대교를 율법주의로 오해했다고 말했다. 바울이 칭의론을 펼치며 유대교를 율법주의로 비판한 것으로 잘못 이해했다는 평가를 한 것이다. 개신교 전통은 바울을 루터 시각으로 이해해 왔고, 그것은 바울과 유대교 간의 관계를 제대로 이해하지 못한 결과적 산물이었다는 것이다. 그러므로 바울을, 루터가 해석한 로마 가톨릭적 행위구원에 대한 반대 입장을 주장한 것으로 보아서는 안 되며, 팔레스타인 유대주의자로 이해할 때에 그의 칭의론을 제대로 알 수 있다는 것이다. 샌더스의 이러한 주장은 신학계에 상당한 관심과 호응을 불러왔다.[2]

"바울에 대한 새 관점"이 20세기에 설득력을 얻은 원인으로는 당시 서양의 사회적인 상황 때문이었다. 당시는 관용과 단합, 그리고 에큐메니칼 정신을 추구하는 분위가가 역력했고 유대인 학살 이후 교회에서 반유대주의를 청산해야 한다는 당위성이 역할을 했다. 즉, 20세기는 유대교와 기독교, 그리고 개신교와 로마 가톨릭을 연합해야 한다는 사회적 에큐메니칼 분위기가 전반적으로 지배하고 있었던 것이다.[3]

또한 "새 관점" 형성에는 이러한 상황적 이유와 아울러 역사적 발

1　김세윤, 『바울신학과 새 관점』 (서울: 두란노아카데미, 2002), 21.
2　알리스터 맥그라스, 『하나님의 칭의론』, 한성진 역 (서울: CLC, 2008), 51-54.
3　William Barcley and Ligon Duncan, *Gospel Clarity: Challenging the New Perspective on Paul* (Darlingron, England: EP Books, 2010), 9.

전 배경이 자리하고 있었다. 종교개혁 이후 진행된 바울에 대한 해석의 변화가 배경에 자리 잡고 있었던 것이다. 튜빙겐(Tubingen) 학파의 바우어(F. C. Baur)로부터 자유주의 신학자 슈바이처(Schweitzer)를 거쳐 실존주의 신학자 불트만(Bultmann)과 케제만(Kasemann)으로 이어지는 바울 해석의 역사적인 배경을 토대로 "새 관점"의 모태적 역할을 한 루터교회의 크리스터 슈텐달(Krister Stendahl)의 바울에 대한 새로운 해석이 모태적으로 존재하고 있었다.4

슈텐달은 바울의 삶의 근본적 변화가 이방 전도의 새로운 사명이었지, 새로운 종교로의 회심이 아니었다고 주장했다. 바울은 평생 유대주의를 지켰고, 그의 유일한 관심은 유대인과 이방인을 어떻게 그리스도의 몸 된 교회 안에서 하나가 되게 만들 수 있는가에 있었다는 것이다.5 그는 바울에게서 발견되는 선행이 아닌 믿음으로 의로워진다는 개념은 이방인들을 유대의 믿는 자들 안에 포함시켜 그들과 하나 되게 하려는 궁극적 관심에서 우러나온 것이라는 이론을 제시했는데, 이 이론은 바울 해석에 있어서 새로운 패러다임을 제공했으며, 이후 다른 학자들에 의해 "바울에 대한 새 관점"으로 발전하게 하는 원동력을 제공했다.

---

4   Guy Prentiss Waters, *Justification and the New Perspectives on Paul* (Phillipsburg, NJ: P & R Publishing, 2004), 1-33.

5   Krister Stendahl, "The Apostle Paul and the Introspective Conscience of the West" in *Paul among Jews and Gentiles* (Philadelphia: Fortress Press, 1976), 7-23.

E. P. 샌더스

"바울에 대한 새 관점"을 구체적으로 가장 먼저 소개한 사람은 샌더스(E. P. Sanders)였다. 그는 1977년 『바울과 팔레스타인 유대주의』(*Paul and Palestine Judaism*)를 저술하여 신학계를 놀라게 했다. 그 저술의 핵심 내용은, 이스라엘에 살았던 1세기 유대인들은 자신의 선행을 통한 공로로 구원받는다고 생각하지 않았다는 것이다. 대신 그들은 자신이 언약 백성이기 때문에 구원받았다고 믿었고, 그들을 선택하신 하나님의 은혜에 대한 반응으로 율법을 지키며, 언약의 신분을 유지하게 위해 율법을 계속 지켜나가야 한다고 믿었다는 것이다. 그러므로 샌더스에 의하면, 율법순종은 언약에 들어가게 하는 것이 아니고 언약 안에 남을 수 있게 해주는 것이며, 언약적 충성을 유지하지 않는 자는 하나님 백성으로부터 제거된다는 것이다.

샌더스는 1세기 유대주의는 은혜의 종교라고 주장했다. 하나님께서 은혜로 유대인들을 택하셨고, 그들로 하여금 은혜로 순종이 가능하도록 하셨으며, 불순종에 대한 속죄를 위한 희생제사까지 마련하셨다는 것이다. 그러므로 유대인들은 행위로 의로워지는 공로주의에 입각한 율법주의를 믿은 것이 아니라고 주장했다.[6]

이러한 1세기 이스라엘의 유대주의 배경 연구는 바울에 대한 전통적 해석에 도전장을 던지게 했다. 샌더스에 의하면, 유대주의는 공로

---

6   E. P. Sanders, *Paul and Palestine Judaism: A Comparison of Patterns of Religion* (Minneapolis: Fortress press, 1977).

주의가 아니었으며, 바울은 그의 칭의론에서 유대교를 공로주의로 비판한 것이 아니라는 것이다. 이러한 해석은 전통적 바울 해석에 폭탄을 던지는 것과 같은 것이었다. 바울의 이신칭의는 율법준수를 통한 행위공로로 말미암은 칭의에 대항하는 것이 아니라, 의로워지기 위해서 반드시 유대인이 되어야 하는 것은 아니라는 점을 강조했다는 것이다. 이에 따라 샌더스는 바울이 칭의론을 주장하기 위해 배경으로 삼은 유대주의는 공로주의나 율법주의가 아니라, 은혜언약에 근거하여 율법을 지키도록 한 것이었음을 분명히 하며, 샌더스는 이것을 "언약적 율법주의(covenantal nomism)"라고 불렀다.[7] 이 말이 의미하는 것은 하나님의 은혜로운 선택으로 하나님의 언약공동체 안에 들어가는 것이고, 계명 준수와 속죄를 통해 율법을 지킴으로 언약공동체 안에 머무를 수 있는 것이다. 즉, 유대교는 은혜로 언약 안에 들어가고 선행으로 언약 안에 머무를 수 있다고 가르쳤다는 것이다.[8]

샌더스는 유대인이 주장하는 "자기 의"는 율법준수를 근거로 자신의 공로를 주장하는 의가 아니라, "유대인들만 얻을 특권을 가진 의"라고 말했다. 따라서 바울은 이 부분에서 유대교를 문제 삼았다는 것이다. 유대인 자신들이 택함 받은 족속이기에 갖게 된 "자기 의"는 잘못된 것이고, 진정한 의는 "하나님의 의"로서 "그리스도를 믿는 믿음

---

7 Ibid., 423.

8 Ibid., 422-423. 샌더스가 주장한 '언약적 율법주의'의 문제점과 비판을 위해서는 Iain M. Duguid, "Covenant Nomism and the Exile" in Scott Clark, ed., *Covenant, Justification, and Pastoral Ministry*, 61-88을 보시오. Duguid는 '언약적 율법주의'의 구약 해석에 심각한 오류가 있음을 지적하면서, 전통적 개혁주의 신학이 구약성경이 제시하는 유대주의를 올바르게 해석한 것으로 판단한다.

으로 말미암은 의"임을 바울은 말하는 것이라고 주장했다.[9] 이 주장은 결국, 바울이 비판한 유대교도 하나님의 은혜로 말미암은 선택으로 구원받음을 말한다는 것이다.

샌더스는 주장하기를 유대교의 문제는 자신의 의를 하나님의 은혜로 말미암은 것이 아닌, 자신의 공로에 입각한 것으로 알았다는 데 있는 것이 아니라, 이스라엘에게 선택을 통해 특권으로 주어진 언약적 의외에 다른 의가 있음을 알지 못한 것에 있다고 했다. 그 다른 의는 믿음으로 얻는 의로 유대인이나 이방인에게 동일하게 주어진 의라는 것이다.[10] 그러므로 바울이 율법행위로서가 아니라 믿음으로 의롭게 되는 것이기에 자랑할 것이 없다고 말한 것은 공로 업적에 대한 자랑을 반대한 말이 아니라, 선민이라는 유대인의 특권적 신분과 지위에 대한 자랑을 반대하는 말이라는 것이다.[11] 즉, 바울이 비판한 유대인들의 율법행위를 통한 자랑은 율법행위를 통해 자신의 공로를 주장하는 자랑이 아니라, 유대교의 언약적 특권의식에 입각한 율법행위에 대한 자랑이었다는 것이다.

따라서 샌더스는 바울이 말한 율법의 행위로 의롭게 되지 않는다는 말은 모세를 통한 언약적 의무 이행과 보상의 관계를 부정하고, 그리스도를 믿는 믿음으로 하나님의 의를 얻게 된다는 새로운 개념을 의미하는 것이라고 주장했다. 다시 말해, 바울은 율법의 행위로 유대인

---

9 E. P. Sanders, 『바울, 율법, 유대인』, 김진영 역 (서울: 크리스챤다이제스트, 2006), 80, 93.
10 Ibid., 41.
11 Ibid., 33, 93.

이 의롭게 되는 것이 구원의 방도가 아니고, 그리스도 안에 나타난 하나님의 의를 받아들이는 것이 구원의 길임을 주장했다는 것이다. 진정한 의는 유대인이 주장해 오던 모세의 율법을 통한 의가 아니라, 오직 그리스도 안에 나타난 하나님의 의라는 것이다. 결국 샌더스에 의하면, 바울에게 있어서 유대교의 문제는 율법주의가 아니라, 예수 그리스도를 주로 믿지 않는다는 것이었다. 즉, 유대교는 단순히 그것이 기독교가 아니라는 것이 바울에게 문제였다는 것이다.

바울은 자신이 주장하는 종교에서 근본적으로 유대 전통을 거부한 것은 아니라고 샌더스는 주장했다. 그렇다면 바울의 가르침의 내용은 무엇인가? 바울은 유대 전통을 변화시켜 자신의 신학을 발전시켰다는 것이다. 근본적으로 예수 그리스도는 주이시고, 하나님께서는 그를 믿는 모든 자에게 구원을 주실 것이며, 그는 곧 재림하실 것이라는 것과 바울 자신은 이방인들의 사도로 부름 받았다는 것이 바울 신학의 핵심이라고 샌더스는 주장했다.[12] 결론적으로, 바울은 변형된 언약적 율법주의(covenantal nomism)를 갖추게 된 것이다. 세례를 통해 언약으로 들어감으로 구원이 제공되고, 계명에 대한 순종(계명을 범했을 때 치러야 하는 회개 포함)을 통해 하나님과의 언약 안에 남게 되나, 지속적이고 심각한 범죄는 언약에서 제거된다는 것이다.[13] 이것은 큰 틀에서 바울과 유대주의 사이에 연속성이 있음을 보여주는 것이다.

그러나 이와 동시에 바울과 유대주의 사이에 엄연한 차이도 존재

---

12 Sanders, *Paul and Palestine Judaism*, 441-2.
13 Ibid., 513.

함을 샌더스는 지적한다. 언약에 남게 하는 계명 순종의 구체적인 내용은 무엇인가? 이 부분에서 샌더스는 바울을 언약적 율법주의자로만으로 보기에는 한계가 있다고 지적한다. 유대주의의 언약적 율법주의가 언약에 남기 위해 단순히 계명을 지켜야 하는 것이라면, 바울은 언약에 남기 위해 지켜야 하는 윤리적 측면이 그리스도와의 연합과 깊은 관계를 맺고 있음을 가르치고 있다는 것이다. 물론 바울은 어떤 죄들은 심각하게 부도덕한 것이기에 강하게 회개를 촉구하지만, 어떤 범죄는 근본적으로 돌이킬 수 없는 죄라고 말한다. 그것들은 그리스도와 연합된 상태에서는 절대로 나타날 수 없기 때문이라는 것이다. 우상과 더불어 먹고 마신다거나 음행을 저지르는 것 등은 단순히 계명을 어긴 정도로 여길 수 있는 것이 아니고, 근본적으로 그리스도와의 연합과는 절대로 공존할 수 없는 것과의 연합에서 우러나온다고 보는 것이 바울의 입장이라는 것이다.[14]

샌더스에 의하면, 바울이 생각하는 언약에 남는 길은 사실상, 그리스도와의 연합이 핵심을 이루고 있다. 바울의 중심 사상은 언약에 남기 위한 적절한 행동을 하기 위해 계명을 지키고 죄를 범하면 회개하여 하나님과의 언약관계를 지키는 것이라기보다는, 언약에 남는 길은 그리스도를 믿어 그분과 하나 되어 영적으로 그와 죽고 그와 살아나 새 생명을 얻고 그것으로 말미암은 초기 변화가 부활과 궁극적 변화로 인도되는 것이라는 주장이다. 이것이 그리스도의 몸인 교회의 구성원이 되는 길이고, 그리스도와 한 영이 되는 것이며, 그리스도와 하

---

14 Ibid., 514.

나 된 구성원이 그리스도가 아닌 다른 것과 연합하여 그리스도와의 연합을 깨뜨리기 전까지는 언약에 남는 방법이라는 것이다.[15]

언약에 남는 방법에 대한 추가 내용으로 샌더스는 바울이 율법과는 분리된 성령의 역사를 말하는 부분이 있음을 소개한다. 성령의 열매를 말하는 내용이다. 성령의 열매에 대한 언급을 통해 바울은 선행과 악행의 목록을 말하고 있는 것으로 보이지만, 그것은 삶을 위한 구체적인 계명 목록을 제공하기보다는 내주하시는 성령으로부터 나오는 행위와 나올 수 없는 행위들이 있음을 말하고 있다는 것이다. 결국 행동이 계명에서 나오는 것이 아니고 성령으로부터 나오는 것임을 바울이 말하려 했다는 것이다.[16]

샌더스가 본 바울의 칭의 개념은 무엇인가? 샌더스는 칭의를 개신교 전통에 의한 법정적 개념으로 보지 않았다. 샌더스는 그리스도와의 연합을 통해 칭의를 참여적이고 언약적인 개념으로 이해하며, 바울의 칭의 교리가 하나님 백성 공동체에 참여할 조건에 대한 문제를 다룬 것이라고 주장했다. 그는 종교개혁의 입장과는 달리 하나님 백성 공동체에 참여하는 것과 종말의 심판을 분리했다.

샌더스에 의하면, 바울이 생각하는 칭의는 세례를 통해 공동체에 참여하는 것으로 보았고, 종말의 심판은 그 후의 삶에서 성화에 입각한 결과로 나타나는 것으로 보았다. 그는 이렇게 말했다. "갈라디아서 2장과 3장에서 믿음에 의한 의나 율법의 행위에 의한 의를 다룰 때…

---

15 Ibid.
16 E. P. Sanders, *Paul, the Law, and the Jewish People* (Philadelphia: Fortress, 1983), 208.

여기에 나오는 논쟁은 교인으로 간주되기 위하여 꼭 필요한 것이라는 뜻에서 '입교'에 관한 논쟁이다. 바울은 믿음이 유일한 교인 자격 조건이라고 주장한다. 아마 그의 반대자들은 할례와 모세 율법의 수용을 또한 요구했을 것이다."[17]

샌더스는 칭의의 관건을 하나님의 언약 백성의 정체성 문제로 보았다. 바울이 이신칭의를 강조하고 이행칭의를 부정한 것은, 하나님 백성이 어떻게 될 수 있는가에 대한 방법을 바로 잡으려는 노력이었다는 것이다. 바울이 칭의의 조건으로 율법행위를 거부하고 믿음을 강조할 때 하나님의 언약 백성 안으로 들어가는 조건을 말한 것이었다는 주장이다. 언약 안으로 들어갈 때에는 율법행위와는 상관없이 오직 그리스도를 믿음으로 가능하지만, 언약 안에 머무르자면 율법을 준수해야 한다는 것이다. 이렇게 샌더스가 '들어감'으로 말하는 칭의 개념은 법정적 판결과 선언으로 나타난 심판으로부터의 구원의 의미보다는 그리스도와의 연합으로 말미암은 참여적인 개념이다. 이것은 죄 아래 있는 사람이 죄에서 자유로워져 그리스도와의 연합을 통해 성령 안에서 사는 삶으로 전환했다는 것을 의미한다. 샌더스는 이것을 다른 말로 "죄 안에"있는 상태에서 "구원받을 자들의 몸 안"으로의 전환이라고 칭하며, 칭의란 "죄 씻음", "성화", "그리스도의 죽음에의 연합"을 통한 "성령 안에서의 삶"을 의미한다고 주장했다.[18]

공동체에 들어간 후에 나타난 삶의 결과에 입각한 행위심판은 유

---

17 E. P. 샌더스, 『바울, 율법, 유대인』, 42-43.
18 E. P. Sanders, *Paul, the Law, and the Jewish People*, 6-7.

대교와 바울이 동일한 가르침을 주었다고 샌더스는 주장했다. 이것은 로마서, 고린도전후서, 갈라디아서에 나오는 행위심판으로 보이는 구절들에 근거한 바울의 행위심판을 말하는 것이다.[19] 그는 공통적인 언약적 율법주의 형태에 입각해 바울과 유대교가 칭의와 심판에 대해 구조적으로 동일한 입장을 취하고 있다고 주장했다. 하나님의 은혜로 말미암은 선택으로 언약 백성이 되었고 행위에 입각해 심판을 받는다는 유대교의 이중 구조를 바울이 그대로 가지고 있었다는 것이다.[20] 샌더스는 로마서 1장의 이행칭의로 보이는 부분과 다른 구절에서 이신칭의로 보이는 부분에 대한 조화를 시도하며, 이신칭의는 현재구원을, 이행칭의는 최종심판을 의미한다고 정리했다.[21]

제임스 던

제임스 던(James Dunn)은 유대주의에 대한 샌더스의 기본적 입장을 수용하며, 바울의 율법행위 반대가 행위공로주의에 입각한 유대 율법주의에 대한 반박이 아니라고 하면서 샌더스와 입장을 같이 했다. 그러나 던은 유대주의가 단순히 기독교가 아닌 것이 문제라는 샌더스 식의 접근에 불만을 드러냈다. 그는 바울이 부정적으로 지적하

---

19 E. P. Sanders, *Paul and Palestinian Judaism*, 516-17.
20 Ibid., 515-518.
21 Ibid. 516.

는 '율법의 행위'에 대해 다른 해석을 내렸다. 바울이 지적하는 그들의 율법행위란 할례법, 음식법, 안식일준수법 등 유대인들의 정체성을 특별히 드러내는 언약적 표시로 작용하고 있는 율법을 지키는 것을 가리킨다고 주장했다. 즉, 바울이 갈라디아서 2:16("사람이 의롭게 되는 것은 율법의 행위에서 난 것이 아니요 오직 예수 그리스도를 믿음으로 말미암는 줄 아는 고로 우리도 그리스도 예수를 믿나니 이는 우리가 율법의 행위에서가 아니고 그리스도를 믿음으로 의롭다 함을 얻으려 함이라 율법의 행위로서는 의롭다 함을 얻을 육체가 없느니라")에서 부정한 것은 유대인과 이방인들을 구별하기 위해 주어진 율법행위였다는 것이다. 즉, 바울이 생각했던 율법행위는 의를 이루기 위한 행위가 아니라, 유대인을 이방인으로부터 구별하는 언약 표시적 성격의 율법을 지키는 것이었다고 던은 주장했다. 그러므로 이방인은 할례, 음식, 안식일 등의 유대인 언약 방식을 따를 것이 아니라, 유대인과 이방인 모두가 하나 되어 믿음으로 의로워진다는 새로운 언약 방식을 따라야 한다고 바울은 가르쳤다는 것이다.[22]

요컨대, 던은 바울이 부정적으로 비판하는 율법행위란 유대인들을 이방인들로부터 분리하며 유대 국수주의적 성격을 띠고 있는 언약 표시적 율법준수를 통해 자만심에 사로잡혀 있는 유대주의를 비판하는 것이라고 생각했다. 즉, 바울이 공격하는 유대주의는 행위를 통해 공로로 구원받는 율법주의가 아니고, 이방인들로부터 자신을 분리하여 우월성을 즐기는 배타주의였다는 것이다. 개인의 의로움을 추구하기

---

[22] 제임스 던, 『바울신학』, 박문재 역 (서울: 크리스챤다이제스트, 2003), 498-499.

보다는 선민 신분의 자부심과 택함 받음에 대한 자만심에 빠져있는 유대주의가 문제의 핵심이었다는 것이다.

던의 이런 주장은 바울의 소명인 이방인 전도와 맥을 같이 했다. 이방인들이 교회에서 유대인들과 분리되어 그들과 정상적인 교제관계를 갖지 못하고 상대적 저층 교인으로 취급된다는 것은 이방인의 사도로서 부르심을 받은 바울의 입장에서는 간과할 수 없는 일이었다. 따라서 던에 의하면, 이러한 이유로 바울은 유대 그리스도인들과 이방 그리스도인들 사이의 벽을 허물기 위해 투쟁했다는 것이다. 유대 그리스도인들이 이방 그리스도인들에게 할례를 받고 음식법을 지키라고 주장한 것은 결국, 이방인들에게 유대인이 되어야 한다는 요구였다는 것이다. 그러나 이러한 요구는 이방인들의 순수성을 훼손하고 교회의 단합을 깨는 심각한 문제였기에 바울이 적극적으로 대응에 나서게 되었다는 것이다.[23]

던의 이러한 주장에는 일부 일리가 있다. 바울이 그리스도의 몸 된 교회 안에서 유대 믿는 자들과 이방인 믿는 자들 사이에 단합을 추구한 것은 사실이었기 때문이다. 바울 서신의 여러 곳에서 이러한 증거들이 나타난다. 그러나 여기서 중요한 것은 던의 이 관심 요소가 그

---

23 J. D. G. Dunn, *The Theology of Paul the Apostle* (Grand Rapids: Eerdmans, 1998), 354-9. James Dunn의 바울 해석의 문제점을 신랄하게 지적하고 비판한 내용을 위해서는 Seyoon Kim, *Paul and the New Perspective: Second Thoughts on the Origin of Paul's Gospel* (Grand Rapids: Eerdmans, 2002)을 보시오. Kim은 '바울에 대한 새 관점' 입장이 바울을 잘못 해석했고, 오히려 전통적 종교개혁의 바울 해석이 올바른 해석임을, 신약뿐만 아니라 구약과 유대전통 및 초기 기독교 기록 등을 통해 입증하고 있다.

의 주장처럼 바울의 중심적 관심이었는가 하는 것이다. 교회 내에서 할례 준수를 주장하며 혼란을 일으키는 할례주의자들의 주장으로 말미암아 흔들리는 '단합'이라는 사회적 측면에 대한 우려가 분명히 존재하고 있었지만, 그것이 이신칭의를 외치는 바울의 중심적 관심거리였다는 던을 비롯한 "바울에 대한 새 관점"을 주장하는 자들의 입장은 설득력이 없다. 오히려 바울의 핵심적이고 중심적인 관심은 이들이 가르치는 복음이 이신칭의와 율법행위를 함께 구원의 도리로 삼고 있는 것에 대한 심각한 우려였다는 종교개혁의 가르침이 더 설득력이 있다. 바울에게 있어서 훼손될 수 없고 조금이라도 변형될 수 없는 복음의 진리는 이신칭의였으며, 이것이 바울의 중심적 관심이었던 것이다.

 제임스 던은 칭의를 구원론적으로 보지 않고 하나님의 신실성과 관련된 것으로 보았다. 다시 말해, 하나님의 의는 하나님께서 당신의 백성들을 향한 사랑이며, 하나님의 칭의는 당신의 백성과의 언약에 근거하여 이스라엘을 향한 긍정적인 판결을 의미한다는 것이다.[24] 던은 언약을 은혜로 보았고, 하나님의 은혜가 언약을 통해 구원을 이루는 것으로 생각했다. 그는 샌더스와는 다르게 바울의 칭의 교리를 언약 공동체 안으로 들어가는 것에만 국한시키는 것으로 보지 않고, 언약 백성을 향한 하나님의 용서와 사랑으로 보았으며, 믿음으로 시작하여 최후 심판까지 전 과정에 이르는 것으로 생각했다.

 던에 의하면, 칭의는 하나님과 백성 사이의 언약의 관점으로 이해

---

24 제임스 던, 『바울신학』, 478.

해야 하며, 언약을 통해 하나님은 백성을 향한 신실하심으로 자신의 의를 드러내시고, 백성은 하나님을 믿고 율법을 순종하며 그들의 신실함을 보여주는 것이다. 그러므로 바울이 가르친 믿음으로 의로워지고 율법에 순종하는 삶을 사는 것은 언약 백성 안으로 들어가는 것과 머무르는 것이 함께 어우러져 있는 유대교의 언약적 율법주의 가르침을 그대로 전수한 것이라는 것이 던의 주장이다.[25]

이 밖에도 던은 샌더스가 주장한 이중칭의 구도에 대해서도 의견을 달리했다. 던은 현재 칭의를 말하는 현재 구원과 미래 심판을 말하는 미래 칭의로 구분하는 샌더스를 비판하며, 이 두 칭의를 언약 백성의 정체성을 보여주는 표지 행위에 의한 칭의와 진정한 믿음으로 말미암은 칭의로 구분했다. 즉, 던은 율법행위에 의한 칭의와 믿음에 의한 칭의를 구분한 것이다.

그러나 던은 바울이 유대교에 대해서는 전반적으로 비판적이었지만, 행위심판 사상은 샌더스와 마찬가지로 바울이 유대교의 입장을 수용했다고 보았다. 나아가서 로마서 2장의 행위심판은 이방인까지 포함한 정의를 말한다고 주장했다. 바울이 말한 행한 대로 심판하신다는 표현["하나님께서 각 사람에게 그 행한대로 보응하시되"(롬 2:6)]은 이방인들의 행위를 평가절하 하는 유대인들의 좁은 편견을 비판하고 유대인과 이방인 모두에게 적용되는 믿음의 원리를 말한다고 보았다.[26]

---

25   Dunn, *The New Perspective on Paul* (Grand Rapids: Eerdmans, 2008), 89.
26   Ibid., 466.

N. T. 라이트

라이트(N. T. Wright)는 샌더스의 1세기 유대주의 해석을 그대로 수용했다. 또한 바울이 부정적으로 말하는 '율법의 행위'가 할례, 음식법, 안식일준수법 등의 유대인들의 정체성을 표시하는 유대주의 언약적 율법의 이행으로, 이러한 것들이 이방인들을 그들로부터 제외시키는 데 문제가 있다고 주장하는 던의 입장을 따랐다. 또한 라이트는 슈텐달이 가르친 것처럼, 바울은 이방인의 사도로서 부르심을 받아 이방인들이 유대적 뿌리를 가지고 있는 믿음의 가족으로 받아들여져야 한다고 생각했다.

이런 맥락에서 라이트는 바울의 칭의 개념을 그가 살고 있던 시대의 유대주의 배경에서 이해해야 한다고 말했다. 라이트에 의하면, 유대인들은 하나님께서 그들의 적을 무찌르실 날을 고대하고 있었다. 그들은 당시 약속의 땅에 살면서 출애굽의 상황에 있었지만, 여전히 외부의 지배에서 벗어나야 하는 새로운 출애굽이 올 것을 기다리며, 자신들이야말로 살아계신 참 하나님을 예배하는 하나님의 백성임을 입증하게 될 것이라고 믿고 있었다는 것이다. 그러므로 1세기 상황에서 칭의는 하나님의 종말 약속이 성취되는 종말론적 개념으로 보아야 하고, 유대인들에게 의롭다고 판결해 주시는 하나님의 선언이 있는 법정적 개념으로 보아야 할 것이며, 이스라엘과 맺은 당신의 언약을 변함없이 지키시는 하나님의 신실하심을 보여주는 언약적 개념으로 이해해야 한다고 주장했다.²⁷ 라이트에 의하면, 칭의는 법정 용어로 하나님께서 당신의 백성을 의롭다고 선언하는 것이다. 이것은 역사의 종말에 나타나는 것으로 당신의 백성과 맺은 하나님의 언약에 입각한 것이다. 의롭다고 선언된 자들은 언약에 충성스럽게 남은 것이 입증되며, 그들은 우상에게 절하거나 숭배하지 않고 하나님께 충성스럽게 남은 자들이라는 것이다.

라이트에게 '하나님의 의'는 하나님의 언약적 성실성을 말하는 것으로, 자신의 윤리적 의로움이나 죄인에게 부여하는 신분을 의미하지 않는 것이다. 라이트에 의하면, 바울에게 나타나는 칭의는 근본적으로 구원론이 아니라 교회론과 관련된 것이다. 칭의는 누가 어떻게 구원받는가에 대한 교리가 아니라, 누군가 하나님 백성의 일원이 되었음을 어떻게 알 수 있는가라는 것이다. 다르게 말하면, 칭의란 누가 어떻게 그리스도인이 되는가가 아니라, 그들이 어떻게 그리스도인이 되었는가를 선포하는 것이라는 말이다.²⁸ 라이트에 의하면, 칭의란 하나님께서 당신의 백성들의 의로움과 그들의 충성스러움으로 그 의로움이 증명되어 당신에게 속한다는 것이 입증되었다는 것을 의미한다.

라이트는 이와 같은 교회론적이고 종말론적인 칭의 교리가 교회에 의해 왜곡되었다고 주장했다. 라이트에 의하면, 바울이 이신칭의를 본격적으로 다루는 두 핵심 서신인 로마서와 갈라디아서는 근본적으로 누가 하나님의 백성인가를 다루는 것이다. 우리의 질문은 누구와

---

27 N. T. Wright, *What Saint Paul Really Said: Was Paul of Tarsus the Real Founder of Christianity?* (Grand Rapids: Eerdmans, 1997), 113-120.
28 Ibid., 125.

교제할 수 있는가이고, 이에 대한 바울의 답은 칭의를 통해 충성스러운 유대인들과 충성스러운 이방인들이 그리스도 몸의 구성원이며 양쪽이 다 그리스도에 참여자이고 함께 교제를 나누는 자들임을 선언하는 것이다. 그러나 바울 시대 이후 교회는 칭의 교리를 가지고 개신교와 로마 가톨릭 등으로 그리스도인들을 나누었다는 것이다. 라이트는 그리스도를 믿는 자들은 모두 칭의 안에서 의롭다고 선언되며 모두가 서로 하나가 되는 것이라고 주장했다.[29]

라이트는 이신칭의를 하나님 백성이 되는 표지라고 보았고 모든 사람이 동등하게 그 표지를 얻을 수 있는 길은 믿음이라고 말했다. 라이트는 믿음과 율법행위를 대조시키며 던과 마찬가지로, 언약적 율법을 행하는 것이 유대인과 이방인을 구별하는 것으로 이해하며, 율법을 특권의식으로 생각한 것은 유대인들의 잘못이라고 비판했다.[30] 유대인들이 주장하는 "자기 의"는 율법을 지키는 것을 통해 얻은 의는 아니었고, 하나님과의 관계로 얻은 언약적 신분의 의였지만, 여전히 그것은 진정한 의가 아니었다는 것이다. 하나님의 의는 믿음으로 얻는 하나님의 선물이라고 라이트는 주장했다.[31]

---

29 Ibid., 158-9; N. T. Wright, *The New Perspectives on Paul*, 15. Wright와 아울러 '바울에 대한 새 관점'을 구약과 신약의 해석학적 및 주석적 방법으로 비판하며 전통적 개혁주의 신학의 결론이 정당함을 보여주는 내용을 위해서는 Guy Prentiss Waters, *Justification and the New Perspectives on Paul* (Phillipsburg, NJ: P&R Publishing, 2004), 151-190을 보시오.
30 가이 프렌티스 워터스, 『바울에 관한 새 관점』, 배종열 역 (서울: 개혁주의신학사, 2012), 218.
31 N. T. Wright, *What Saint Paul Really Said*, 124-125.

"바울에 대한 새 관점"의 입장에 따르면, 바울이 유대교를 비판한 것은 유대교가 행위공로 구원을 가르친다는 이유 때문이 아니라, 언약적 율법주의(covenantal nomism)를 신봉하던 유대인들이 그리스도를 통해 주어지는 믿음의 의를 이해하지 못하고, 수용하지 못하는 것에 대해 심각한 문제제기를 한 것이다. 그러나 던과 라이트가 샌더스와 다른 점은, 바울이 유대인과 이방인을 분리시키는 역할을 한 율법행위를 비판했다는 점이다. 특히, 유대인들의 정체성을 드러내는 의식법 준수의 율법행위들이 유대인들에게 특권의식을 부여하여 이방인들과의 분리를 초래했기 때문에 바울은 유대인들의 율법행위를 비판했다는 것이다.

라이트도 샌더스와 던과 마찬가지로 언약을 통해 바울을 이해했다. 라이트는 종교개혁자들이 정의한 전가 개념의 하나님 의를 부인하고, 던과 유사하게 하나님의 의를 하나님의 언약적 신실성으로 해석했다. 하나님의 의는 하나님 자신이 만드신 언약의 규범에 대한 충실성 때문에 당신 백성을 사랑으로 구원하시는 속성으로 나타난다는 것이다. 그렇다면 칭의도 종교개혁자들이 가르친 전가된 의를 말하는 것이 아니라, 하나님의 언약적 신실성에 대한 인간의 신실한 보답을 통해 하나님 가족의 진정한 구성원으로 인정되는 것을 의미한다고 주장했다. 라이트는 이것이 1세기 유대교의 가르침이고 바울의 일관성 있는 칭의론임을 강조했다.[32]

---

32 N. T. Wright, N. T. *Justification: God's Plan & Paul's Vision* (Downer's Grover: IVP Academie, 2009), 64, 71, 116.

라이트는 샌더스와 마찬가지로 이중칭의 구도를 받아들였다. 로마서 2장의 율법의 들음과 율법의 행함의 대조["하나님 앞에서는 율법을 듣는 자가 의인이 아니요 오직 율법을 행하는 자라야 의롭다 하심을 얻으리니"(롬 2:13)]를 유대인들의 특권 표지 행함과 믿음을 통한 율법 행함의 대조로 이해했고, 토라를 소유했다는 것이 유대인들에게는 대단한 특권이었으나, 바울에게 중요한 것은 토라를 행하는 것이었다고 주장했다.[33] 라이트는 토라의 행함을 새 언약에서의 율법의 성취로 이해했으나, 로마서 2:13의 율법 행함을 샌더스처럼 미래 칭의로 받아들였다. 라이트는 현재 칭의와 미래 칭의의 긴밀한 연관성을 말하고는 있지만, 샌더스와 같이 믿음을 강조하는 바울의 이신칭의를 현재 칭의로 보았고, 최후 심판을 의미하는 미래 칭의는 일생을 거친 성화의 삶에 기준을 두고 있는 것으로 보았다.[34]

개신교 종교개혁은 칭의와 관련하여 공로를 배제하고 믿음으로 의로워짐을 가르쳤다. 그것은 의인이 되는 단회적인 사건으로 끝까지 가는 것이었다. 성화가 칭의의 결과와 증거로 나타나는 것이기는 하지만, 최후 심판의 기준은 칭의이지 성화는 아니었다. 그러나 "새 관점"의 입장은 달랐다. "새 관점"에서는 바울의 칭의 교리를 최후 심판과는 무관한 것으로 보았다. 이들의 논리에 따르면, 바울의 이신칭의

---

[33] N. T. Wright, *The Letter to the Romans in The New Interpreter's Bible*, vol. X, ed. Leander E. (Keck. Nashville: Abingdon, 2002), 440.

[34] N. T. Wright, "The Law in Romans 2", in James D. G. Dunn, *Paul and the Mosaic Law*, (Grand Rapids: Eerdmans, 2000), 143f; Wright, *The New Perspective on Paul*, 260; Wright, *Justification*, 251.

란, 하나님의 은혜로 언약 백성의 정체성을 얻는 유대교의 전통을 따라, 하나님의 은혜로 그리스도를 믿는 믿음을 통해 언약 안에 들어오는 것을 의미했다. 그리고 최후의 심판은, 언약 안에서 율법행위를 기준으로 언약에 남을 수 있는지를 판단하는 1세기 유대교의 가르침을 따라, 그리스도를 믿고 언약 안에 들어온 자들의 성화의 삶을 기준으로 결정된다고 주장했다.

김세윤

바울의 새 관점 입장에 대해 비판적이었던 김세윤은 그들과의 지속적인 학문적 대화 끝에 새 관점 입장의 중요한 부분을 수용했다. 새 관점 학파의 유대교에 대한 이해 조정의 필요성을 지적하고 바울의 칭의론을 "근본적으로 구원론적 개념으로 보기보다는 선교적 또는 교회론적 개념으로만 인식하는 (새 관점의) 축소주의"를 비판하면서도, 김세윤은 새 관점이 공헌한 점들이 있다고 주장하며 그들을 옹호했다. 그 공헌들은 신약시대 유대교가 "율법-공로 종교"가 아니라, "언약적 은혜도 함께 강조했던 '언약적 율법주의'의 큰 틀을 가지고 있었던 종교"임을 밝혔다는 것이다.[35]

나아가 새 관점은 칭의론의 "역사적, 사회학적, 선교적 맥락을 더 잘 이해하게" 했고, "바울의 칭의론도 기본적으로는 '언약적 율법주

---

35 김세윤, 『칭의와 성화』 (서울: 두란노서원, 2013), 44.

의'와 비슷한 구조를 가지고 있음을 이해하게" 했다고 주장한다.[36] 김세윤은 '언약적 율법주의'와의 유사 구조가 "신약 구원론의 종말론적 유보"를 이해하게 했다고 말한다. 그것은 예수 그리스도를 믿어 의로워진 자들이 성화의 열매를 맺고 영화로 들어간다는 전통적 종교개혁 신학의 입장을 벗어나, 그리스도를 믿어 의인이 되기는 했지만, 그리스도의 재림 때까지 하나님의 계명을 잘 지켜야만 최후의 심판에 가서 칭의가 완성된다는 이중칭의 구도를 의미하는 것이다.[37] 그는 이렇게 말한다.

> 우리가 그리스도의 복음을 믿을 때, 우리는 의인이라고 선언(칭함) 받지만, 그것을 신약 구원론의 종말론적 유보(구원이 '벌써 이루어짐-그러나 아직 완성되지 않음')의 구조 속에서 이해해야 하는 것입니다. 그것은 최후의 심판 때 받을 선언을 지레 받는 것으로서 주 예수 그리스도의 재림 때 있을 최후의 심판 때 온전히 받는 것입니다. 믿는 자가 될 때 우리가 얻는 의인의 신분은 우리가 하나님과의 올바른 관계에로 회복됨을 의미하는데, 그것은 '언약적 율법주의' 유대교에서 하나님의 선택으로 이스라엘이 하나님과의 언약의 관계에 '진입'한 것에 해당합니다. 믿음으로 칭의 되고(죄용서 받고) 의인의 신분을 얻은 사람은 이제 최후의 심판 때 칭의의 완성을 받을 때까지 자신이 '진입'한 하나님과의 올바른 관계에 '서 있어야' 합

---

36 Ibid., 45.
37 Ibid., 45.

니다. 그러기 위해서는, 이제 곧 설명하겠지만, 그 사람은 이중 사랑의 계명을 지키며 살라는 요구로 오는 하나님의 통치를 계속 받아야 합니다. 이것은 하나님의 선택과 언약의 은혜로 하나님의 백성이 된 (하나님과의 올바른 관계에 '진입'한) 이스라엘이 언약의 법들을 지킴으로써 그 관계에 '머무름'과 같은 구조입니다.[38]

김세윤은 칭의의 종말론적 유보를 설명하면서 그리스도 구원사역의 '이미-아직' 구도를 칭의론에 적용한다. 그리스도 구원사역의 구도는, 지상에서 그리스도의 죽음과 부활로 구원이 이미 이루어졌지만 재림 때 그 구원이 완성된다는 것이다. 이 그리스도 사역의 구도를 개인 구원과 연결하여, 그리스도를 믿음으로써 이미 구원을 받았지만 구원의 완성은 그리스도의 재림 때에 이루어진다는 신약 종말론의 구도를 칭의론에 적용한 것이다.[39]

이것은 우리의 구원이 재림 때 영과 육의 완전한 구원을 얻을 때까지 완성되지 않기에, 현재에는 '이미-아직'의 불완전한 구도를 가지고 있다는 전통적인 의미와는 달리, 믿음으로 의로워진 우리가 이후의 삶을 통해 의롭게 살아야 최후 심판 때에 그 삶을 근거로 의인으로 판명되어 칭의가 완성된다는 것을 의미한다. 김세윤은 이렇게 표현한다.

그러므로 믿음으로 무죄 선언되고 하나님과의 올바른 관계에 회복

---

38 Ibid., 45-46.
39 Ibid., 78-79.

된 '의인'은 이제 그 올바른 관계에서 나오는 의무, 즉 하나님께 의지하고 순종하기를 이행하며 살아야 하는 것입니다. 하나님께 의지하고 순종하는 삶이 '의로운' 삶이고, 그런 삶을 사는 사람이 '의인'이며, 그런 사람이 최후의 심판 때 '의인'으로 확인됩니다. 그것이 칭의의 완성입니다.[40]

김세윤은 하나님의 계명을 지켜야 한다는 부분에서 바울의 칭의론이 유대교의 '언약적 율법주의'와 다른 면이 있음을 언급한다. 그것은 "은혜론과 성령론"으로 변형이 온 것으로 단순히 율법을 지킴으로 '머무름'이 이루어지는 것이 아니고, 성령의 역사로 도움을 받아 가능하게 될 수 있음을 말한다. 그는 다음과 같이 말한다.

이런 구조적 유사점에도 불구하고, 바울 칭의론의 구조는 그의 은혜론과 성령론에 의하여 변형되어서 유대교의 '언약적 율법주의'의 구조와 조금 다르게 나타납니다. 바울은 믿음으로 의인이라 칭함 받은 자들, 즉 하나님과의 올바른 관계에로 회복된 자들이 '율법을 지킴으로써 그 관계 안에 서 있게 된다'고 가르치지 않고, 도리어 '성령의 인도와 힘 주심을 받아' 그렇게 한다고 가르칩니다. 바울은 로마서 7-8장과 갈라디아서 5-6장에서 율법과 육신을 하나로 묶어 성령과 대조하면서, 유대인들이 율법을 지킴으로 하나님과의 올바른 관계 안에 서 있으려는 것은 결국 의를 이루지 못하고 도리어 죄

---

40 Ibid., 79.

를 지으며(또는 '육신의 열매'를 맺으며) 죽음으로 나아가는 길이지만, 그리스도인들이 성령의 인도와 힘 주심을 받아 살 때 율법의 진정한 요구(그리스도의 법)를 성취하며 '의의 열매'(성령의 열매)를 맺어 생명으로 나아가는 길이라고 강조합니다. 이와 같이 바울의 칭의론은 구원이 '벌써 이루어짐-그러나 아직 완성되지 않음'의 구조 속에서 유대교와 같이 하나님과의 올바른 관계에 '진입'하고 종말의 완성 때까지 그 관계 속에 '머무름'의 구조를 가지고 있는데, 그 '진입'과 '머무름'이 모두 성령(하나님의 은혜)에 힘입어 이루어진다고 강조하는 데서 유대교의 '율법주의'와 다른 모습을 갖게 됩니다. 바울의 이런 칭의론 구조를 우리는 새 관점 학파와 토론하는 가운데 더 잘 이해하게 된 것입니다. 가끔씩 우리가 믿는 진리도 그것을 비판하는 자들과 논쟁하면서 더 정확히 이해하게 됩니다.[41]

김세윤은 전통적 칭의론이 칭의론의 관계적 의미와 종말론적 유보를 간과함으로써 칭의와 성화가 구분되고 구원과 윤리가 분리됨으로 인해 교회의 윤리적 저하가 심각한 문제로 대두되었다고 진단하면서, 이것은 한국교회에 윤리적 나태를 초래했으며 구원파적인 믿음을 갖게 했다고 주장한다. 아울러 성도의 견인 교리는 더욱 윤리적 긴장을 늦추고 도덕적 해이로 치닫게 했다고 다음과 같이 비판한다.

그런데 전통적인 칭의론 이해가 칭의의 관계론적 의미와 종말론적

---

41 Ibid., 45-47.

인 유보를 간과함으로써, 칭의 또는 의인 됨(구원)과 의인으로 살기(윤리)가 구분되는 문제를 낳게 된 것입니다. 한국교회에서 흔히 듣는 복음은 "우리는 은혜로, 믿음으로 이미 의인이라 칭함 받았고, 그것은 최후의 심판 때 확인되게 되어 있다. 그러니 그냥 구원의 확신을 가지고 살면 된다(이것은 보통 '그러니 아무렇게나 살아도 된다'는 결론을 함축한다)"입니다. 그런데 이게 무엇입니까? 구원파적 복음이 아닙니까? 구원파는 이것을 자기들의 신학적 확신으로 솔직히 말하는 모양입니다. 그런데 구원파를 이단이라고 부르는 대다수의 한국교회도 사실상 이런 복음을 선포하고 있습니다. 암암리에 구원파적 복음을 선포하는 것입니다.

"… 그러니까 종말에 최후의 심판 때까지 나를 지켜주신다(이것이 성도의 견인입니다). 그러므로 나는 이제 아무렇게나 살아도 나의 구원은 확실하다"라고 설명합니다. 이렇게 되면 윤리가 나올 리가 없습니다. 그래서 오늘날 윤리와 분리된 신앙(구원의 확신)을 가르치고 믿는 한국교회의 비극을 낳게 된 것입니다. 의로운 삶을 살지 않으면서도 의인으로 자처하며 구원의 확신만 가지고 있으면 된다고 가르치는 한국교회의 비극입니다. 이것은 칭의론의 관계론적 의미와 종말론적 유보를 간과한, 부분적이고 왜곡된 복음을 선포하는 데서 오는 비극입니다.[42]

칭의의 종말론적 유보 개념이 한국교회의 윤리 도덕 문제를 해결할

---

42 Ibid., 79-80.

수 있을까? 칭의의 종말론적 유보를 가르치지 않은 것이 과연 한국교회 도덕적 문제의 원인일까? 우리는 교회사적으로 흥미로운 사실을 발견하게 된다. 즉, 칭의의 종말론적 유보 구도는 본서 6장과 7장에서 살펴본 바와 같이, 이미 17, 18세기에 각각 리차드 백스터와 존 웨슬리에게서 나타났던 것이다. 칭의의 종말론적 유보 개념은, 반율법주의로 말미암아 교회 역사에서 이미 칼빈주의와의 대결로 나타났다.

본서 6장에서 주지했듯이, 그것은 17세기 영국 청교도 시대에 반율법주의의 영향으로 어려움을 겪고 있던 청교도들이 문제 해결을 위한 대응으로 내놓았던 것 가운데 하나의 방법이었다. 영국 청교도 리차드 백스터는 이중칭의 개념을 소개하며 초기칭의는 믿음으로, 최종칭의는 초기칭의 이후 삶에서 나타나는 선행으로 이루어진다는 이중 구도를 제시했다. 그리고 그는 두 칭의 가운데 최종칭의가 최후의 심판을 의미하는 것으로, 진정한 의미의 칭의임을 피력했다.

그러나 이와는 달리 존 오웬은 언약신학을 반율법주의에 대한 대응책으로 제시했다. 오웬은 백스터의 이중칭의가 종교개혁의 가르침과 성경의 가르침을 벗어난다고 보았고, 종교개혁 신학의 전통을 따라 칭의와 성화의 불가분의 관계를 강조하며, 이 둘이 함께 하나님과 맺은 은혜언약의 조건임을 주장했다. 오웬의 언약신학은 이미 칼빈에게서 정리된 것이고 개혁주의에서 전통 신학으로 자리 잡아 가고 있었다.

그러나 백스터의 이중칭의 개념은 7장에서 밝힌 바와 같이, 18세기 영국에서 존 웨슬리에 의해 그대로 답습되었다. 웨슬리 당시에도, 여전히 반율법주의는 성도들의 책임 있는 거룩한 삶을 훼손하고 있었고 성화 진행을 방해하는 문제를 일으키고 있었다. 웨슬리는 이에 대한 대응으로 백스터의 이중칭의 개념을 가져다 사용하며, 성도의 견인을 부정하는 입장을 취했다. 따라서 웨슬리는 칼빈주의 예정론에 대해서도 예정론이 성화에 부정적인 영향을 끼친다는 생각으로 예정론을 받아들이기 힘들어 했으며, 오히려 그는 완전성화 개념을 도입했고, 성도의 성화에 입각하여 최후 심판을 받는 최종칭의를 중시했다. 웨슬리의 가르침은 그 후 여러 개신교회들의 신앙으로 자리 잡았다.

초기칭의와 최종칭의로 일컬어졌던 이 이중칭의 개념은 개신교의 또 하나의 구원론 개념으로 이미 오랫동안 자리를 잡아왔으며, 한국교회에도 그 입장을 지지하는 많은 개신교회들이 있다. 그렇다면 이중칭의 입장을 수호하는 개신교회들이 과연 한국교회 윤리 도덕 향상에 기여를 했는가? 긍정적인 답을 하기는 어렵다.

김세윤은 칭의와 최후 심판 때까지의 삶의 중요성을 언급함으로써 성도들로 하여금 성화에 대한 심각성을 유도하기 위해 믿음으로 의로워진 후 "회복된 올바른 관계 속에 '서 있음'의 중요성"을 언급한다. 그는 전통적 신학이 '서 있음'을 칭의론 구조 속에서 이해하지 않고, 구원의 서정으로 취급하여 성화를 칭의 후로 밀어버려 그 중요성을 훼손시켰다고 주장한다.[43] 그러나 예정-칭의-성화-영화의 구도는 로마서 8:30("또 미리 정하신 그들을 또한 부르시고 부르신 그들을 또한 의롭다 하시고 의롭다 하신 그들을 또한 영화롭게 하셨느니라")에 있는 말씀이다. 따라서 이런 접근이 잘못된 것이라고 쉽게 판단할 수 있는 것은 아니다.

---

43 Ibid., 81.

그럼에도 김세윤은 이처럼 칭의가 자동적으로 성화 및 영화로 이어진다는 가르침이 성도들로 하여금 성화에 애쓰지 않도록 만든다고 생각하는 것으로 보인다. 그러므로 이 구도를 버리고 칭의는 되었을지언정 성화에 입각하여 영화 시점에 또 하나의 심판을 두자는 것이다. 그러나 본문은 그렇게 말하고 있지 않다. 본문은 당연히 이루어져야 하는 구원의 진행 과정을 말하고 있다. 칭의가 제대로 이루어진 칭의일 경우에 그것은 성화와 영화로 이어진다는 설명으로 보아야 타당하다.

사실 본문은 성화를 언급하지도 않고 있다. 의롭다 하신 자를 영화롭게 하신다고 본문은 말한다. 불가분의 관계인 칭의와 성화를 묶어 하나의 개체로 보기 때문이다. 진정으로 의로워진 자가 성화를 이루지 못한다는 것은 생각할 수 없다는 의미가 된다. 그렇다면 칭의 된 자가 성화를 이루지 못해 영화가 이루어지는 최후의 심판 때에 정죄 받는다는 것은, 애초에 칭의가 제대로 이루어지지 않았다고 해석하는 것이 본문을 더 자연스럽게 이해하는 것이 된다.

김세윤은 로마서 14:10, 고린도후서 5:10을 참고로 최후의 심판에서 우리의 행위대로 심판받게 됨을 바울이 가르친다고 주장한다. 그러면서 종교개혁의 전통대로 교회가 법정적 칭의만을 가르치고 성화를 칭의에서 분리함으로써 행위에 입각한 최후의 심판을 가르치지 않음으로 인해, 교인들이 의로운 삶을 살지 않게 되었다고 그는 주장한다.

> 우리가 최후의 심판 때, 결국 우리의 행위대로 심판받게 된다는 바울의 가르침(참고, 롬 14:10; 고후 5:10)과 연계하여 '성화'의 과정

을 진지하게 생각하는 사람들은 자신이 한 번 칭의 된 것에 자만하지 않고, 하나님의 뜻에 따르는 의로운 생활을 하려 노력할 것입니다. 그러나 칭의를 법정적 의미로만 가르치고 그것의 관계적 의미는 가르치지 않으며, 그것을 성화와 구조적으로 분리하여 생각하도록 가르치는 가운데, 칭의는 율법의 행위로가 아니라 오로지 하나님의 은혜와 우리의 믿음으로만 얻는 것이라는 바울의 강조(종교개혁 전통의 강조)를 정통 신학의 시금석으로 삼도록 가르치면, 자연히 성화에 대한 열정이 식고, 도리어 성화에 대한 열정이 바울이 경계하는 율법의 준행으로 얻는 "자기 의"를 내세워 칭의를 얻으려는 '이단 신학'에 빠지거나 걱정하게 됩니다.[44]

그러나 로마서 14:10("… 우리가 다 하나님의 심판대 앞에 서리라")과 고린도후서 5:10("우리가 다 반드시 그리스도의 심판대 앞에 나타나게 되어 각각 선악간에 그 몸으로 행한 것을 따라 받으려 함이라")을 믿음으로 의로워진 자가 종말론적으로 그 칭의가 유보되고 행위에 의해 다시 심판받는다는 이중칭의 구도로 해석하는 것은 동의하기 어렵다. 이 구절들은 오히려 칭의 된 자들의 추가적 상급을 위한 심판 개념으로 보는 것이 본문 이해를 위해 더 타당해 보인다. 다시 말해, 믿음으로 의로워진 자가 최후의 심판에서 이미 얻어진 칭의가 유보되는 것이 아니라, 칭의는 그대로 유지되지만 칭의 된 자들의 주님을 위한 헌신과 봉사에 따른 심판에 의해 상급이 결정된다고 보는 것이 고린도

---

44 Ibid., 81.

전서 3:10-15을 참고해 보면 훨씬 더 자연스러운 해석이 된다.

나아가 법정적 칭의만 가르치고 칭의를 성화로부터 분리시켰다는 김세윤의 주장은 종교개혁의 가르침이 아니다. 김세윤의 문제에는 종교개혁 신학에 대한 무지와 오해가 상당부분 자리 잡고 있다. 종교개혁 칭의론을 법정적 칭의로만 이해하는 것은 잘못이다. 4장에서 살펴보았듯이, 법정적 칭의론은 종교개혁 당시 중세에 걸쳐 잘못 이해된 헬라어 dikaioun이란 용어의 의미를 바로잡기 위한 루터의 노력의 결과였다. 헬라어 dikaioun은 원래 '의로 여긴다'라는 의미를 가지고 있는데, 어거스틴에 이어 중세 신학자들이 '의를 만든다'는 의미를 가진 라틴어 justificare로 잘못 번역했다. 루터는 헬라어를 제대로 이해하지 못한 중세 교회의 오류를 발견하고 헬라어 신약성경을 통해 그 의미를 법정적 개념으로 바로잡았다. 결국 루터는 dikaioun이란 헬라어 용어가 원래 가지고 있는 '의롭다고 여기다' 또는 '의롭다고 간주하다' 혹은 '의롭다고 선언하다'라는 개념을 밝히어 그것을 중세 칭의 개념에 포함되어 있는 선행공로 사상을 막기 위해 사용했다. 이것은 루터의 이신칭의 개념을 규명하는 표현으로 사용되었고, 믿음과 선행, 그리고 칭의와 성화를 개념적으로 구별하는 양상을 띠게 했다.

종교개혁 당시 선행을 칭의를 위한 공로적인 요소로 가르쳐 온 로마 가톨릭교회와의 투쟁으로 칭의를 위한 믿음을 루터가 강조했던 것은 사실이나, 루터는 추호도 선행과 거룩한 삶(성화) 자체를 경시하거나 도외시 하지 않았다. 그는 성화에 대해 많은 관심을 가지고 있었고, 4장에서 본 것처럼 거룩한 삶에 대한 많은 가르침을 했다. 다만, 루터는 선행이 칭의의 원인이나 근거는 절대로 될 수 없다는 것을 지속적으로 강력하게 강조했던 것이다. 그런데 당시 사람들이 그것을 오해하고 남용하여 자기 편리대로 해석했다.

따라서 종교개혁 신학은 법정적 칭의만 말한 것이 아니다. 루터는 '두 종류의 의'를 말하며 그리스도에게서 전가된 '외래적 의(alien righteousness=imputed righteousness)'와 아울러 내 자신의 선행에서 나오는 '우리 고유의 의(our own righteousness=inherent righteousness)'를 말하며, 칭의와 아울러 선행의 중요성을 강조했다. 루터는 하나님 앞에 의로워지는 것이 선행공로로 되는 것이 아니라 믿음으로 된다는 것을 새롭게 인식하고, 이신칭의의 법정적 의미를 깨달음과 동시에, 의로워지는 것은 하나님과 인간 사이의 관계 문제이지 존재론적 실재에 입각한 것이 아님을 알게 된 것이다.

칼빈은 루터의 전통에 서서 법정적 칭의와 아울러 실제적 변화를 의미하는 회개와 성화를 강조하고 구원의 전 과정에 역사하는 성령의 사역에 대해 심도 있고 포괄적인 해설을 했다. 특히, 이미 5장에서 설명한 바와 같이, 칭의와 성화의 불가분의 관계를 위해, 그리고 루터에 대한 오해로 말미암아 나타난 성화 부진을 만회하기 위해 칼빈은 부단한 노력을 했다. 그 노력은 그리스도와의 연합이라는 핵심 개념을 근거로 한 칭의와 성화의 관계 이해로 모습을 드러냈다. 칭의와 성화를 직렬관계로 놓지 않고 그리스도와의 연합을 근거로 병렬관계로 놓았던 것이다. 그리스도와의 연합은 칭의와 성화의 공통 근거이고, 칭의와 성화의 시작은 동시적이며, 칭의와 성화는 이중은혜의 성격을 가지고 있어서 성화도 분리된 성화가 아닌 칭의에 입각해 사함 받은 성화, 즉 부족하지만 하나님의 은혜로 사함 받는 성화라는 개념으로 정리했다.

또한 칼빈은 그리스도와의 연합 자체가 성령의 역사임을 강조하면서, 칭의를 위해 신비스러운 성령의 역사가 믿음을 통해 그리스도와 믿는 자 사이에 떨어질 수 없는 결속관계를 형성하고, 성령님은 그 결속관계를 통해 신자의 죄와 그리스도의 의가 교환되는 신비적인 교류가 있음을 가르쳤다. 나아가 칭의와 동시에 시작되는 성화도 성령의 역사로 하나 된 그리스도와의 관계로 말미암아 그리스도의 영(성령)께서 칭의 된 신자의 심령에 역사하시어 거룩한 삶을 살도록 하신다고 가르쳤다.

이와 같이 성령의 역사를 중시하고 있는 칼빈의 그리스도와의 연합 사상은 사실상 그전 루터에게서 이미 존재하고 있었다. 마틴 루터는 그의 『두 종류의 의』(1519) 및 『그리스도인의 자유』(1520)에서 그리스도와의 연합 관계를 소개하며, 그리스도와 성도의 관계를 신랑과 신부 관계로 이해하고 성도의 죄와 그리스도의 의가 교환됨을 말하고 있다.

김세윤은 새 관점 입장의 학자들과 상당기간 토론하면서 새 관점 입장이 가지고 있는 유대교의 '언약적 율법주의' 구도가 바울의 칭의론 구도와 사실상 동일하다고 설득되었다. 그것은 '언약적 율법주의'가 가지고 있는 '진입'과 '머무름'의 구조로, 바울의 칭의론은 믿음으로 의로워진 후, 종말에 그 칭의는 유보되고 최후 심판은 삶에 나타난 선행으로 이루어진다는 개념이다. 김세윤은 이렇게 말한다.

> 여기서 근래의 칭의론에 대한 새 관점 학파와의 토론에서 얻은 통찰이 도움을 줍니다. 앞서 살펴본 대로 새 관점 학파의 전제는 유대교가 근본적으로 '언약적 율법주의'의 종교로서, 이스라엘이 하나님의 은혜에 의한 선택으로 하나님의 백성이 되어 하나님의 구원의 관계

로 '진입' 했으나, 이제 그들은 하나님의 계명들을 지킴으로써 그 관계에 '머무름'을 해야 한다고 가르치는 구조를 가지고 있다는 것입니다. 이 전제를 두고 토론을 하다 보니, 바울의 칭의론도 그것의 관계적 의미와 종말론적 유보의 상황을 염두에 두고 살펴보면, 이와 비슷한 구조를 가지고 있음이 환하게 드러난 것입니다.[45]

여기서 의문이 생긴다. 김세윤은 유대교 '언약적 율법주의'의 진입-머무름이 바울의 칭의론과 비슷한 구조임을 언급하고 지나감으로써 많은 오해의 소지를 남긴다. 유대교에서 가르쳤다고 주장하는 진입과 신약에서 말하는 진입의 다른 점은 왜 설명하지 않는가? 유대교에서 가르쳤다고 주장하는 머무름과 신약에서 말하는 머무름의 다른 점은 왜 언급하지 않는가 말이다. 신약에서 진입을 의미하는 믿는다는 것은 회개와 동시적 사건으로 보아야 하지 않는가? 그러나 구약시대의 진입이란 대체적으로 이스라엘 백성이라는 혈통에 의해 자동적으로 할례 받고 공동체 안에 들어가는 것을 의미했고, 그들의 신앙은 하나님을 경외하고 그분께 순종하는 것으로 입증되어야 했다. 진입이 혈통을 통한 공동체 차원의 집단적 개념이기 때문에 그들의 신앙은 확인되어야만 했고 진정한 신앙은 가려내져야만 했던 것이다.

그러나 신약에서의 진입은 혈통에 의한 공동체 차원의 집단적 개념이 아니다. 신약의 믿음이란 예수 그리스도를 개인의 구주로 믿는 것으로, 그것은 회개를 동시에 내포하는 것으로서 진정한 신앙이 있는

---

45 Ibid., 82.

것을 말하며, 당연히 성화를 통해 그 증거가 나타나는 것으로 보아야한다. 그 증거가 나타나지 않는다면 진입 자체가 없었다고 보는 것이 타당한 것이다. 교인들을 향한 바울의 최후 심판 경고는 교회 안에 들어와 있는 자들 가운데 성화를 통한 증거가 나타나지 않는 자들을 향한 것으로, 그들은 진입하지 않았기에 진정한 신앙이 없는 것으로 보아야 하며, 당연히 최후에 심판을 받아야 하고 하나님 나라를 유업으로 받을 수 없는 것이다(갈 5:19-21).

가짜 믿음이 있음을 야고보는 말하고 있고 삶에서 입증되지 않는 믿음은 허위 믿음이라고 하지 않는가(약 2:14-26)? 이 말은 교회 내에도 얼마든지 허위 믿음을 가진 허위 신자들이 있기 때문에 최후 심판의 경고가 있는 것으로 보아야 한다. 이것이 성경 전체적으로 올바른 해석이지, 최후 심판의 경고가 이미 진정한 믿음을 가진 자들에게, 믿음으로 의로워졌지만 최후의 심판은 처음 의로워진 믿음과는 별도로 그 후 어떻게 살았는가를 보여주어야 한다고 말하는 것은 진정한 믿음의 무용성을 말하는 것으로 비쳐진다. 칭의의 종말론적 유보 개념은 이런 부당한 논리적 결과를 피할 수 없다. 따라서 성화에 입각해, 또는 하나님의 계명을 얼마나 잘 지켰는가에 입각해 최후의 심판이 행해진다는 말은 오히려 성경의 전체적 구도를 왜곡시키는 것이다.

처음 그리스도를 구주로 믿을 때의 믿음과 그것의 열매로 나타나는 성화의 삶을 분리시키는 것으로 보이는 이러한 이중칭의 구도로 인도하는 칭의의 종말론적 유보 개념은 성도들의 성화를 촉진시키는 데에 인위적 자극을 줄 수는 있겠지만, 아무리 성령의 인도하심을 가르쳐도 믿음 이후 스스로 선행을 하며 거룩하게 살지 않으면 결국, 최후의 심판에서 정죄 받을 수밖에 없다는 불안감과 아울러 믿음에 대한 무용성과 믿음 개념에 대한 오해를 피할 수 없게 만든다. 이것은 이울러 성화공로 사상을 불러일으키는 문제를 안게 된다.

바울은 "너희는 그 은혜에 인하여 믿음으로 말미암아 구원을 받았나니 이것은 너희에게서 난 것이 아니요 하나님의 선물이라 행위에서 난 것이 아니니 이는 누구든지 자랑하지 못하게 함이라"(엡 2:8-9)고 구원의 비밀을 말하고 있다. 바울은 여기서 구원의 한 부분인 '칭의'만을 말하는 것이 아니고 '구원'이라는 포괄적인 언어로 구원 전체를 말하고 있다. 그 구원이 어떤 부분에서도 공로적인 성격이 있을 수 없음을 말하고 있는 것이다. 이중칭의 성격을 가지고 있는 칭의의 종말론적 유보 개념은 이 부분에서 심각한 문제를 초래한다. 성도들로 하여금 처음 믿은 것은 은혜이지만 구원의 완성인 최후 심판은 결국, 자기가 하기 나름이고 자신의 선행에 달려있다고 생각하게 만드는 것이다. 이것은 선행공로 사상을 피할 수 없게 만드는 심각한 문제를 가지고 있다.

유대주의 구원론의 구도를 따른 이런 새 관점의 칭의의 종말론적 유보 개념보다 우리는 종교개혁에서 우러나오는 전통적인 바울 해석과 성경 이해가 더 타당하다고 본다. 예수 그리스도께서 말씀하신 "회개하라 천국이 가까웠느니라"의 메시지에서 우러나오는 초기 회개의 강력함 및 선행공로를 배제하기 위해 이신칭의를 강조하는 바울의 초기 믿음의 강조를 함께 고려할 때, 첫 믿음의 강력함을 고수하며 그 믿음이 동시적으로 회개와 성화를 유발하고 촉진시키는 구도가 옳다고 본다. 이것은 종교개혁 신학의 가르침이고 특히, 존 칼빈을 통해 잘 정리된 내용이다.

아울러, 종교개혁 신학이 법정적 칭의만을 고집하여 성도들을 성화의 부진으로 몰고 간 것이 아니다. 인간의 죄성이 나태함을 유발시켜 자신들의 편리한 방향으로 복음의 내용을 해석한 것이 문제다. 즉, 믿음을 약화시키고 복음의 내용을 인간 중심적으로 변질시킨 인간의 죄성이 문제인 것이다. 물론, 유대주의 '머무름' 개념이 '성령의 법'이라는 개념을 통해 성령의 역사로 성화가 이루어진다는 것을 밝힘으로써 바울의 가르침이 '언약적 율법주의'와는 다름을 김세윤은 강조하고 있다. 그런데 이미 종교개혁에서 존 칼빈은 그리스도와의 연합부터 시작하여 믿음과 회개 등의 전 과정이 성령의 강력한 역사의 결과임을 누누이 강조했었다. 바울의 가르침이 칼빈의 가르침 속에 명확하고 충분하게 들어와 있는 것이다.

김세윤은 새 관점 칭의 구조와 전통적 종교개혁 칭의 구조를 오가며 독자들을 혼란케 하는 부분이 있다. 이런 부분은 김세윤의 입장이 과연 무엇인지 매우 알기 어렵게 만들고 있으며, 한국교회를 도우려는 그의 시도가 오히려 많은 오해와 혼란을 야기하고 있다. 김세윤은 선행에 입각한 최후의 심판을 의미하는 칭의의 종말론적 유보 개념을 말하면서도, 동시에 종말 심판 때에 "우리를 위해 중보하시는 하나님의 아들 그리스도를 통해 칭의가 완성된다"는 일관되지 않은 말을 한다.

> 바울도 '하나님의 은혜로/우리가 믿음을 통하여' 칭의 된 우리는 지금 벌써 하나님과 화평을 누리게 되었다고 선언하고, 그것을 '화해'라는 그림 언어로 부연 설명하는데, 그것은 "하나님과 회복된 구원의 관계 속에 하나님의 은혜로 '진입'한 자들로서 우리가 그 속에 '서서' 아직도 지속되는 이 세상의 고난 속에서도 그의 은혜에 나아

가 그것을 덕 입을 수 있게 되었다. 그러므로 종말에 하나님의 심판석에서 우리를 위해 중보하시는 하나님의 아들 주 예수 그리스도를 통하여 칭의의 완성, 하나님의 영광을 얻을 때까지 믿음과 소망을 가지고 인내해야 한다"라는 것입니다(롬 5:1-11).[46]

이 부분은 바로 앞에서 칭의의 종말론적 유보 개념의 필요성을 강력하게 주장했던 것에서 한 발짝 물러선 느낌이 든다. "종말에 하나님의 심판석에서 우리를 위해 중보하시는 하나님의 아들 주 예수 그리스도를 통하여 칭의의 완성"이 된다는 말이 그것이다. 종말론적 유보는 이런 개념이 아니지 않은가? 믿음으로 의로워진 자가 그의 성화의 삶에 입각해 하나님의 최후 심판에 선다는 것이 아닌가? 그래서 첫 칭의가 유보되고 삶을 통해 심판받아야 한다는 말 아닌가? 그런데 최후 심판석에서 중보자 예수 그리스도의 중보로 칭의가 완성된다는 말은 또 무엇인가? 김세윤의 입장은 더 많은 설명이 필요하고 더 세밀한 정리가 필요하다.

칭의의 종말론적 유보는 결국, 율법준수의 선행을 통해 의인이 되고 구원받는 것이 아니냐는, 위와 같은 내용의 질문에 대해 김세윤은 『칭의와 성화』 260쪽 이하에서 최후의 심판에서 그리스도의 중보로 칭의의 완성을 이룬다는 것과 칭의의 현재 과정에서 성령님의 역사로 우리는 성화의 삶을 살 수 있다는 말을 하며 빠져나간다. 그는 이렇게 말한다.

---

46 Ibid., 82.

하나는 하나님의 최후의 심판석 앞에서 우리는 결국 하나님의 아들 주 예수 그리스도의 중보로 칭의의 완성을 얻는다는 것(롬 8:32-39)과, 다른 하나는 칭의의 현재의 과정에서도 우리는 오로지 성령의 깨우쳐 주심과 힘 주심에 의해서 하나님의 통치/예수 그리스도의 주권에 순종할 수 있다는 것, 즉, 하나님을 사랑하고 이웃을 사랑하는 삶을 살 수 있다는 것, 그리하여 '의의 열매'를 맺을 수 있다는 것이었습니다(롬 8장; 갈 5-6장).[47]

도대체 이 말이 김세윤이 그토록 비판했던 종교개혁 신학 내지는 전통신학과 무엇이 다른가? 그는 자신이 주장하는 칭의의 종말론적 유보 개념이 논리적으로 공로사상으로 갈 수 밖에 없는 곤란한 상황에 부딪히자, 다시 종교개혁의 전통적 신학을 의지하며 곤경에서 빠져나오려는 강한 인상을 남긴다. 도대체 그는 무엇을 말하고 있는 것인가? 왜 김세윤은 로마서 8장을 참고 구절로 소개하면서 30-39절에 대한 구체적 설명은 비켜가고 있는가? 바울은 그 구절에서 예수를 믿고 의로워진 자들의 삶이 어떤 것인가를 잘 설명하고 있지 않은가? 이 내용이 칭의의 종말론적 유보 개념을 말하는 것인가? 전혀 그렇지 않다. 본문이 말하도록 하자. "미리 정하신 그들을 또한 부르시고 부르신 그들을 또한 의롭다 하시고 의롭다 하신 그들을 또한 영화롭게 하셨느니라. 그런즉 이 일에 대하여 우리가 무슨 말을 하리요. 만일 하나님이 우리를 위하시면 누가 우리를 대적하리요. 자기 아들을 아끼지

---

47 Ibid., 260.

아니하시고 우리 모든 사람을 위하여 내주신 이가 어찌 그 아들과 함께 모든 것을 우리에게 주시지 아니하겠느냐. 누가 능히 하나님께서 택하신 자들을 고발하리요. 의롭다하신 이는 하나님이시니 누가 정죄하리요. 죽으실 뿐 아니라 다시 살아나신 이는 그리스도 예수시니 그는 하나님 우편에 계신 자요 우리를 위하여 간구하시는 자시니라. 누가 우리를 그리스도의 사랑에서 끊으리요. 환난이나 곤고나 박해나 기근이나 적신이나 위험이나 칼이랴… 내가 확신 하노니 사망이나 생명이나 천사들이나 권세자들이나 현재 일이나 장래 일이나 능력이나 높음이나 깊음이나 다른 어떤 피조물이라도 우리를 우리 주 그리스도 예수 안에 있는 하나님의 사랑에서 끊을 수 없느니라"(롬 8:30-39).

처음 믿음이 진정한 믿음이라면 굴곡은 있을 수 있고 어려움도 있을 수 있지만, 어떤 상황에서도 우리 하나님은 당신의 자녀를 끝까지 지키심을 말하고 있지 않는가? 하나님이 부르신 자라면 의롭게 되어 영화롭게 되기까지 어떤 일이 벌어져도 하나님께서 함께 하시고 그 무엇도 우리를 향한 하나님의 사랑을 끊을 수 없다고 말하지 않는가? 결과적으로, 칭의에서 영화까지 가는 데는 당연히 성화가 있는 것이기에, 성화의 모든 과정이 칭의가 종말론적으로 유보된 상태에서 진행되고 있다는 논리는 성경 본문의 내용과 비쳐볼 때, 전혀 맞지 않는 것이다.

한국교회의 윤리 도덕적 문제는 이중칭의 구도를 가르치지 않아서가 아니다. 새 관점이나 김세윤이 주장하는 칭의의 종말론적 유보 개념을 가르치지 않아서가 아니다. 한국교회의 윤리 도덕적 문제는 이신칭의가 잘못되었고 법정적 칭의론에 문제가 있는 것도 아니며, 더욱이 종교개혁 신학이 바울의 칭의론을 잘못 해석해서도 아니다.

한국교회의 도덕적 문제는 이신칭의의 믿음 부분을 너무도 쉽게 만들어 놓은 데서 그 원인을 찾을 수 있다. 그것은 종교개혁 신학이 잘못되어서 생긴 문제가 아니다. 다만, 종교개혁 신학을 제대로 이해하지 못하고 이행하지 못한 데서 생긴 문제인 것이다. 믿음을 제대로 점검하지 않고 입술의 고백만으로 '믿음'을 믿음으로 인정하여 교인 수 늘리기에 급급했던 것이 한국교회의 실정이 아니었는가? 믿음을 값싼 믿음으로 만들어 쉽게 쉽게 교인을 만들어 놓은 것이 문제가 아니었는가? 그리고 그 배후에는 하나님의 은혜를 값싼 은혜로 만든 것이 또한 문제라고 하지 않을 수 없다. "보라 지금은 은혜의 시대요, 이제 하나님은 누구에게나 은혜를 베푸시기에 이제는 그냥 믿기만 하면 구원을 얻을 수 있다"는 식의 값싼 홍보는 믿음과 은혜를 싸구려로 만들어 버렸다.

하나님의 은혜는 그리스도의 고난과 죽음이라는 놀라운 십자가 사건이 있기 때문에 가능한 것이었다. 하나님이신 예수 그리스도께서 오셔서 우리를 위해 대신 생명을 내놓으신 것이다. 엄청난 값을 지불하셨기에, 그것을 근거로 성부 하나님은 은혜를 부어주신 것이다. 하나님의 은혜를 싸구려로 만들어 "믿기만 하면 된다"는 식의 표현은 예수 그리스도의 비하와 고난, 그리고 십자가상에서의 비명으로 나타난 하나님의 처절한 비애, 고민, 갈등, 그리고 심오한 사랑을 비웃고 지나치는 것이 아닌가?

믿음이란 무엇인가? 단순히 그리스도를 믿겠다는 입술의 고백만으로 되는 것인가? 아니다. 그리스도를 믿었다는 말은 인생의 대전환이 있었음을 고백하는 것이다. 복음이 심령 속에 들어와 나를 무너뜨린 것이다. 나 중심적인 옛 가치관이 무너지고 하나님 중심적인 새 가치관이 형성된 것이다. 항상 내가 주인공이고 나를 위해 살며 나의 유익과 행복을 추구하며 살던 내가, 이제는 나를 구원하신 하나님이 주인공이시기에, 그러므로 나를 이토록 사랑하신 하나님을 위해 살며 하나님 뜻대로 살기 원하는 강렬한 욕구를 가지게 된 것이다. 이것이 이신칭의가 말하는 믿음이다. 이것이 종교개혁 신학이 가르친 은혜이고 믿음이다.

결론

결론

 교회 역사는 말해주고 있다. 칭의가 강조되면 성화가 부실해지고, 성화가 강조되면 칭의가 부실해진다는 것을 말이다. 무엇이 문제인가? 왜 이런 문제가 생기는 것일까? 양쪽이 함께 존재함으로 함께 강조되어야 하는 것인데, 잘 되지 않는다. 칭의와 성화는 하나의 개체로서 절대로 분리될 수 없고, 둘 사이의 구별은 가능하지만, 그것도 개념적인 것이다. 왜 굳이 개념적으로 구별해야 하는가? 신학적 명확성은 칭의와 성화의 구별을 요구하기 때문이다. 신학은 인간의 공로 개념을 막고 하나님의 은혜와 주권을 분명히 하기 위해 칭의와 성화의 구별이 필요하다고 판단한 것이다.

 그런데 인간의 생각 속에 자리 잡은 이 개념적 구별은 마치 실제적 구별이라는 착각과 오해를 불러일으킨다. 인간의 죄성으로 말미암아 한 쪽으로 치우치게 되면 다른 한 쪽이 부실하게 된다. 이것은 복음의 문제도 아니고, 이신칭의 교리의 문제도 아니다. 인간의 죄성이 문제인 것이다. 인간의 이기주의라는 타락의 속성은 기회만 되면 고개를 든다. 칭의의 강조는 나태를 조장하고, 성화의 강조는 교만을 불러온다. 반대 관점도 가능하다. 죄성이 작용한 인간의 나태함이 칭의를 강조하게 되고 성화를 소홀히 하도록 유도하며, 인간의 교만함이 성화를 강조하고 칭의 소홀을 추구한다고 볼 수도 있다.

개혁주의, 알미니안주의 등의 교리적 차이는 주어진 역사적 필요 상황 가운데 강조의 차이와 관점의 차이로 시작되어 신학적 내용 차이로 귀결된 것이다. 개혁주의는, 루터주의와 함께 인간의 공로를 인정하는 중세 로마 가톨릭주의에 대항했으나, 칭의와 선행의 관계를 놓고 루터주의와 미세한 차이점을 드러냈다. 이신칭의를 분명히 수용하면서도 칭의와 선행의 불가분 관계를 고수했던 것이다. 그러나 알미니안주의는 하나님의 주권만을 강조하는 것으로 보이는 개혁주의에 대항하면서, 하나님의 주권 사역에 도전할 수 있는 것으로 보일 정도로 인간의 책임과 역할을 강조했다.

그렇다면 교리란 무엇인가? 주어진 상황에서 인간의 이해를 돕기 위해 그 당시의 상황을 반영하여 성경의 가르침을 체계화하고 정리하는 것이 교리이다. 성경은 바울의 칭의 강조와 함께 야고보의 성화 강조를 동시에 가지고 있다. 같은 믿음을 가지고 한 쪽은 칭의를 강조했고, 다른 한 쪽은 성화를 강조했다. 그러나 둘 다 공통적으로 허용하지 않는 것은 공로사상이다. 사도 바울은 복음을 외치며 당시 행위공로 개념을 가지고 있던 유대주의에 변증적으로 이신칭의 메시지를 전했다. 물론, 율법준수의 절대적 필요성과 성화의 중요성이 동반되었다. 사도 야고보는 교회 내에서 성화 부진을 경고하며, 거짓 믿음으로 칭의를 확신하는 자들에게 참 믿음에서 나오는 성화를 강조했다. 당연히 이신칭의를 전제로 했다. 성경 자체가 칭의와 성화의 불가분의 관계를 말하고 있지만, 바울과 야고보를 통해 각각의 주어진 상황 가운데 필요한 부분을 강조했던 것이다. 지금 한국개신교는 이신칭의가 남용되어 성화를 강조해야 하는 상황에 놓여 있다. 전 세계적으로 현대 복음주의 교회가 겪고 있는 공통적인 문제이다.

고대 교회는 바울의 가르침과 야고보의 가르침을 잘 알고 있었다. 그러나 2, 3세기에는 영지주의 숙명론의 부정적 영향으로 말미암아 인간의 자유의지와 행위의 중요성이 강조되었다. 칭의와 성화의 관계가 정리되지 않은 혼란스러운 상황이었지만, 바울의 이신칭의 부분도 소개되고 가르쳐졌다. 그러나 헬라 철학이 기독교 교리에 접목되면서 삼위일체 및 기독론 논쟁이 심화되었고, 구원론(칭의와 성화)에 대한 교회의 공적 교리 제정은 뒷전으로 밀려났다. 다행히 4-5세기에 있었던 어거스틴과 펠라기우스와의 논쟁으로 인해 바울의 인간타락과 하나님의 은혜 및 주권 강조가 나타나면서 바울의 이신칭의 가르침이 다시 부각되었다. 그러나 동방교회의 신화 개념 및 어거스틴의 은총론을 포함한 고대 교회는 인간이 의로워진다는 개념을 모두 실제적으로 인간이 의를 소유하는 것으로 이해했다. 어거스틴의 이신칭의도 믿음으로 하나님의 은혜가 믿는 자 안에 유입되어 치유가 일어나고 실제적 의가 형성되기 때문에 의롭다는 칭의 개념이었다.

따라서 고대 교회에 종교개혁의 전가 개념은 존재하지 않았다. 중세 교회는 초기(7-8세기)에 어거스틴의 영향이 존속되었지만, 암흑시기(9-11세기)를 지나 12세기부터 헬라 철학의 영향으로 인간타락 개념이 약화되고 행위공로 사상이 도입되었다. 구원은 하나님의 은혜와 인간의 선행공로로 이루어지고, 의로워진다는 것은 선행을 통해 의가 실제로 존재해야 하며 입증되어야 하는 것이었다. 칭의는 하나님의 은혜와 인간의 믿음 및 선행을 통해 오랜 과정을 거쳐 최종적으로 이루어지는 것으로 생각했다. 즉, 고대와 중세를 거쳐 칭의는 인간의 의로움이 실제로 존재하는 것으로 이해되었고 전가 개념은 존재하지 않았다.

마틴 루터의 이신칭의를 교회 역사에서 획기적인 사건으로 여기는 이유는, 그것이 고대와 중세를 거쳐 오면서 찾아볼 수 없는 전가 개념을 담고 있기 때문이다. 인간의 선행이 아니고 그리스도를 믿음으로 의로워진다는 개념은 교회에 계속 존재하고 있었다. 어거스틴, 안셈, 버나드 등 고대와 중세를 거쳐 성경적 가르침에 충성스러운 자들에게 그것은 지나칠 수 없는 내용이었다. 그러나 이들에게 이신칭의는 전가 개념이 아니었고 실제적 의 개념이었다. 우리가 그리스도를 믿어 죄 사함 받고 그분의 의가 우리의 의로 여겨져서 우리가 의롭다고 선언된다는 가르침은 명확하게 존재하지 않았던 것이다. 전가 개념은 종교개혁과 개신교의 전통이 되었다. 바울의 가르침이 드디어 확연하게 드러나는 것으로 보였고, 성경의 진리가 빛을 발하는 것으로 나타났으며, 드디어 복음이 제 모습을 찾는 것으로 생각되었다.

그러나 종교개혁 초기부터 이신칭의는 성화 부진이란 부작용을 동반했다. 아울러 그리스도의 의 전가는 인간 스스로 의를 이룰 필요가 없지 않은가 하는 의혹을 야기했다. 루터의 의도는 왜곡되었고 이신칭의는 남용되었다. 그러나 루터는 로마 가톨릭에 대한 변증 때문에 효과적인 대응을 하기 어려웠다. 이때, 개신교의 성화 부진 문제를 물려받은 칼빈은 그리스도와의 연합을 통해 칭의와 성화의 공통적 근거 및 칭의와 성화의 동시성을 강조했고, 언약신학을 통해 칭의와 성화가 모두 믿는 자가 지켜야 할 하나님과의 언약 조건임을 가르쳤다. 그러나 칼빈의 예정론은 다시 한 번 구원 문제에 있어서 인간의 책임과 역할을 이해하기 어렵게 만들었다. 예정론의 왜곡은 이신칭의 및 전가 개념의 왜곡과 함께 성화 부진을 논리적으로 편리하게 만들어주고 거룩한 삶의 동기부여를 어렵게 하는 문제를 불러왔다.

이것은 반율법주의 태동과 확산을 촉진했으며, 이에 대한 대응책으로 청교도주의는 개혁주의 예정론을 고수하면서도 경건주의 및 언약신학을 통해 인간 쪽의 역할과 책임을 강조했다. 알미니안주의는 견인 교리까지 훼손해 가며 인간의 책임과 역할을 강조했다. 아울러 믿음으로 의로워지고 성화로 심판받는다는 이중칭의 개념이 백스터와 웨슬리에 의해 하나의 해법으로 등장했다. 이는 전가 개념에 대한 도전으로, 그리스도의 수동적 의로움의 전가는 수용하되 능동적 의로움의 전가는 인정할 수 없다는 내용이었다. 칭의에서 죄 사함만을 인정하겠다는 뜻이었다. 우리의 의는 우리가 삶의 과정에서 이루어 나가도록 해야 한다는 것으로서 성화를 강조하기 위한 의도를 담고 있는 내용이었다. 최근에 부각되는 이론인 "바울에 대한 새 관점" 또한 실제적 의 개념을 설정했고 이중칭의 구도를 구축했다. 유대주의 언약론에 입각한 구원론 구조를 도입하여, 그리스도를 믿음으로 언약에 들어가고 거룩한 삶을 근거로 최후 심판을 받는다고 가르쳤다.

종교개혁의 이신칭의와 전가 개념은 로마 가톨릭주의와 투쟁하는 데 효과적인 대응책이었지만, 개신교 내에서는 이신칭의의 오해와 남용으로 말미암아 성화 부진이 나타나고 교회로 하여금 몸살을 앓게 했다. 교회 역사를 돌아보면 칭의 개념에 중요한 변화가 있었다. 고대와 중세를 거쳐 내려오던 칭의의 '실제적 의' 개념이 로마 가톨릭 선행공로 사상의 빌미가 되었기에 종교개혁을 통해 '전가된 의' 개념으로 대체되었다. 선행공로 사상은 명백히 비성경적이었고 종교개혁은 이 것을 입증했다. 그리고 전가 개념의 이신칭의가 복음의 내용으로 자리매김했다. 그러나 현대에 이르러서 칭의 개념에 역현상이 나타나고 있다. 종교개혁을 통해 개신교 전통으로 자리 잡았던 '전가된 의' 개념이 개신교의 성화 부진으로 말미암아 '실제적 의' 개념과 이중칭의 사상에 의해 도전을 받고 있는 것이다. 앞으로 어떠한 방향으로 진행될 것인지 귀추가 주목된다.

그렇다면 이신칭의가 문제인가? 그렇지 않다. 그것을 잘못 해석하고 자기 편리대로 왜곡하며 자기에게 유리한 방향으로 적용하는 인간의 죄성이 문제이다. 칭의 강조로 나태함을 유발하거나, 성화 강조로 교만을 불러일으키는 문제를 말하는 것이다. 칭의와 성화는 하나이다. 칭의와 성화는 그리스도를 믿어 그분과 하나 되었기에 동시에 나타나는 열매이며, 하나님의 자녀임을 입증하는 언약의 조건이다. 하나의 개체를 어느 쪽에서 보느냐에 따라 칭의가 확대되어 보이기도 하고 성화가 중요하게 보이기도 한다. 우리를 의롭게 해주는 것이 칭의이기에 칭의가 더 중요한 것으로 보이기도 하고, 칭의의 목적이 성화이기에 성화가 더 중요해 보이기도 한다. 어느 쪽이 더 중요하다고 말할 수 없는 것이다. 둘은 하나이기 때문이다. "너희는 그 은혜에 의하여 믿음으로 말미암아 구원을 받았으니 이것은 너희에게서 난 것이 아니요 하나님의 선물이라. 행위에서 난 것이 아니니 이는 누구든지 자랑하지 못하게 함이라. 우리는 그가 만드신 바라 그리스도 예수 안에서 선한 일을 위하여 지으심을 받은 자니 이 일은 하나님이 전에 예비하사 우리로 그 가운데서 행하게 하려 하심이니라"(엡 2:8-10). 칭의를 통해 성화를 볼 수 있고, 성화를 통해 칭의를 볼 수 있다. 교리 정리를 위해 개념적으로 구별했지만 사실상 하나의 개체이고 항상 함께 생각해야 한다. 성화 없는 칭의는 칭의가 아니고, 칭의 없는 성화는 성화가 아니다.

지금 한국교회에 필요한 메시지는 성화 부진에 대한 경고와 성화 촉진을 위한 권면이다. 한국 개신교회는 지금이라도 하나님 앞에 바로 서야 한다. 야고보를 왜곡하여 바울을 무시해서도 안 되지만, 바울을 왜곡하여 야고보를 무시해서도 안 된다. 바울과 야고보는 복음의 한 진리를 다른 관점에서 보는 것일 뿐이다. 양자는 서로를 보완하며 동일한 복음의 진리를 가르치고 있다. 그럼에도 불구하고, 한국교회는 지금 바울을 왜곡하여 야고보를 무시하고 있다. 종교개혁에서 이신칭의로 행위공로의 교만을 타파한 개신교회가 이제는 이신칭의의 왜곡으로 말미암은 나태함으로 위기를 겪고 있는 것이다. 성화의 부진으로 칭의가 고민을 하고 있는 것이다. 왜 한국교회에 칭의가 성화로 연결되지 않는 불행이 나타난 것인가? 이신칭의에서 믿음을 너무 쉽게 만들었기 때문이다. 믿음이 그렇게 쉬운 것인가? 그렇게 쉬운 믿음이 진정한 믿음인가? 칭의를 위한 믿음이 진정한 믿음이 아니면, 칭의가 이루어지지 않는 것이다. 칭의가 이루어지지 않으면 당연히 성화가 나타나지 않는 것이고, 교회에 윤리 도덕 문제가 심각하게 드러날 수밖에 없는 것이다.

한국교회는 믿음을 너무 쉽게 만들었다. 믿음은 쉬운 것이고 그냥 믿으면 된다고 가르쳤다. 그러나 이러한 가르침은 잘못된 것이다. 믿음은 자신이 깨지고 무너지는 것이며, 가치관이 바뀌고 인생관이 바뀌는 것이다. 나를 바라보고 살던 내가 이제는 주님을 바라보고 살게 된 것이다. 믿음을 싸구려로 만든 데에는 은혜를 싸구려로 만든 이유가 있다. 한국교회는 하나님의 은혜를 싸구려로 만들어 버렸다. 엄청난 값을 치렀기에 나온 은혜인데 말이다. 비애, 번민, 갈등 끝에, 그러나 사랑 때문에 하나님 스스로 죄인 된 우리를 위해 생명을 내놓으셨기에 터져 나온 은혜인데 말이다. 성자 하나님, 예수 그리스도께서 연약한 인간으로 오셔서 죄인 취급 받으시며 능욕과 채찍을 당하시고 십자가 형틀에서 피 흘리며 생명을 내놓으셨기에 나온 은혜인데 말이다.

그러나 한국교회는 은혜와 믿음을 우리가 잘 먹고 잘 살기 위한 방편으로 전락시킴으로써 은혜와 믿음을 값싼 것으로 만들어 버렸다. 이로써 우리는 하나님 앞에 큰 잘못을 범하고 있는 것이다. 우리는 하나님의 은혜의 고귀한 가치를 알아야 하고, 믿음의 강력한 힘을 인식해야 한다. 따라서 교인 수 늘리기에 급급해 모든 것을 쉽고 듣기 좋게만 했던 은혜와 믿음의 메시지를 본래의 의미로 회복해야 한다. 즉, 기복주의, 물질주의, 성공주의로 얼룩진 나 중심주의의 신앙을 벗어버리고, 고귀한 은혜와 강력한 믿음을 유발하는 하나님 중심주의 신앙으로 전환해야 한다. 이러한 것들이야말로 한국교회의 도덕적 회복을 위한 정도임을 우리는 명심해야 하며, 이에 따라 위에서 살펴보았듯이, 도덕적 회복이 바울의 칭의론을 '새 관점' 구조로 이해한다고 해서 얻어지는 것이 아님을 분명히 해야 한다. 더 이상 성화의 부진이 칭의를 고민하게 해서는 안 된다. 진정한 칭의로 풍성한 성화를 이루어 이 둘은 사실상 하나라는 것을 보여주어야 한다.

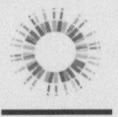

참고문헌

Allison, Gregg R. *Historical Theology*. Grand Rapids: Zondervan, 2011.

Aquinas, Thomas. *Nature and Grace: Selections from the Summa Theologiae of Thomas Aquinas*. Trans. A. M. Fairweather. Philadelphia: Westminster Press, 1956.

Arminius, Jacob. *The Works of James Arminius*. Trans. James Nichols. Grand Rapids: Baker, 1991.

Barcley, William and Duncan, Ligon. *Gospel Clarity: Challenging the New Perspective on Paul*. Darlingron, England: EP Books, 2010.

Baxter, Richard. *A Treatise of Justifying Righteousness*. London: Printed for Nevil Simons and Jonath. Robinson, 1676.

Baxter, Richard. *An End of Doctrinal Controversies*. London: Printed for John Salusbury, 1691.

Baxter, Richard. *Christian Directory: or, a Sum of Practical Theology, and Cases of Conscience*. London: Printed by Robert White for Nevill Simmons, 1673.

Baxter, Richard. *Of Justification*. London: Printed by R.W. for Nevil Simmons, 1658.

Baxter, Richard. *The Practical Works of Richard Baxter*. Vol. III. London: George Virtue, 1838.

Baxter, Richard. *The Right Method for a Settled Peace of Conscience and Spiritual Comfort.* London: Printed for T. Underhil, F. Tyton, and W. Raybould, 1653. in *The Practical Works of Richard Baxter.* Vol. II. London: GeorgeVirtue, 1838.

Baxter, Richard. *Universal Redemption of Mankind by the Lord Jesus Christ.* London: Printed for John Salusbury, 1694.

Bucer, Martin. *De Regno Christi.* Ed. Wilhelm Pauck. LCC. Philadelphia: Westminster Press, 1969.

Burtner, Robert W. and Chiles Robert E. ed. *John Wesley's Theology: A Collection from His Works.* Nashville: Abingdon Press, 1982.

Calvin, John. *Calvin's Selected Works.* Ed. and trans. by Henry Beveridge. Grand Rapids: Baker, 1983.

Calvin, John. *Commentaries on the Book of the Prophet Jeremiah and the Lamentations.* Trans. John Owen. Grand Rapids: Baker Book House, 1979.

Calvin, John. *Commentaries on the Epistles of Paul to the Galatians and Ephesians.* Trans. William Pringle. Grand Rapids: Baker Book House, 1989.

Calvin, John. *Commentaries on the Epistle of Paul the Apostle to the Romans.* Trans. John Owen Grand Rapids: Baker Book House, 1979.

Calvin, John. *Commentaries on the First Twenty Chapters of the Book of the Prophet Ezekiel.* Trans. Thomas Myers. Grand Rapids: Baker Book House, 1979. Vol. 2.

Calvin, John. *Commentaries on the Four Last Books of Moses Arranged in the Form of a Harmony.* Trans. Charles William Bingham. Grand Rapids: Baker Book House, 1979. Vol. 2.

Calvin, John. *Commentaries on the Twelve Minor Prophets.* Trans.

John Owen. Vol.4. Grand Rapids: Baker Book House, 1979.

Calvin, John. *Commentary on the Book of Psalms.* Trans. James Anderson. Grand Rapids: Baker Book House, 1979.

Calvin, John. *Commentary on the Book of the Prophet Isaish.* Trans. William Pringle. Vol.4. Grand Rapids: Baker Book House, 1979.

Calvin, John. *Commentary on the Epistles of Paul the Apostle to the Corinthians.* Trans. John Pringle. Grand Rapids: Baker Book House, 1979.

Calvin, John. *Commentary on the Gospel according to John. Trans. William Pringle.* Grand Rapids: Baker Book House, 1979.

Calvin, John. *Calvin: Institutes of the Christian Religion.* Ed. John T. McNeill. Trans. Ford Lewis Battles. Philadelphia: Westminster Press, 1960.

Calvin, John. *Calvin's New Testament Commentaries.* Trans. T. H. L. Parker. Ed. D. W. Torrance and T.F. Torrance. Grand Rapids: Eerdmans, 1965.

Carson, D. A. "The Vindication of Imputation: On Fields of Discourse and Semantic Fields" in Husbands, Mark and Treier, Daniel J. Ed. *Justification: What's at Stake in the Current Debates.* Downers Grove: InterVarsity Press, 2004,

Clark, R. Scott, ed. *Covenant, Justification, and Pastoral Ministry.* Phillipsburg, NJ: P&R Publishing, 2007.

Collins, Kenneth J. *The Theology of John Wesley: Holy Love and the Shape of Grace.* Nashville: Abingdon Press, 2007.

Como, David and Lake, Peter. "Puritans, Antinomians and Laudians in Caroline London: The Strange Case of Peter Shaw and Its Context," *Journal of Ecclesiastical History* 50, no. 4, October 1999, 684-715.

Crabtree, A. B. "Luther's Discovery of Jutification by Faith." *Review and Expositor*, 55, 1958.

Davidson, Ivor J. *A Public Faith: From Constantine to the Medieval World, AD 312-600.* Grand Rapids: Baker Books, 2005.

Davidson, Ivor J. *The Birth of the Church: From Jesus to Constantine, AD 30-312.* Grand Rapids: Baker Books, 2004.

De Jong, Peter Y. *Crisis in the Reformed Churches.* Grandville: Reformed Fellowship Inc., 2008.

Drewery, Ben. *"Deification" in Christian Spirituality: Essays in Honour of Gordon Rupp.* Ed. Peter Brooks. Birmingham, England: SCM, 1975.

Dunn, James D. G. *The New Perspective on Paul.* Grand Rapids: Eerdmans, 2008.

Formula of Concord. III, 14-16. http://bookofconcord.org/sd-righteousness.php.

Gaffin, Richard. "Justification and Union with Christ," in David Hall and Peter Lillback. Ed. *Theological Guide to Calvin's Institutes: Essays and Analysis.* Phillipsburg, NJ: P&R Publishing, 2008.

Godfrey, W. Robert. "Faith Formed by Love or Faith Alone?: The Instrument of Justification," in R. Scott Clark, ed., *Covenant, Justification, and Pastoral Ministry.* Phillipsburg, NJ: P&R Publishing, 2007.

Green, Lowell C. "Faith, Righteousness, and Justification: New Light on Their Development under Luther and Melanchthon." *Sixteenth Century Journal*, 4, 1973.

Gundry, Robert H. "The Nonimputation of Christ's Righteousness" in Husbands, Mark and Treier, Daniel J. Ed. *Justification: What's at Stake in the Current Debates.* Downers Grove: InterVarsity

Press, 2004,

Heinze, Rudolph W. *Reform and Conflict: From the Medieval World to the Wars of Religion*, AD 1350-1648. Grand Rapids: Baker, 2005.

Hill, Jonathan. *The History of Christian Thought*. Downers Grove, Ill: InterVarsity Press, 2003.

Horton, Michael. *For Calvinism*. Grand Rapids: Zondervan, 2011.

Husbands, Mark and Treier, Daniel J. Eds. *Justification: What's at Stake in the Current Debates*. Downers Grove, Ill: InterVarsity Press, 2004.

Jue, Jeffrey K. "The Active Obedience of Christ and the Westminster Standards," in *Justified in Christ: God's Plan for Us in Justification*. Ed. K. Scott Oliphant. Scotland, UK: Christian Focus Publications, 2007.

Kelly, J. N. D. *Early Christian Doctrine*. New York: Harper & Row, 1978.

Kim, Seyoon. *Paul and the New Perspective; Second Thoughts on the Origins of Paul's Gospel*. Grand Rapids: Eerdmans, 2002.

Kostlin, Julius. *The Theology of Luther in its Historical Development and Inner Harmony*. Trans. by Charles E. Hay. Philadelphia: Lutheran Publication Society, 1897.

Letham, Robert. *Union with Christ in Scripture, History, and Theology*. Philipsburg, NJ: P & R Publishing, 2011.

Lillback, Peter A. *The Binding of God: Calvin's Role in the Development of Covenant Theology*. Grand Rapids: Baker Book, 2001.

Lindstrom, Harald. *Wesley and Sanctification*. Grand Rapids: Francis Asbury Press, 1980.

Lohse, Bernhard. *Martin Luther's Theology: Its Historical and*

Systematic Development. Minneapolis: Fortress Press, 1999.

Luther, Martin. *Commentary on Galatians*. Modern-English Edition Grand Rapids: Fleming H. Revell, 2004.

Luther, Martin. *Luther: Lectures on Romans. The Library of Christian Classics*. Ed. Wilhelm Pauck. Vol 15. Philadelphia: The Westminster Press, 1961.

Luther, Martin. *Luther's Large Catechism*. Trans. Lenker. Minneapolis: Augsburg Publishing House, 1935.

Luther, Martin. *Luther's Works*. Ed. Jaroslav Pelikan and Helmut T. Lehmann. Vol. 26, 27. Philadelphia: Fortress Press; St. Louis: Concordia, 1955.

Luther, Martin. *Luther's Works*. Ed. Helmut T. Lehmann. Vol. 34. Philadelphia: Muhlenberg Press, 1963.

Luther, Martin. "The Smalcald Articles," in *Concordia: The Lutheran Confessions*. Saint Louis: Concordia Publishing House, 2005.

McCormack, Bruce L. "What's at Stake in Current Debates Over Justification?: The Crisis of Protestantism in the West," in *Justification: What's at Stake in the Current Debate*. Eds. Mark Husbands and Daniel J. Treier. Downers Grove, Ill: Intervarsity Press, 2004.

McGrath, Alister E. *JUSTITIA DEI: A History of the Christian Doctrine of Justification*. 3rd edition Cambridge: Cambridge University Press, 2005.

McGrath, Alister. *Luther's Theology of the Cross: Martin Luther's Theological Breakthrough*. Oxford: Blackwell, 1985.

Nygren, A. *Agape and Eros*. Philadelphia: Fortress Press, 1953.

Oberman, Heiko. *The Harvest of Medieval Theology: Gabriel Biel and Late Medieval Nominalism*. Cambridge, Mass: Harvard

University Press, 1963.

Oberman, Heiko. "'Justitia Christi' and 'Justitia Dei': Luther and the Scholastic Doctrine of Justification," *Harvard Theological Review*, 59, 1966.

Olsen, Roger. *Against Calvinism*. Grand Rapids: Zondervan, 2011.

Outler, Albert. Ed. *The Works of John Wesley*. Vol. III. (Sermons 71-114). Nashville: Abingdon Press, 1986.

Owen, John. *A Declaration of the Faith and Order Owned and Practiced in the Congregational Churches in England Agreed upon and Consented unto Their Elders and Messengers in Their Meeting at the Savoy, October 12, 1658*. London: Printed by John Field, and are to be sold by John Allen, 1659.

Owen, John. *The Works of John Owen*. Ed. William H. Goold. Vols, 3, 5, 10. Edinburgh: the Banner of Truth Trust, 1966.

Ozment, Steven. *The Age of Reform 1250-550: An Intellectual and Religious History of Late Medieval and Reformation Europe*. New Haven and London: Yale University Press, 1980.

Pelikan, Jaroslav. *The Christian Tradition: A History of the Development of Doctrine*, vol. 1, *The Emergence of the Catholic Tradition (100-600)*. Chicago and London: The University of Chicago Press, 1971.

Pelikan, Jaroslav. *The Christian Tradition: A History of the Development of Doctrine*, vol. 3, *The Growth of Medieval Theology (600-1300)*. Chicago: University of Chicago Press, 1980.

Plass, Ewald. Ed. *What Luther Says*. St. Louis: Concordia Publishing House, 2006.

Roberts, Alexander; Donaldson, James; Schaff, Philip; Wace, Henry. Ed. *Ante-Nicene Fathers*. 10 vols. Peabody, Mass: Hendrickson,

1994.

Roberts, Alexander; Donaldson, James; Schaff, Philip; Wace, Henry. Ed. *Nicene and Post-Nicene Fathers*. 14 vols. Peabody, Mass: Hendrickson, 1994.

Rupp, Gorden. *The Righteousness of God: Luther Studies*. London: Hodder and Stoughton, 1953.

Russell, Norman. *The Doctrine of Deification in the Greek Patristic Tradition*. Oxford: Oxford University Press, 2004.

Sanders, E. P. *Paul and Palestinian Judaism: A Comparison of Patterns of Religion*. Minneapolis: Fortress Press, 1977.

Sanders, E. P. *Paul, the Law, and the Jewish People*. Philadelphia: Fortress press, 1983.

Seeburg, R. *Textbook of the History of Doctrines*. Trans. Charles E. Hay. Philadelphia: Lutheran Publication Society, 1904.

Seifrid, Mark A. "Luther, Melachthon and Paul on the Question of Imputation" in *Justification: What's at Stake in the Currrent Debates*. Eds. Mark Husbands and Daniel J. Treier. Downers Grove, Ill: InterVarsity Press, 2004.

Spits, Lewis W. *The Renaissance and Reformation Movements*. Vol. 2. *Reformation*. St. Louis: Concordia Publishing Co., 1971.

Stendahl, Krister. "The Apostle Paul and the Introspective Conscience of the West" in *Paul among Jews and Gentiles*. Philadelphia: Fortress Press, 1976.

The Minutes of the Conference of 1744, As Reported in the book entitled "John Wesley the Methodist." http://www.imarc.cc/reghist/reghist3.html

Toon, Peter. *Justification and Sanctification*. Westchester, Ill: Crossway Books, 1983.

Trueman, Carl. *John Owen: Reformed Catholic, Renaissance Man.* Burlington, VT: Ashgate Publishing Co., 2007.

Tyacke, Nicholas. A*nti-Calvinists: The Rise of English Arminianism c 1590-1640.* New York: Oxford University Press, 1987.

Tylerman, Luke. *The Life and Times of the Rev. John Wesley.* N.Y.: Harper & Brothers Publishers, 1782.

Waters, Guy Prentiss. *Justification and the New Perspectives on Paul.* Phillipsburg, NJ: P & R Publishing, 2004.

Watson, P. S. "Luther and Sanctification." *Concordia Theological Monthly,* 30, 1959.

Wesley, John. Sermon V, "Justification by Faith." *The Works of John Wesley,* Third Edition, Complete and Unabridged. Vol. 5, First Series of Sermons (1-39). *A Life of John Wesley.* Peabody, Mass.; Hendrickson Publishers, 1984. Reprinted from the 1872 edition issued by Wesleyan Methodist Book Room, London.

Wesley, John. Sermon XX, "The Lord Our Righteousness." Preached at The Chapel in West-Street, Seven Dials, On Sunday, Nov. 24, 1765. *The Works of John Wesley,* Third Edition, Complete and Unabridged. Vol. 5, First Series of Sermons (1-39). *A Life of John Wesley.* Peabody, Mass.; Hendrickson Publishers, 1984. Reprinted from the 1872 edition issued by Wesleyan Methodist Book Room, London.

Wesley, John. "Some Remarks on Mr. Hill's 'Review of All the Doctrines Taught by Mr. John Wesley,'" 1772, *The Works of John Wesley.* Bicentennial ed. Vol. 10. Nashville: Abingdon Press, 1975.

Wesley, John. *The Letters of the Rev. John Wesley.* Ed. John Telford. London: Epworth Press, 1931.

Wesley, John. *The Works of John Wesley.* Ed. Albert C. Outler. Bicentennial ed. 4 vols. Sermons. Vols. 3, 4. Nashville, Abingdon Press, 1984-87.

Wesley, John. *The Works of Rev. John Wesley.* Ed. Thomas Jackson. Vol. 8, 10. London; Wesleyan Methodist Book Room, 1829-31. Reprinted, Grand Rapids: Baker Book House, 1978.

Westerholm, Stephen. *Israel's Law and the Church's Faith: Paul and His Recent Interpreters.* Grand Rapids: Eerdmans, 1988.

Wilken, Robert Louis. *The Spirit of Early Christian Thought.* New Haven and London: Yale University Press, 2003.

Williams, G. I. *Westminster Confession of Faith.* Philadelphia: Presbyterian and Reformed Publishing Co., 1980.

Wright, N. T. *Justification: God's Plan & Paul's Vision.* Downer's Grover: IVP Academie, 2009.

가이 프렌터스 워터스, 『바울에 관한 새 관점』. 배종열 역. 서울: 개혁주의신학사, 2012.

김세윤. 『바울신학과 새 관점』. 서울: 두란노아카데미, 2002.

김세윤. 『칭의와 성화』. 서울: 두란노서원, 2013.

루돌프 W. 하인즈. 『개혁과 투쟁』. 원종천 역. 서울: 그리심, 2010.

마틴 루터. 『루터 선집 4 / 루터와 신약 Ⅱ』. 지원용 감수. 서울: 컨콜디아사, 1987,

마틴 루터. 『루터 선집 10 / 설교자 루터』. 지원용 감수. 서울: 컨콜디아사, 1993.

마틴 루터. 『루터의 로마서 주석』. 박문재 역. 경기 고양: 크리스챤다이제스트, 2011.

마틴 루터. 『루터 저작선』. 이형기 역. 서울: 크리스챤다이제스트, 1994.

박창훈. 『존 웨슬리, 역사비평으로 읽기』. 서울: 기독교서회, 2007.

박창훈, "존 웨슬리와 존 플렛처의 성결론." 『역사신학논총』. 제8집. 한국복음주의 역사신학회, 2004.

샌더스 E. P. 『바울, 율법, 유대인』. 김진영 역. 서울: 크리스챤다이제스트, 2006.

스케빙톤 우드. "존경받는 인물." 『존 웨슬리 총서 3』. 김선도 역. 서울: 유니온 출판사, 1983.

알리스터 맥그라스. 『이신칭의의 현대적 의미』. 김성웅 역. 서울: 생명의말씀사, 1996.

알리스터 맥그라스. 『하나님의 칭의론』. 한성진 역. 서울: 기독교문서선교회, 2008.

원종천. "마틴 루터의 그리스도와의 연합." 『ACTS 신학과 선교』 vol. 12. 양평: 아세아연합신학대학교, 2011.

원종천. "마틴 루터의 칭의와 성화의 관계에 대한 조명." 『ACTS 신학과 선교』 vol. 3. 양평: 아세아연합신학대학교, 1999.

원종천. 『존 칼빈의 신학과 경건』. 서울: 대한기독교서회, 2008.

원종천. 『청교도 언약사상: 개혁운동의 힘』. 서울: 대한기독교서회, 1998.

이정숙. "칼빈의 제네바 목회." 『John Calvin: 칼빈, 그 후 500년』. 한국칼빈학회 편. Vol. II. 서울: 두란노 아카데미, 2009.

이한수. 『갈라디아서』. 서울: 선교횃불, 2001.

제임스 던. 『바울신학』. 박문재 역. 서울: 크리스챤다이제스트, 2003.

존 웨슬리. 『존 웨슬리의 일기』. 김영운 역. 서울: 크리스챤다이제스트, 1997.

존 웨슬리. 『존 웨슬리 총서 2』. 박봉배, 조종남 공역. 서울: 유니온출판사, 1983.

파울 알트하우스. 『루터의 신학』. 이형기 역. 경기 고양: 크리스챤다이제스트, 2004.

피터 A. 릴백. 『칼빈의 언약사상』. 원종천 역. 서울: 기독교문서선교회, 2009.

콜린 윌리암스. 『존 웨슬리의 신학』. 이계준 역. 서울: 전망사, 1993.

한겨레신문. 2008년 11월 19일. 22면.

http://www.koreadaily.com/news/read.asp?art_id=2318714